Robert Altman

ロバート・アルトマンを聴く

映画音響の物語学

山本祐輝
YAMAMOTO Yuuki

せりか書房

ロバート・アルトマンを聴く——映画音響の物語学

目次

はじめに　9

序章　〈初期アルトマン映画〉とは何か　21

1　物語とは何か　21
2　物語の複数性　24
3　〈初期アルトマン映画〉のサウンドトラック　31
4　映画史のなかのアルトマン　38

第一章　葛藤の音を聴く
──『雨にぬれた舗道』（一九六九）における主観性の表象　53

はじめに　53
1　焦点化と映画　55
2　欲望の表象　61
2－1　フランセスの視点　61
2－2　青年の視点　67
3　心的葛藤の表象　69
3－1　三人の女の会話を聴く　69
3－2　フラッシュバックと聞こえてくる現在　76
3－3　母親と分身　80
おわりに　82

第二章　映画の〈混成的な語り〉
――『M＊A＊S＊H――マッシュ』（一九七〇）における拡声器の音声　90
はじめに　90
1　映画的語り手　92
2　拡声器の音声の位置　96
3　ホーリハン／ホットリップスの声　100
おわりに　106

第三章　交錯する複数の世界
――『ギャンブラー』（一九七一）における〈サウンド・ブリッジ〉　114
はじめに　114
1　『ギャンブラー』における三つの世　116
2　交錯する世界　120
2―1　クロスカッティングと〈サウンド・ブリッジ〉　120
2―2　神話の崩壊　122
2―3　二つの世界をつなぐ　124
2―4　二つの世界の断絶　128
おわりに　130

第四章　批評的アダプテーションと語り
――『ロング・グッドバイ』（一九七三）の〈疑似ヴォイス・オーヴァー〉　136
はじめに　136
1　『長いお別れ』の物語内容と物語言説　140
2　〈疑似ヴォイス・オーヴァー〉の導入、展開、挫折　145
3　〈疑似ヴォイス・オーヴァー〉の批評的機能　155
おわりに　158

第五章　〈潜在的な物語〉を語る音
――『ボウイ&キーチ』（一九七四）におけるラジオ音声　165
はじめに　165
1　原作小説と『夜の人々』　167
2　〈潜在的な物語〉としての銀行強盗――第一、第二の強盗シーン　171
3　〈潜在的な物語〉の破綻――第三の強盗シーン　179
おわりに　183

第六章　ステレオのパラドクス
——『ナッシュビル』（一九七五）における宣伝カーの音声　190
はじめに　190
1　非ステレオ的音声としてのウォーカーの声　194
2　物語の統合と二つの「外部」　204
2－1　ケニーへの追随　204
2－2　「暗殺者」としてのケニー　207
おわりに　212

終章　〈再生すること〉——フィクションの新たな叙述に向けて　217

初出一覧　222
ロバート・アルトマン フィルモグラフィ　225
引用文献・映像資料一覧　228
あとがき　241
索引　250

凡例

＊引用における省略や補足は［……］のようにブラケットを使って挿入した。
＊引用内の傍点および傍線による強調については、原文のままか引用者によるものかをその都度注で示した。
＊引用において、原文で改行されている場合は改行箇所を／で示した。
＊本書で引用される外国語文献の訳出はすべて山本による。
＊映画作品は原則として、初出時に『タイトル』（原題、製作国での公開年）というかたちで表記した。

はじめに

一九五〇年代から二〇〇六年にこの世を去るまで、半世紀以上にわたり映画を撮り続けたロバート・アルトマン（Robert Altman, 1925-2006）は、長編劇映画だけでも実に三六本もの作品を発表している。そのほとんどが映画作家としての地位を確立した一九七〇年代以降の作品であることを考えると、亡くなるまでおおよそ一年に一本というペースで撮り続けたことになる。それに加えて、キャリアの初期に手がけていた産業映画（企業の宣伝を目的とした映画）や教育映画、数多くのテレビドラマのエピソードなどを含めると、携わった作品の数はさらに膨れ上がる。このように、フィルモグラフィだけを見れば映画監督としてのアルトマンのキャリアは順風満帆だったようにも思えるのだが、一方でバイオグラフィに目を転じればまともに映画が撮れないという状況に幾度も陥っていたことがわかる。「自分の撮りたいものを撮る」という一貫した態度によって、駆け出しの頃には何度かスタジオを解雇されているし、一九八〇年代には自身の製作会社の売却を余儀なくされ、映画ではなく演劇に活路を見出していた時期もある。

そのような困難のほとんどが、物語のわかりやすさを重視する従来の「ハリウッド的な」ルールを無視した、シニカルで独創的な作風によって引き起こされたものであったことは確かだろう。もともとアルトマンは、ハリウッドのスタジオや大学で映画製作を学んではいない。地元ミズーリ州カンザスシティの映画会社で撮影や録音、編集などのテクニックを半ば独学で習得し、キャリアをスタートさせた。そしてその会社ではとにかく「ハリウッド」という言葉が嫌悪され、そういった「主流」とは異なる映画をつくることが求められたという。[1] その後のアルトマンがアメリカ映画におけるある種の「異端」として存在し続けた背景には、このような特殊な出発点が多少なりとも関係していると言えるだろう。

ここで問題となるのは、そのようなアルトマンの独創性はどのように言い表すことができるのかということである。この問いに対してこれまで数多くの答えが導き出されてきたが、ここでは一例として日本国内でも公開されたロン・マン監督によるドキュメンタリー映画『ロバート・アルトマン　ハリウッドに最も嫌われ、そして愛された男』（*Altman*, 2014）を取り上げておく。この映画はアルトマンの波乱に満ちた人生とその作品群を振り返るもので、初期に撮影された作品の断片や、アルトマン自身によるホーム・ムーヴィーといった貴重な映像も鏤められている。とりわけ重要なのは、この映画自体が「アルトマネスク（Altmanesque）」、すなわち「アルトマンらしさ」とは何かについて考え、定義しようという大きな試みだという点である。作中では随所でアルトマンの関係者たちが登場し、それぞれに「アルトマネスク」とは何かを語るという構成がとられているのだが、それに先立って映画の冒頭、この言葉を辞書のように定義する次のような字幕が映し出される。

アルトマネスク［アルトマン的な］

1　現実をありのままに描写すること、社会批評、ジャンルの転覆といった特徴。

2　ありきたりな規範に従わないこと。

3　破壊不能なこと。

これらの文言は、一人の映画作家がたどった紆余曲折のある人生とその風変わりな作品群の特色をわかりやすく圧縮したものだと言える。ここではその一つ一つを取り上げ、批判的に検討するつもりはない。だが指摘しておきたいのは、この定義には含まれていない別の「アルトマネスク」が存在するということである。それは、きわめて独特なストーリーテリングと、「現実をありのままに描写すること」とは異なる音響の使用法である。物語と音響という点に関して言えば、『ナッシュビル』（*Nashville*, 1975）や『ショート・カッツ』（*Short Cuts*, 1993）のような大勢の登場人物たちの生が緩やかに織り合わされるあの独特な群像劇の物語構造や、複数の人物が一斉に話す混沌としたサウンドトラックもまたアルトマン作品の特質である。それらもまた、上の定義には含まれていないけれども、しばしば「アルトマネスク」と呼ばれてきた。しかしこれから本書が論じようとするのは、それらとは一線を画す物語と音響なのである。すなわち、群像劇ではない作品のなかで生じる物語の複数性と、どこから聞こえてくるのか音源の位置が不確定であるような音響である。これは従来のアルトマン研究ではほとんど注目されてこなかった論点であるのだが、代表作が集中している一九七〇年代前半の作品群に共通して認められる特質であることからも、まさに一種の「アルトマネスク」に他ならないのである。

本書はこのようなアルトマン映画における特異な物語と音響の形式について、映画学の見地から探求する学術的研究書である。各章では、個別具体的な作品の分析にもとづき、物語と音響の錯綜した関係性を解き明かしていく。だがその意義は、必ずしもアルトマン研究の範疇に収斂するものではない。映画音響のこれまで見過ごされてきた諸相を浮かび上がらせると同時に、映画のなかで音が聞こえてくるとき、それが物語を語ることとどのように結びついているのか、その複雑なシステムを明らかにする。

映画は物語を語ることができる。これは、多くの人々によって共有されている事実であるに違いない。フィクションであるかどうかにかかわらず、歴史上のほとんどの映画作品が何らかの物語を提示してきたからだ。だが、そもそも映画はどのようにして物語を語りうるのか。また、映画によって語られる物語とは一体どのようなものだと規定することができるのか。このような問題に関して、映画の映像的側面が大きな役割を担っているのは言うまでもないだろう。たとえば、異なる複数のショットがある原則にもとづいてつながれるとき、一連の映像はある特定の効果を獲得する。それは従来、コンティニュイティ編集やクレショフ効果、モンタージュといった用語によって説明されてきたわけだが、それらによって登場人物のアクションから内面に至るさまざまな事象が表現される。一つの作品においてそのようなプロセスが積み重なっていくことで、結果として、物語と呼びうるような有意味な出来事が紡がれることになるのである。[2]

では、映画を構成するもう一方の側面、すなわち音響はどうだろうか。[3]映画音響の物語的機能に関する研究は、少なくとも欧米においては一九八〇年代以降、もはや珍しいものではない。[4]ヴォイス・オーヴァー・ナレーションと語りの権威との関係性はフェミニズム映画理論における主要なテーマの一つであり続けているし、[5]映画音楽が映像の意味産出にどのように関与しているのかということもつとに論じられてきた。[6]

しかしながら映画学は、音響と物語との関係性について、未だ解明されていない二つの重要な問題を抱えている。第一は、映像と音のヒエラルキーの問題である。映画において音響は映像に従属しており、二次的なものであるという考えは、セルゲイ・エイゼンシュテインやベラ・バラージュ、クリスチャン・メッツなど古くから存在していた。ブリッタ・ショーグレンによれば、驚くべきことに女性登場人物の声について主題的に論じたカジャ・シルヴァーマンでさえも、実は「視覚にもとづく隠喩」に依拠しており、映像優位のバイアスを拭いきれていないという。[7]それに対してジェイムズ・ラストラの『音響技術とアメリカ映画——知覚、表象、モダニティ』(*Sound Technology and the American Cinema: Perception, Representation, Modernity*, 2000)やリック・アルトマンの『サイレント映画の音』(*Silent Film Sound*, 2004)といった研究は、歴史的な観点からそのようなヒエラルキーを転覆させようとする試みであった。かつて映画が純粋に視覚的な経験としてのみ存在したことなどなかったということを実証したのである。[8] だが歴史研究ではなく作品分析のレヴェルでは、一概にこのようなヒエラルキーに関する議論が尽くされてきたとは言えない。メアリ・アン・ドーンがメッツを参照して述べているように、「見えるものが聞こえるものよりも上位に置かれるということは、映画特有の現象ではなく、もっと一般的な文化的所産である」。しかし同時に、ドーンはこのようにも述べている。

音はほとんど常に映像との関連において論じられるけれども、このことが自動的に音を従属的なものにするとは必ずしも限らない。別の観点から見れば、（サウンド映画においては）どの映像にせよ、音による屈折を受けていないなどということは疑わしいのである。[9]

主として映像によって語られている（ように思われる）物語の意味を、音響がどのようにして変容させるのか。視覚偏重のヒエラルキーを転覆させるために、個別具体的な作品分析を通じて、そのような音の持つ力を検証することが要求されているのである。

第二の問題は、映画の物語学《ナラトロジー》（物語論）に関わっている。物語学とは、媒体や芸術ジャンルの違いを超えて生み出される物語なるものの普遍的な構造を探求する領域であり、そこでは物語の内容の類型や語りの形式、語り手の種類などが研究対象となる。とりわけ、一九七〇年代にフランスの文学研究者であるジェラール・ジュネットが独自の緻密な理論を構築して以後、さまざまな分野でその可能性が広げられ、映画研究においても数々の刺激的な議論が行なわれてきた。ただし、映画の物語学的研究のなかで音響という要素がどのように扱われてきたのかを振り返ってみたとき、必ずしもその多様な在り方や実践が考慮されてきたとは断言できないのである。具体的には、ヴォイス・オーヴァー・ナレーションという、音響的にというよりもむしろ言語的に情報を伝える技法に議論が集中しているという問題がある。たとえばシーモア・チャトマンの『小説と映画の修辞学』（*Coming to Terms: The Rhetoric of Narrative in Fiction and Film*, 1990）を参照してみても、サウンドトラックへの言及はほとんどヴォイス・オーヴァーに限定されているし、またセアラ・コズロフの著作のように、この技法のみを議論の対象とすることでも物語学という分野の研究書が成立してしまうのである。[10] このような物語学とヴォイス・オーヴァーとの関係性を最も明白に示しているのは、注における短い言及ではあるのだが、トム・ガニングである。ガニングはバイオグラフ時代のＤ・Ｗ・グリフィスを論じた著書において（したがって音響が直接の対象となることはないのだが）、「記号が自然に語る性質を持っている文学的テクスト」とは異なり、「過剰なリアリズム」をそなえたきわめてミメーシス的な媒体である映画が、どのようにしてディエゲーシス（語ること、および報告それ自体）へと変容するのかを理論的に検証している。そのなかで、映画が「写像的な原料」を「物語化（narrativization）」するプロセスにおいて、音響が重要な役割を果たす可能性についても言及している。「サウンドトラックは、ここでは説明されていない技法であるが、最も明白なところではヴォイス・オーヴァーを通じて、多くの時間的関係を打ち立てることができる」。[11] この引用からわかるように、物語的機能という観点においては、音のなかでも明らかにヴォイス・オーヴァーが特権的に扱われているのである。なぜこのような主張がなされるのか。それは、暗黙のうちに焦点が当てられているのがヴォイス・オーヴァーの音響的側面ではなく言語的側面であり、この技法が文字テクストのようなものとして認識されているからだと思われる。まさにガニング自身が指摘するような、自ずと語ってしまう文字テクストの性質がここでは強く作用しているのではないか。この点を踏まえると、映画の物語学が音を扱うときに要求されるのは次の二つであると言える。まず、ヴォイス・オーヴァーに限定されない音を対象とすること。そして音響の言語的側面、つまり内容ではなくその形式に着目し、それが物語性の構築にどのように影響しているのかを探ることである。そうすることによって初めて、映画の物語学にとって音響的側面が映像的側面と変わらぬ重要性を持つのだということを示すことが可能となるだろう。

このように本書が対象とするのは、言葉によって何かを語る技法や、あるいはすでに映像によって提示されている物語の意味を音楽を介して固定するというような機能ではない。音響の在り方それ自体が物語を語るという可能性である。たとえば、登場人物の台詞の内容ではなく、話される事柄を伝達する媒質（メディウム）としての俳優の声そのものが何らかの出来事や事柄を物語ることはないのだろうか。これから本書で論じていくのは、このような、音響の在り方が特定の人物や事象と関連づけられ、物語として生起するという状況である。

もしかするとそれは、映画におけるサウンドトラックの「きめ」であると言えるかもしれない。「きめ」とは、ロラン・バルトが音楽を論じる際に用いた、言語的なものとは異なる音響的な意味形成性のことであり、「あたかも演奏者の内部の肉と彼の歌う歌とを同じ皮膚が覆っているかのように、［……］聴く者の耳に一度にもたらされる、歌手の身体そのものであるような何か」を指す。[12] つまりそれは、音それ自体として立ち現れてくる歌い手や演奏者の生々しい身体性やその官能を意味する。バルトが対象としているのは音楽であり、論じられているのはあくまでも「歌う声における、［……］演奏する肢体における身体」なのであって、決して映画の音が扱われているのでもなければ、音によって何らかの物語が生み出されるような事態が論じられているのでもない。[13] しかし細川周平が述べるように、「声のきめ」とは「声の物質性そのものの中で意味形成が行われる」瞬間であるのだとしたら、[14] 音響を用いる芸術である映画にとって、それは決して無関係であるとは言えないだろう。音楽のみならず俳優の声や物音といった映画のサウンドトラックに含まれるさまざまな音が、その「物質性」を前景化することはままあるのだし、そのとき「意味の内容を伝えるのではなくいかに意味が生成されるかを示し、［……］その不透明性を自ら語り始める」ことも充分に考えられるからである。[15] そのようなとき、生じるのは（バルトが音楽について指摘しているような）声を発する人間の生々しい身体性の顕現にとどまらない。身体を持たない物から発せられる音が独特の「きめ」を有する場合もあるだろう。では、そのような「サウンドトラックのきめ」が結果的にもたらす効果とは何であるのか。これから本書のなかで明らかにしていくのは、その一つが物語だということである。「きめ」を持つ音――すなわち物質性を究めた、サウンドトラックのなかの異質な音――は、画面との関係性において何らかの物語を語る可能性を秘めているのではないか。

サウンドトラックの「きめ」の諸相、およびそれが生み出す物語という効果を検証するために本書が取り上げるのは、映画監督ロバート・アルトマンによる一九六〇年代後半から一九七〇年代半ばにかけて公開された作品群である。先に述べたように、アルトマンの作品が独創的な音響的スタイルと物語形式をそなえていることは、一般的によく知られている。さらにはこれから見ていくように、その両者の関係性自体が議論の的となることもしばしばである。しかし、アルトマン映画の響きそのものが物語を示すことの可能性については必ずしも議論されてきたわけではない。本書が企てるのは、このような観点から映画のサウンドトラックを聴くことによって、従来指摘されてきたのとはまったく異なるアルトマン映画の物語の様相を提示することである。

この点から本書は、いわゆる「作家論的研究」に位置づけられるかもしれない。しかしながら、実在した作者としてのアルトマンが製作時に何を意図していたのかということに対して、本書が関心を向けることはほとんどない。それを扱うには、実に多くの困難がつきまとうからである。まず、作者による発言の真偽を確かめるのは原理的に不可能であり、彼／彼女の意図は自身でさえも把握していない場合が往往にしてある。また、仮に作者が自らの作品のすべてを説明することができ、それが作品に対する最も正しい理解であるとすれば、批評や解釈という行為の意義はおろか、作品をつくるということの理由さえもなくなってしまうだろう（作者は自分の思考や感性を言葉で述べればそれで済むのだから）。むしろ本書にとって重要であるのは、作者が意図していなかったこと――言うなれば作者の無意識ということになる。彼／彼女が自らの言葉では語ることのできない何かが作品には確かに存在し、多くの場合、それこそが作品の本質をなしているのだ。実際に序章で詳述するように、本書が取り上げるアルトマン映画の音はアルトマン本人の意図を凌駕する事態を引き起こしているのである。

このように本書で論じられるロバート・アルトマンという人物は、伝記的な作者としてのアルトマンではなく、作品の解釈を通じてつくり上げられた作者としての「アルトマン」である。これはミシェル・フーコーの「機能としての作者」、またはウェイン・ブースの「内包された作者（implied author）」と概ね一致する。[16] これから明らかにされる種々の事柄は、決して実在した作者としてのアルトマンへと還元されるものではない。とはいえ、複数の映画作品の分析を、実際にそれを撮った人物であるアルトマンの名において取りまとめなければならないのはなぜなのか。そしてそれはどういうことであるのか。[17] そのような重大な問いに対して、ここで明快な答えを出すことは困難である。ただしトム・ガニングによる以下の文章は、本書の立場からすれば、作者が占める曖昧な位置を的確に言い表しているように思われる。

私は作者というものを、ちょうど作品の閾に浮かんでいるような存在だと考える。それは映画作品そのもののなかにはっきりと認められつつ、その外部にも位置していて、残された痕跡以外は不在なのである。[18]

これから論じていくアルトマンとは、ガニングの言う「残された痕跡」に他ならない。本書は、作品が生み出されたその瞬間において遠ざかってしまう不分明な形象である「作者」を、まさにそのようなものとして扱い、記述していく。

注

1　ロバート・アルトマン『ロバート・アルトマン――わが映画、わが人生』デヴィッド・トンプソン編、川口敦子訳（キネマ旬報社、二〇〇七）、三二一―三二二。

2　たとえば、出来事（物語）が映画の空間や運動においてどのようにして視覚的に生起するのかを論じた、次の論文を参照のこと。スティーヴン・ヒース「物語の空間」夏目康子訳『「新」映画理論集成――②知覚／表象／読解』岩本憲児・武田潔・斉藤綾子編（フィルムアート社、一九九九）、一三六―一七四。

3　本書では、映像の対概念として音響あるいは音という語を用いる。映画における音響は、大きく分けて声、物音、音楽の三つに分類することができる。本書に深く関係するのは声と物音になるが、とりわけ前者については俳優の身体から発せられる響きであることを強調する場合に使用し、特定の意味を持つ話し言葉としての台詞と区別する。また、音声という用語は、通常は肺や咽頭、口、鼻といった人間の器官から出される言語音を指す。だが本書では、スピーカーをそなえた何らかの機器から発せられる音に対して、その媒介性を強調する場合に用いることとする。

4　欧米とは異なり、日本国内における映画音響に関する研究の蓄積はまだ充分であるとは言えないのが現状である。だが、二〇一四年に長門洋平による国内初と言える映画音響の学術的研究書が刊行された。そこでは、映画に含まれるさまざまな音が有する映像に対する効果について、詳細なテクスト分析にもとづいて議論されている。長門洋平『映画音響論――溝口健二映画を聴く』（みすず書房、二〇一四）。

5　代表的な研究としては、メアリ・アン・ドーンやカジャ・シルヴァーマン、近年ではブリッタ・ショーグレンによる研究を挙げることができる。メアリ・アン・ドーン『欲望への欲望――１９４０年代の女性映画』松田英男監訳（勁草書房、一九九四）。Kaja Silverman, *The Acoustic Mirror: The Female Voice in Psychoanalysis and Cinema* (Bloomington: Indiana University Press, 1988). Britta Sjogren, *Into the Vortex: Female Voice and Paradox in Film* (Urbana: University of Illinois Press, 2006).

6　たとえばミシェル・シオンは「付加価値」の概念によって、そしてクローディア・ゴーブマンは「投錨」の概念によって、映画音楽が映像の意味を固定し、物語を補強するという機能を説明している。長門はこれらを「異化効果」と対置させることで映画音楽の持つ効果を概念的に整理している。また、音楽の抽象性をユートピアと結びつけて論じたカリル・フリンの著作も参照のこと。ミシェル・シオン『映画の音楽』（小沼純一・北村真澄監訳、伊藤制子・二本木かおり訳、みすず書房、二〇〇二年）、一八三—一八四。Claudia Gorbman, *Unheard Melodies: Narrative Film Music* (Bloomington: Indiana University Press, 1987), 32. 長門『映画音響論』、五六—五七。カリル・フリン『フェミニズムと映画音楽——ジェンダー・ノスタルジア・ユートピア』鈴木圭介訳（平凡社、一九九四年）。

7　Sjogren, *Into the Vortex*, 12-13.

8　Rick Altman, *Silent Film Sound* (New York: Columbia University Press, 2004). James Lastra, *Sound Technology and the American Cinema: Perception, Representation, Modernity* (New York: Columbia University Press, 2000).

9　メアリ・アン・ドーン「映画における声——身体と空間の分節」松田英男訳『「新」映画理論集成——②知覚／表象／読解』岩本憲児・武田潔・斉藤綾子編（フィルムアート社、一九九九）、三一六。

10　シーモア・チャトマン『小説と映画の修辞学』田中秀人訳（水声社、一九九八）。Sarah Kozloff, *Invisible Storytellers: Voice-Over Narration in American Fiction Film* (Berkeley: University of California Press, 1988).

11　Tom Gunning, *D. W. Griffith and the Origins of American Narrative Film: The Early Years at Biograph* (Urbana: University of Illinois Press, 1994), 17-18, 29-30n35. 傍点は引用者。

12　ロラン・バルト「声のきめ」『第三の意味——映像と演劇と音楽と』沢崎浩平訳（みすず書房、一九八四）、一八九。

13　バルト「声のきめ」、一九七。

14　細川周平『レコードの美学』（勁草書房、一九九〇）、二二二。なお、この細川の論考において「きめ」には「地肌」や「肌触り」という訳語が与えられている。

15　細川『レコードの美学』、二二二。

16　ミシェル・フーコー「作者とは何か」清水徹・根本美作子訳『フーコー・コレクション2——文学・侵犯』小林康夫・石田英敬・松浦寿輝編（ちくま学芸文庫、二〇〇六）、三七一—四三七。ウェイン・ブース『フィクションの修辞学』米本弘一・

服部典之・渡辺克昭訳、書肆風の薔薇、一九九一、一〇一―一〇八。なお、参照した邦訳では"implied author"に「内在する作者」という訳語が与えられている。「想定された作者」や「推論された作者」と訳される場合もあるが、本書では最も定着していると思われる「内包された作者」を採用した。

17　ティモシー・コリガンやダドリー・アンドルーが述べるように、今日の映画産業には、実際には多くの場合「作者」なる概念が死ぬことなく機能し続けているという側面があるのも事実である。Timothy Corrigan, *A Cinema Without Walls: Movies and Culture After Vietnam* (New Brunswick: Rutgers University Press, 1991), 135-136. Dudley Andrew, "The Unauthorized Auteur Today," in *Film Theory Goes to the Movies*, eds. Jim Collins, Hilary Radner and Ava Preacher Collins (New York: Routledge, 1993), 80.

18　Tom Gunning, *The Films of Fritz Lang: Allegories of Vision and Modernity* (London: BFI, 2000), 5.

序章　〈初期アルトマン映画〉とは何か

1　物語とは何か

かつてロラン・バルトが述べたように、物語は、「ほとんど無限に近い［……］形をとりながら、あらゆる時代、あらゆる場所、あらゆる社会に存在する」。[1] 物語とはほぼすべての人々に共有された一つの表現形式であり、それを語るという行為もまた、普遍的な営みである。しかし誰もが知り、誰もが触れたことがあるにもかかわらず、この「物語」という語はしばしば多義的かつ曖昧に使用される。その上、一体どのように定義できるのか、今もなお意見の一致を見ないままである。

『改訂　物語論辞典』のなかで、ジェラルド・プリンスは物語を次のように定義している。

物語とは、一・二名あるいは数名の（多かれ少なかれ顕在的な）語り手（narrator）によって、一・二名あるいは数名の（多かれ少なかれ顕在的な）聞き手（narratee）に伝達される一ないしそれ以上の現実の、あるいは、虚構の事象（event）の（結果と過程、対象と行為、構造と構造化としての）再現表象を言う。[2]

ここで使用されている「事象」とは、「「～を行う」とか「～が起きる」というかたちでの経過陳述（process statement）によって、物語言説（discourse）に表示される状態（state）の変化」を意味する。[3] そのような物事の変化を語るという意味において、物語なるものはきわめて時間的であると言うことができるのかもしれない。プリンスによれば、ある時点から別の時点へと向かう状況の変化を伴うような「時間的な連鎖」こそが「物語の最大の特徴である」という。[4] 実際に、古代ギリシアから現代に至るまで一貫して、物語を規定するものとして繰り返し論じられてきたのはこのような時間性である。アリストテレスは『詩学』において、悲劇を「一定の大きさをそなえ完結した一つの全体としての行為、の再現」と定義した上で、そのような全体とは「初めと中間と終わりをもつものである」と考えた。[5] また、一九七〇年代にツヴェタン・トドロフは均衡と不均衡のモデルを提示し、そのなかで、最初にあった均衡が破られ、最終的に回復されるまでのプロセスを五段階に区分した上で、それを物語の最も基本的な型として規定した。[6] そして一九九〇年代、エドワード・ブラニガンは物語を定義するにあたってこのトドロフのモデルを全面的に踏襲している。[7]

しかし一方で、このようなアリストテレスからトドロフ、ブラニガンへとつらなる「伝統的な物語の理解」を批判的に捉える議論もある。リック・アルトマンは二〇〇八年に発表した著書『物語の理論』（*A Theory of Narrative*）のなかで、物語を時間性に準拠して定義する「伝統的な」考え方に対し、「限定された資料体にもとづいていて、単一の特徴のみを強調し、物語の一つのタイプをすべての種類［の物語］を代表するものとして捉えている」と批判した。[8] そうではなく、より幅広い解釈をも許容するような、柔軟な定義が必要だというわけである。そこで提起されたのが、「追随（following）」という概念である。これは、リック・アルトマンが「語りの活動性（narrational activity）」と呼ぶレヴェル、すなわち「物語の素材［narrative material］の提示や組織化を可能にするような、物語る審級にある存在に関係する」領域[9]に位置づけられており、彼の物語の定義において最も重要な概念として用いられている。ところが、それが指し示しているのは驚くほどに簡潔な状況である。

語り手が特定の登場人物への追随を開始して初めて、テクストは物語として認識できるようになる。あるいは、より正確に言えば、特定の登場人物が追随されて初めて、我々は語り手の活動を感じ取るのであり、それによってテクストを物語と定義するのである。[10]

追随のプロセスは、登場人物と語り手、つまりは物語世界と語りに対して同時に光を当てる。物語を構成するのは、まさにこのような二つの異なるレヴェルの同時的な強調なのである。[11]

すなわち、言葉であれ映像であれ何らかの媒体において、まさに特定の登場人物を追いかけるような――あるいは特定の登場人物に焦点を当てた――表現が行なわれていさえすれば、そこには物語が発生しているというのである。

この「追随」は、従来の文学研究において使用されてきた「視点（point of view）」とは異なる概念である。リック・アルトマンの説明によると、「視点」は、「情報の二次的なフィルターとして登場人物を用いることに常に関係して」おり、限られたテクストにしか適用することができないという問題を抱えている。一方で「追随」は、適用可能な物語のカテゴリーをほとんど選ばないという利点を持つ。[12] それゆえ、テレビのチャンネルをザッピングしているときなど、「各テクストの一部分だけに触れるときであっても、我々はそれが物語テクストであるかどうかをあっさりと決定してしまう」というケースさえも説明することができるのである。[13] これだけにとどまらない。この概念の最大の特色は、物語を生み出すその源泉を、「内包された作者」や語り手といった何らかの主体に求めるのではなく、「追随」という機能あるいは作用として規定した点である。それによって「追随」は、映画における物語がどこで生み出され、どこから伝達されてきているのかという、これまで長きにわたって議論されてきた問題（そのような映画における物語る源泉の問題については第二章第一節で詳述する）に対して、一つの簡潔明瞭な答えを与える。「追随」が意味するのは、行為者としての登場人物と、それを捉え、提示するものとの関係性である。それが物語を成立させるのだ。つまり、映画における俳優と、俳優を捉えるカメラやマイクとの関係性を成り立たせているような作用そのもののなかから、物語は生起するのである。これらの有効性に鑑みて、本書ではリック・アルトマンによる物語の定義を採用することにする。[14]

では、映画において追随はどのように生じるのか。リック・アルトマンはこの概念を説明する際、カメラが移動する人物を追い続けるという状況を引き合いに出している。[15] 提唱者自身がそのような視覚的な例を持ち出している点からも明白であるように、映像においては追随が容易に可能であるということはひとまず言えるだろう。ならば音響はどうか。この点こそが本書が探求する根本的な問題に関わっている。各章を通じて明らかにするのは、音響を用いた表現によって、特定の登場人物に追随することが可能だということである。それが意味するのは、映画の音響は映像とは異なる仕方で物語を語ることができるという事実であり、ひいては、映像と音響の緻密な連関（あるいは乖離）によって映画は複数の物語を同時的に語ることができるということである。これらがどのようにして達成されるのか、本書ではロバート・アルトマン作品の具体的な分析にもとづいて検証を行なっていくことで、他の芸術媒体とは区別されるような、映画固有の新たな特性や可能性を提示することを目指す。

2 物語の複数性

ロバート・アルトマンの映画が特異な物語形式を有していることは、ジャーナリスティックな批評であれ学術的な論文であれ、この映画作家の研究における最も主要なトピックの一つであり続けてきた。特に注目されてきたのは、群像劇タイプの作品が他の映画作家に比して非常に多いという点である。本書の冒頭でも述べたように、『ナッシュビル』や『ウエディング』(*A Wedding*, 1978)、『ショート・カッツ』といった作品は、一九九〇年代から二〇〇〇年代に流行した、いわゆる「アンサンブル映画」と呼ばれるような作品群に対して大きな影響を与えたこともあって、しばしばアルトマンという作家を特徴づけるような物語構造を持つとみなされている。だがエドマンド・グールディングの『グランド・ホテル』(*Grand Hotel*, 1932)やジャン・ルノワールの『ゲームの規則』(*La Règle du jeu*, 1939)のように、群像劇の形式を持つ映画はアルトマンに先立ってすでに数多く存在していた。では、アルトマンによる群像劇の新規性とはどのようなものであったのか。たとえば四方田犬彦は、『ポパイ』(*Popeye*, 1980)以前の作品の特徴について次のように述べている。

> アルトマンはもとより物語を単線状に、わかりやすく説明してゆく監督ではない。いくつもの物語を同時進行的に進め、物語どうしが競合したり、衝突したりして立てる唸りというか、磁力を帯びた曖昧な雲のようなもののなかへと観客を導いてゆく作家のはずだった。[16]

またジェイムズ・モナコは、アルトマンに対して感謝の意を述べるという一風変わった方法で彼の映画の特質を表現している。

> ありがとう、ロバート・アルトマン。スクリーンとサウンドトラックの限界ぎりぎりまで実に多くの生を詰め込んでくれて。さらにはそれを重ね合わせたり、競い合わせたり、群がらせたりしてくれて。そしてその

偉大で、穏やかな滑稽さに対する大きな理解にも感謝している。[17]

この二人の言明に共通するのは、複数の登場人物たちそれぞれの物語や生が相克する状況が一つの映画作品のなかで生み出され、それこそがアルトマン映画を特徴づけているのだという点である。単に、異なる場所で生じている複数の出来事がばらばらに進行していくというのではなく、それらを複雑に絡み合わせ、そこに生じた軋轢によって作品を新たな次元へと開いていくような語りこそがアルトマンの特性なのである。

ところで、先に引用した四方田とモナコの文章には、もう一つ興味深い共通点が存在する。それは、必ずしも群像劇タイプの作品だけを念頭に置いて書かれた文章ではないということである。四方田はあくまでも『ポパイ』以前の作品という括りであるし、モナコも（特に『ナッシュビル』を高く評価しているとはいえ）一九七〇年代までの全作品を対象としている。そして、そのなかには群像劇ではない、明確な主人公を持つ作品も数多く含まれているのである。つまり二人の文章は、非群像劇タイプのアルトマン作品においても複数の物語が存在していて、それらのあいだで葛藤や競合が生じていることを示唆しているように読むことができるのだ。

ただし、ある一本の作品の内部に物語が複数存在するという状況は、決してアルトマンの映画に固有のものだというわけではない。文学を中心とした従来の物語学的研究ではすでにいくつかの事例が検証されており、理論的な整理も行なわれている。ここでは二つの研究を概観しておく。

第一は、リック・アルトマンの「複数焦点の物語（multiple-focus narrative）」である。「複数焦点の物語」とは、テクストが一人の主人公ではなく、複数の登場人物に追随するような物語の形式を意味している。その事例として、リック・アルトマンはピーテル・ブリューゲルの絵画を中心に論じている。[18] 第二は、パトリック・オニールの「複雑焦点化（complex focalization）」の概念である。「焦点化（focalization）」については第一章で検討するので詳細な説明は省略するが、簡単に定義するならば、特定の登場人物の知覚や感情、知識を介することによって、物語の情報を制限する状況を意味する。オニールの「複雑焦点化」とは、ある物語切片が、どの登場人物の内面に寄り添った表現であるのかが不確定となるような事態――言い換えると、「焦点人物（focalizer）」が決定不可能となるような事態――を指している。それゆえに、複雑焦点化が起こった場合、テクストが複数の登場人物の主観性へと開かれていくことになる。[19]

この「複数焦点の物語」および「複雑焦点化」は、ある共通した特徴――もしくは問題点を抱えている。それは、いずれも解釈の多様性に依拠した概念だということである。リック・アルトマンは、「複数焦点の物語」が読者／観客の読み次第では単一焦点（single-focus）や二元的焦点（dual-focus）の物語に還元されてしまう危険性に注意を促している。[20] またオニールは、「複雑焦点化」の利点をもっぱら解釈の許容範囲を広げるという点に求めている。[21] つまりこれらはいずれも、テクストが複数の物語を提示していることを表しているわけではなく、あくまでも、読者や観客といった作品の受け手による受容を経て発揮されるような効果を説明するための概念なのである。たとえこれらの概念によって物語の複数性が示されたとしても、それはテクストのなかというよりも、能動性を持ち合わせている限定された受容者の思考や想像力のなかに存在しているということになってしまうのだ。

では、ロバート・アルトマン研究はどうであるか。前述した四方田やモナコ以外にも、物語の複数性を詳細に論じた研究は存在しており、しかもそれらは作品の音響に着目している点で本書と関心を共有してもいる。だがそれらもまた、音響の物語的機能を、最終的には観客による受容の仕方や解釈の多様性の問題として処理しているのである。

ここでは二つの議論について概観していくが、前提として、アルトマンが多用した「重なり合う会話

(overlapping-dialogue)」の技法――複数の俳優を同時に発話させる演出法――と音響技術との関係性を踏まえておく必要がある。映画監督としてまだ駆け出しであった一九六〇年代、アルトマンはすでに「重なり合う会話」を、一本のブーム・マイクを用いて試みていた。ただし、複数の俳優による同時的な発話をそのような方法で録音することにはいくつかの問題があった。たとえば、マイクとの距離がそれぞれ異なってしまうために、同時に話す俳優たちの声の響き方や音量に差が出てしまうという問題や、画面上の構図が制限されてしまうといった点が挙げられる。これらを解決したのが、一九七四年公開(日本未公開、後にDVD化)の『ジャックポット』(*California Split*)における無線マイクと多重録音機の導入であった。アルトマンの製作会社の名前をとって「ライオンズ・ゲート・8トラック・サウンド・システムズ」と呼ばれているこの技術革新によって、俳優たちは自由に動き回りながら台詞を発することができるようになり、さらには録音した台詞の音質や音量を撮影後に調整することも可能となったのである。[22] このようにして洗練された「重なり合う会話」は、一九七五年公開の『ナッシュビル』でさらなる発展を遂げる。群像劇の形式をとるこの映画において、プロットを前進させるような物語の軸となる登場人物が複数存在することと、「重なり合う会話」によって同時に提示される複数の台詞が連関することによって、特異な物語が生み出されるようになるのだ。

この「重なり合う会話」の技法については、これまでどのようなことが論じられてきたのか。最初に取り上げるのは、ここでもまたリック・アルトマンの議論である。技術革新を経た「重なり合う会話」では、音が均質となることによって、同時に提示される複数の台詞のうちの一つだけが特権化されることがない。つまり、観客はどの台詞を聞くべきか能動的に選択しなければならず、それに応じて何通りもの物語内容が構築されうるということになる。リック・アルトマンはこれを「音の民主化」と呼び、それによって、『ナッシュビル』では古典的な、すなわち直線的な物語とは異なるタイプの物語が生み出される可能性があったのだと述べている(ただし最後のシーンにおいて「音の民主化」が行なわれず、古典的なサウンドトラックを持つ古典的な物語として結ばれてしまう点を痛烈に批判している)[23]。

第二は、小野智恵による議論である。技術革新後の「重なり合う会話」では、画面の前景にいる人物と背景にいる人物との声の響きを撮影中か撮影後かにかかわらず、自在に調整することが可能となる。それによって、「周縁の音声と中心の音声とが瞬時に入れ替え可能にな」る。そして、同様のことが『ナッシュビル』の物語構造にも言えるのだと論じられる。「重なり合う会話」によって、物語の中心と周縁が実は等価値であることが露呈し、それによって、(「脱中心化」というよりもむしろ)中心が至るところに存在するような「多元的な物語」が成立しているのだと結論づけられる[24]。

この二つの議論は、アルトマン作品の音響が持つ物語的機能を論じた重要な論考であり、いずれも一定の説得力を持っている。しかし一方で、「重なり合う会話」という技法それ自体がもたらす効果については議論の余地が残されていることも事実である。たとえばジェイ・ベックが指摘しているように、複数の台詞を同時に聞かせようとすることによって、逆説的にそれらすべてが聞き取り不可能になるという事態も大いにありえる[25]。実際にアルトマン自身もまた、「必ずしもスクリーンで言われた台詞のすべてが聞こえなくてもいいんだよ」、「観客が全てを聞きとったかなんてことを私はあまり気にしていない。[……]一言漏らさず聞こえるとか、理解するとかなんてことは大して重要じゃない」と述べている[26]。つまり観客には、重なり合って提示されるどの台詞も聞かずにいるという選択肢も残されている。にもかかわらず先に挙げた先行研究は、そのような可能性をあらかじめ排除した、テクストの意味産出に能動的に関与しようとするいわゆる「理想的な観客」を前提とした議論であり、そのために、そこで論じられているような「重なり合う会話」の機能は十全なものであるとは言えないのである[27]。また大﨑智史によれば、『ナッシュビル』における「重なり合う会話」は、「非階層的にデザインされたように」見えて、実際には「画面との連関によって再び階層化され」ているという。[28]つまり、観客がどの音を聴くかという選択それ自体が、映像との関係性においてすでに決定されているという側面も見逃してはならないのだ。そして先行研究が抱えるもう一つの問題は、作品が多様な解釈へと開かれているという事実の指摘にとどまっている点である。そのような研究が前提とする観客の能動的な聴取や、画面や物語における中心と周縁の入れ替えによって、どのようなストーリーの構築が可能となり、作品に対する理解がどのように刷新されるのか、必ずしも具体的に検証されているとは言えないのである。

ロバート・アルトマンの映画が、観客の能動性を刺激するようなテクストであることは間違いない。しかし本書が目指すのは、アルトマンの作品が多様な解釈に開かれているという事実を指摘することでもなければ、考えられうるさまざまな解釈のヴァリエーションの一つ一つを取り上げ、順番に説明していくことでもない。[29]本書のねらいはそのような作品の受容に関わる問題ではなく、それ以前に作品に内在している物語の複数性について明らかにすることにある。そういった意味では、たとえばミハイル・バフチンの「ポリフォニー性」の概念を参照することも可能であるかもしれない。バフチンによると、「ドストエフスキーの長篇小説の基本的特徴」としての「ポリフォニー」とは、「自立しており融合していない複数の声や意識、すなわち十全な価値をもった声たち」によって構成される。そして、「自分たちの世界をもった複数の対等な意識」が組み合わさることで、「ある出来事という統一体」が生み出されるのである。[30]ただし、バフチンが小説を構成する複数の個人的な言説の「共存」を重要視しているのに対して、[31]アルトマンの映画に存在する複数の物語はそのような関係にあるのではない。そうではなく、互いにせめぎ合っているのである。次節では、そのような物語の葛藤状態がどのようにして生み出されるのかを検討する。

3 〈初期アルトマン映画〉のサウンドトラック

本書が対象とする一九六〇年代から一九七〇年代半ばにかけてのアルトマンの作品群では、基本的には、一本の作品につき明確な主人公が一人存在する。『雨にぬれた舗道』（*That Cold Day in the Park*, 1969）のフランセス、『ギャンブラー』（*McCabe & Mrs. Miller*, 1971）のマッケイブ、『ロング・グッドバイ』（*The Long Goodbye*, 1973）のマーロウなどである。[32] これらの作品では、映像が主人公の行動を捉え続けることによって、彼らの経験する出来事を軸としたプロットの構築がなされている。言い換えると、映像による主人公への追随が生じていて、そのような意味で主人公に帰することができるような物語が語られているということになる。一方で、本書が指摘するアルトマンの映画の特性とは、主人公に対する追随が生じているその最中において、端役であるような別の人物への追随を同時的に可能とするような独特な演出が行なわれているということである。それは、映像とは異なる次元である音響を通じて行なわれる。映像によって主人公の物語が、音響によって別の人物の物語が同時に語られることで、両者が拮抗するような場が生み出される。そうすることでアルトマンは安定した物語構造に亀裂を入れ、作品を複数の世界へと切り拓いていく。これがアルトマン映画における物語の複数性であり、物語的葛藤である。

このような物語的葛藤は、位置が決定不能であるような音によって引き起こされる。それは、アルトマンのフィルモグラフィにおいては、『雨にぬれた舗道』から『ボウイ&キーチ』までのあいだに一貫して見出されるのにもかかわらず、これまでその存在さえも指摘されてこなかった音である。

一九七四年、アルトマンは二月公開の『ボウイ&キーチ』と八月公開の『ジャックポット』という二本の作品を発表している。これらは同年に公開されているのだが、作品間にはある技術的な断絶が存在する。『ボウイ&

キーチ』まではサウンドトラックがモノラル方式であったのに対して、その次作『ジャックポット』以降はステレオ方式が採用されるのだ。[33] 前節で「重なり合う会話」を説明した折に触れたように、サウンドに関するさまざまな技術革新や実験的な試みがなされたのはステレオ期のアルトマン映画であり、とりわけ『ナッシュビル』を中心に注目が集められてきた。

一方でモノラル期については、『M＊A＊S＊H――マッシュ』（*M*A*S*H*, 1970）（以下『M＊A＊S＊H』と略記）、『ギャンブラー』、『ロング・グッドバイ』といった代表作を多く含みながらも、音響の観点からは必ずしも積極的に評価されてきたとは言えない。アルトマンが独自のサウンドを構築したとされる『ナッシュビル』が一つの到達点であるならば、モノラル期は相対的に未発達であった期間であると暗黙のうちにみなされているようにも思われる。しかしそこには、技術的に未発達であったからこそ可能であったような、数多くの特異な音響的実践が確認できるのである。[34]

本書では、アルトマンが監督したモノラル期の作品群を〈初期アルトマン映画〉として規定する。モノラル期を初期と言い換えるのは、この時期を特徴づけるものが音響的側面のみに収斂するものではなく、ステレオ期とは別種の物語を形成するような語りの機能にまで拡張されるからである。ここからは作品中の具体例や技術的な背景、理論的な問題などを総合的に踏まえつつ、〈初期アルトマン映画〉のサウンドトラックがいかなるものであるのか、その特質を整理していく。

〈初期アルトマン映画〉は、一九六九年の『雨にぬれた舗道』から一九七四年の『ボウイ&キーチ』までを指す。だが、モノラルであった時期ということであれば、それ以前の『非行少年たち』（*The Delinquents*, 1957）（日本未公開）や『宇宙大征服』（*Countdown*, 1967）、あるいはアルトマンが手がけたテレビドラマの各エピソードも含まれてくる。確かにそのような駆け出しの頃の作品のなかにも、独特な音響的技法を見出すことはできる。たとえば

『宇宙大征服』におけるホワイト・ハウスの会議室のシーン——急遽発足した月への有人ロケット発射計画において、誰を乗せるべきかをめぐって、NASA側とアメリカ政府側の四人が協議する——では、白熱する議論のなかで幾度か俳優たちが同時に台詞を発している。さらに、その後のパーティーのシーンでは、プールサイドで会話する四人の人物の台詞が重なり合うのみならず、そこに屋内でギターの弾き語りをする男の演奏や、それに対する歓声、自由におしゃべりを楽しむ人々のざわめきなどが絡み合い、密度の高いサウンドトラックが形成されている。またテレビドラマにおいては、『コンバット！』（*Combat!*, 1962-1967）の第一シーズン第九話「一人だけ帰った」（"Cat and Mouse," 1962）のなかで、一風変わった試みがなされている。このエピソードでは、主人公たちが身を隠す小さな廃墟に偶然敵であるドイツ兵たちがやって来て、主人公たちがいるとは気づかずにその場所を一時的な拠点としてしまうことで、重厚なリスペンスが展開される。そこでは常に、廃墟の外にある水車が回転する軋んだ物音が聞こえ続けており、この音が作品全体に独特な緊張感を与えている。それだけでなくこれは、サウンドトラックを音で満たそうとする後のアルトマンの傾向が現れた最初期の事例として捉えることもできるかもしれない。しかし、アルトマンが映画製作における全行程に関して初めて最終的な決定権を持ったのは『雨にぬれた舗道』であるし、実際に映像や音響において彼の作家性が十全に発揮されるのもこの映画が最初である。このような経緯から、多くの先行研究が『雨にぬれた舗道』を「最初のアルトマン映画」とみなしている[35]。しかも、アルトマン映画に特有の物語の複数性や物語的葛藤が立ち現れるのも、この作品が最初なのである。

〈初期アルトマン映画〉において、そのような物語的葛藤を生み出すのはポストプロダクションの段階で重ねられたダビング音である。なおかつ、モノラルという条件によって位置が決定困難な音と化したとき、それは特殊な語りの機能を持つことになる[36]。一般的にロバート・アルトマンという人物は、生々しいサウンドに強いこだわりを持つ人物として認知されている。実際に彼はインタヴューにおいて、「時にどうしても必要な場合もある」と断りつつも、「いまだにダビング、アフレコは蔑視している」と発言している。[37] ただし一九七〇年代のアメリカ映画には、同時録音による聴覚的なリアリズムの追求と部分的なアフレコの使用という、相反する二つの傾向が混在していた。それゆえアルトマンが、意図的であろうとそうでなかろうと、両者を巧みに使い分け、作品中で織り合わせていたとしても何ら不思議ではないのである。

そのような同時録音とアフレコの混在とはいかなる状況であったのか。ジェイ・ベックによれば、その技術史的な背景とは次のようなものである。まず、ポーランドのエンジニア、ステファン・クデルスキーによって一九五八年に開発されたナグラ3（Nagra Ⅲ）というレコーダーにより、アメリカの映画製作の現場に同時録音のシステムが普及し始める。本機は、それ以前に使用されていた35ミリの磁気テープ用のレコーダーとくらべてはるかに軽量で持ち運びがしやすく、カメラとの容易かつ正確な同期を可能とした。ナグラ3によってもたらされた聴覚的なリアリティの向上は、いわゆる「ダイレクト・シネマ」にも直接的な影響を及ぼすことになる。[38] 一方で一九六〇年代は、トニー・リチャードソンやジョン・ブアマンなどイギリスから多くの映画監督たちがアメリカへとやって来た時代でもあった。ベックは、イギリス人映画作家たちの渡米によって、イギリス映画の慣習がアメリカ映画へと取り込まれていった可能性を指摘している。その慣習とは、部分的なアフレコの使用である。イギリスの演劇や映画では、伝統的に、観客に対して台詞を明確に聞かせることへと力が注がれる。なぜなら、アクセントや訛りこそが登場人物の属す階級や住んでいる地域を最も端的に表し、物語を理解する上で重要な役割を果たすからである。そのために、同時録音にくらべて音の輪郭がはっきりとするアフレコを多用することで、台詞の聞き取りやすさを高めてきたのである。一九七〇年代のアメリカの映画作家たちは、一つの音響的スタイルとして、そのようなイギリス映画の特色を自らの作品に取り入れていたのだ。[39] アルトマンが実際にどのような機材を使用していたのか、また、イギリス映画に影響を受けていたのかどうかについては定かではない。だが、雑音さえもそのままに残した生々しいサウンドトラックを軸として、部分的にアフレコなどのダビング音を被せるという試み自体は、この時代の録音技術や文化的な背景から考えるに不自然なことではない。さらにこのようなサウンドトラックには、アルトマン本人でさえ自覚していなかったような、特異な物語的機能がそなわることになる。

では、ロバート・アルトマンの映画のサウンドトラックの特徴として、これまでどのような点が指摘されてきたのか。リック・アルトマンは次の四点を挙げている。

①即興の会話。
②副次的な会話や環境音の過度な強調。
③装置を介した音の多用。
④多数の独立した音を同時に使用するという全般的な傾向。[40]

なかでも本書が主題的に取り上げるのは、③装置を介した音声である。これは、従来アルトマン映画全般に関する特徴としてしばしば言及されてきたのにもかかわらず、その機能についてはほとんど論じられてこなかった音である。とりわけ重要なのは、〈初期アルトマン映画〉において装置を介した音声は、同時録音ではなく、ポストプロダクションの段階でダビングされた音であるということだ。そうすることで、この音はブーム・マイクによって録音されたサウンドトラック全体とは分離した、異質な音として鳴り響くのである。また〈初期アルトマン映画〉のダビング音は、装置を介した音声だけではない。そこにはアフレコの声も含まれる。これは一般的には撮影後、スタジオで録音された声を指す。だがここではその意味を拡張し、ロケーションで録音された後、ポストプロダクションの段階で編集を加えられた声も含むことにする。作品毎の具体例は以下のとおりである。装置を介した音声は、『M＊A＊S＊H』における拡声器の音声、[41]『ボウイ&キーチ』におけるラジオ音声であり、アフレコによる声は、『雨にぬれた舗道』の中盤における端役の女性たちの会話、『ギャンブラー』の最終シークエンスにおける町の人々の声、『ロング・グッドバイ』のプレクレジット・シーンにおける主人公の声である。[42]

これらの音には、位置の不確定性という共通点がある。通常、映画の音は物語世界の音と物語世界外の音の二種類に大別できる。すなわち、音源が物語世界のなかにあるのか、それとも外にあるのかという区別である。これに加えて長門洋平は、ミシェル・シオンやデイヴィッド・ボードウェルらの分類を整理した上で、物語世界の音を次の四つに区分した。①イン（の音、②フレーム外の音、③内面的な音、④サウンド・ブリッジである。①は画面内に音の出所が明示されている音であり、②は音源が示されてはいないが隣接する空間にあると想定可能な音を指す。③は登場人物の心のなかで鳴っている音である。④のサウンド・ブリッジは、一般的には場面転換が行なわれるその瞬間において、前後どちらかのシーンの音を他方へとかすかに被せる技法を指す。だが長門は、次のように定義を拡張する。すなわち、「時空間の異なる複数のショットをまたいで流れる、物語世界の音」である。[43]長門は、とりわけこの「サウンド・ブリッジ」の概念を用いることによって、溝口健二の作品における音響の位置の不確定性についての説明を試みている。上に挙げた〈初期アルトマン映画〉の音は、基本的にはすべて、物語世界の音として一義的に理解すべきであるように思われるかもしれない。しかしながら、内面的な音ともとれるようなインの音や、「サウンド・ブリッジ」に近似した抽象化された音響、また、音源を巧妙に隠蔽することによって単なるフレーム外の音を超越し、もはや物語世界外から聞こえているようにも考えられる音など、さまざまな仕方でその位置が同定できないような演出が施されているのである。

このような位置の不確定性は、何よりもまず、音そのものと映像のなかの音源との関係性をめぐって醸成される。映像において徹底して音源を隠すような演出が行なわれている場合、それがインの音であるどころか、フレーム外の音であるという根拠さえも失われかねないのである。それに加えて、ダビング音の音質についても考慮しなければならない。ダビング音には基本的には残響音が付与されないことが多いために、音それ自体が音源との距離を示すということがない。それによって、ブーム・マイクで同時録音された物語世界の環境音とは調和することがなく、物語世界とは異なる次元で生起する音であるように聞こえるという効果が生み出されるのである。

このような事態が引き起こされるのには、〈初期アルトマン映画〉の条件であるモノラル音響が大きく影響している。メアリ・アン・ドーンによれば、「モノラル音声が模倣できる空間的次元は、奥行きという次元であ」り、「左右の次元が欠けている。それにもかかわらず、物語映画において設定されている音と映像の関係は、音が実際に左右の次元から発せられていることを示唆する［suggest］ように働く」。[44] 前述したように、これは聴覚は視覚に従属するというよく知られた知覚の原理と一致する。さらにミシェル・シオンが論じているような、映画の音を映像と完全に切り離し、独立したものとして捉えることの不可能性にもつながる。[45] このように考えるならば、引用箇所においてドーンは、両者のつながりが緊密であることを論述していると言える。しかし「示唆する」という言葉は、これとは逆の事態も含意している。モノラルの映画における音と映像とのつながりに必然性はないということである。このような必然性の欠如こそが、〈初期アルトマン映画〉における音響の音源からの乖離、ならびに位置の不確定性をもたらす根本的な要因であるのだ。

ここまでの議論を振り返っておこう。映画音響の在り方それ自体を通じて物語が語られうるということを解明するために、はじめに「追随」の概念を参照した。それを応用することで、〈初期アルトマン映画〉という非群像劇タイプの作品群が、物語の複数性および物語的葛藤を生み出していることを指摘した。つまり、映像と音響とが別々の仕方で同時的に異なる人物へと追随することによって、複数の物語が語られるのである。〈初期アルトマン映画〉はこうして複数の物語間に葛藤状態を構築する。そしてそれを可能とするのがダビング音であった。この音響がそなえる位置の不確定性は、主人公に従属する語りあるいは主人公に帰することができるような物語を妨げ、それに抗う力として機能するのである。

次節では、アルトマンの映画を映画史のなかでどのように位置づけることができるのかについて、とりわけ「古典的ハリウッド映画」との関連において検討する。

4　映画史のなかのアルトマン

アルトマンの映画が独創的であるということは、ここまでの議論を振り返ってみただけでも半ば明らかだろう。だが彼の作品は、映画史においてどのような意味で新しかったのか。

アルトマンのスタイルの特異性を探究し、その捉えどころのなさをすくい上げようとすること自体は、これまで幾度となく試みられてきた。たとえば小野智恵は、ニュー・ハリウッド期のアルトマンの作品と関連する古典期のハリウッド映画とを形式的側面において詳細に比較した上で、アルトマンがいかにして古典的ハリウッド映画の規範を異化し、芸術的革新性を獲得するに至ったのかを論じた。[46] またロバート・T・セルフは、アルトマンによる現代的な映像と音響の使用によって生み出される物語叙述を「アート・シネマの語り」として概念化した。その特徴とは、ヨーロッパのアート・シネマに見出されるような「作者の表現性、物語における開かれた結末、矛盾した視点、登場人物の心理的な不安定さ、映画的な再帰性」といったものであり、アルトマンのフィルモグラフィにおいては、それらが『M＊A＊S＊H』のなかで初めて完全なかたちで表出するのだと述べている。[47] このように、小野は古典的ハリウッド映画との厳密な対比において差異をあぶり出し、セルフの場合は〈古典的な規範からの逸脱を前提としつつも）別種の新たな枠組みを創出し、そのなかで議論を行なっている。

　しかしながら両者はいずれも、古典的なもの／現代的なものという二項対立に固執した、図式的な方法論を採用しているという問題を抱えている。まず小野の議論においては、アルトマンの特質が古典的な規範からの消極的な逸脱としてしか捉えられていない。たとえば、古典期における「明瞭性」という規範は、アルトマンによって異化された結果、「不・明瞭性」という特性へ変容すると論じられる。このように既存の規範に否定の意味を持つ接頭語を付すというかたちでの整理の仕方では、単に古典的ハリウッド映画とは異なるということの強調にとどまらざるをえないように思われる。[48] 一方でセルフの議論は、アルトマン映画の特異性を独自に、積極的に規定したものとして評価できるかもしれない。そのつかみどころのない、しかし特徴的なスタイルを端的に説明することができる概念として、アメリカのアルトマン研究では現在においてもなお「アート・シネマの語り」はしばしば参照されている。だが、ヨーロッパのアート・シネマが持つ特徴をそのままアルトマンの作品に当てはめるという点において、きわめて図式的な方法による分析が展開されているのも事実である。言い換えるならば、古典的な規範に代わる別種の規範――すなわち「アート・シネマの語り」――をつくり出し、あくまでもその範疇でアルトマン映画を捉えているために、セルフの議論ではそこを超えていく瞬間については捨象されているのである。

　確かにアルトマン映画は古典的ハリウッド映画ではない。その点については本書もまた、先に挙げた二つの論考と同じ立場である。だが、アルトマンの作品からは古典主義的な要素が徹底的に取り除かれているわけではない。〈初期アルトマン映画〉では、テクストに潜在する古典主義と、それとは相反するような現代的なスタイルとが複雑な絡み合いを見せているのである。ここからは、アルトマン映画を古典主義と新たな映像的音響的スタイルとの葛藤のプロセスそのものとして捉えることを試みる。本書が提起するアルトマンの特異性の一つは、まさにこの点にある。

しかしその前に議論しなければならない大きな問題がある。古典的ハリウッド映画という概念の提唱者であるデイヴィッド・ボードウェルやクリスティン・トンプソンらの立場からすれば、古典的な規範から逸脱するような映像的音響的技法の存在を指摘することができたとしても、それは新しさや変化の証明とはならないとされるのである。どういうことか。この問題は従来の映画研究における重要なトピックの一つである「ポスト古典的ハリウッド映画」の存在を認めるか否か、という議論に直結する。まず現代のハリウッド映画について、それを観客の身体に直接的に作用するスペクタクル性を前面に打ち出した、新たな映画形式の枠組みとして考える立場が存在する。[49] すなわち現代のハリウッド映画は、物語を効率的に提示する媒体であった古典的ハリウッド映画とは異なる何ものかへと変容したのであり、そこに断絶を認めるという立場だ。それに異を唱えるのがボードウェルらである。彼らによれば、たとえ過剰なスペクタクルを内包する現代の作品であろうとも、古典的な物語構造は強固に維持されており、そこに撮影所時代からの連続性を見て取ることができるという。仮に古典的な規範からの逸脱が見出されようとも、彼らにとっては古典的な様式のヴァリエーションが増えたにすぎず、それによってかえって規範が強化されることになってしまうのである。[50]

だが、ボードウェルらの理論的枠組みには収まりきらない、特殊な領域が存在する。それは、スタジオ・システムの崩壊ならびにプロダクション・コードの廃絶を経た一九六〇年代後半から一九七〇年代半ばにかけての「ニュー・ハリウッド」と呼ばれる批評的カテゴリーあるいはムーヴメントである。[51] このニュー・ハリウッドの作品群について、「ポスト古典的ハリウッド映画」を認めない立場にあるトンプソンは、「ハリウッドの語りにおける重大な変化の前触れではなく、産業的な慣行に対して長々と影響をもたらした短期間の回り道［a brief detour］」であると述べた。[52] これに対しジェイ・ベックは、トンプソンが『ニュー・ハリウッドにおけるストーリーテリング』というその書名にもかかわらず、七〇年代の作品の再考を怠り、もっぱら八〇年代と九〇年代から実例を選んでいる点を批判した上で、次のように主張する。「それら［七〇年代］の作品群は、古典的ハリウッドの物語という制約へと絶対に還元されえないものなのである」。[53] ここで問題となるのは、トンプソンの主張にある「短期間の回り道」という比喩的表現の意味である。論者の意図としては、おそらくこの言い回しによって、古典的ハリウッド映画とニュー・ハリウッドとのつながりや連続性が維持されている点を示そうとしているのだと思われる。しかし、その連続性は直線的なものではなく、あくまでも「回り道」という比喩によって表現せざるをえないものなのである。つまりそこにおいて露呈しているのは、彼女らの理論的枠組みからははみ出してしまった、例外的な領域としてのニュー・ハリウッドなのだと言える。

アルトマンはとりわけ『M＊A＊S＊H』の商業的な成功を契機として、ニュー・ハリウッドを代表する監督の一人としてみなされてきた。ただしハミッシュ・フォードが述べているように、彼はニュー・ハリウッドの新しさを体現するようなムーヴメントの中心的存在でありながら、同時にその周縁に位置する存在でもあった。[54] この指摘は本書にとって示唆的である。というのも、ニュー・ハリウッドには当時の流行としての反体制的な若者映画という側面と、大学で映画を学んだ「ムーヴィー・ブラッツ（movie brats：映画小僧たち）」と呼ばれる世代による新たな作家主義的側面とがあり、アルトマンはその両方に関わっていながら、本質的にはどちらにも属することができなかったからである。そのような曖昧な立ち位置にもかかわらず、彼はニュー・ハリウッドを代表する監督の一人として認められてきた。彼はこのムーヴメントのなかでも、きわめて特異な存在であったのだ。

ニュー・ハリウッドにおけるこの二つの側面についてそれぞれ順に見ていこう。『宇宙大征服』から『ナッシュビル』までの、一九六〇年代後半から一九七〇年代半ばまでにアルトマンが発表した一〇本の作品を振り返ってみても、当時の対抗文化を反映した、反体制的な主人公を据えた映画は一九七〇年に公開された二本、『M＊A＊S＊H』と『BIRD★SHT——バード★シット』（*Brewster McCloud*）（以下『BIRD★SHT』と略記）があるにすぎない。つまり、アルトマンが反体制的な若者映画の作り手であったのは、この一年間だけであったのだ。しかも複数の先行研究がすでに明らかにしているように、この二本はいずれも当時の若者映画や対抗文化を無批判に取り入れているのではなく、それらとは一定の距離を置いた作品なのである。[55]

アルトマンが新たな作家主義に属す監督の一人としてしばしば取り上げられている点については、七〇年代に活躍したその他の監督たちとの世代の違いを考慮する必要がある。一九二五年生まれのアルトマンは、ウディ・アレン、フランシス・フォード・コッポラ、マーティン・スコセッシ、スティーヴン・スピルバーグといった一九三〇年代半ばから一九四〇年代半ばに生まれた作家たちよりも一回り上の世代に属しており、彼らのように大学で映画を学んではいない。「映画小僧《ムーヴィー・ブラッツ》」と呼ぶには、すでに年をとりすぎていたのである。とはいえ、一九七〇年代に入ってもなお第一線で活躍を続けていた撮影所時代を知る一九一〇年代生まれの監督たち、たとえばドン・シーゲル、リチャード・フライシャー、ロバート・アルドリッチらとも明らかに異なっている。映画業界におけるアルトマンの最初の仕事は、フライシャーの初期の作品『ボディガード』(*Bodyguard*, 1948) への原案の提供であったのだが、スタジオ・システムがかろうじて機能していた時代のハリウッドを彼はほとんど知らない。というのもそのとき、地元カンザスシティの映画会社カルヴィン・カンパニー (Calvin Company) に所属し、企業の宣伝や従業員の教育のためにつくられる産業映画 (industrial film) を撮ったり、『ヒッチコック劇場』(*Alfred Hitchcock Presents*, 1955-1965) や『コンバット!』などのテレビドラマを数多く手がけていたからである。[56]このような伝記的事実に鑑みても、アルトマンは当時活躍していた二つの世代のどちらでもない、分類不可能な領域に位置づけられるのである。また、アルトマンと同じ世代の映画監督のなかには、たとえばアルトマンとは生年月日が一日しか違わないサム・ペキンパーや、ジョン・カサヴェテスも含まれる。詳細に検討する余裕はないが、彼らが同じ世代であるという事実もまた、この世代の特異性を示していると言えるかもしれない。

ジェイムズ・モナコが指摘するように、ニュー・ハリウッド期のアルトマンが「どのようなタイプや場所であれ」、同時代の誰よりも多くの映画を撮ったという事実は、撮影所時代の職人的な監督たちに対して、「あたかも遅れを取り戻そうとしているかのよう」な身ぶりであったと言える。[57] しかしながら七〇年代に入り、長編を撮るチャンスを得たときすでにハリウッドのスタジオ・システムは崩壊しており、そのような作品を生み出すことの不可能性に彼は直面するのである。

本書は、ニュー・ハリウッド期のアルトマン映画と古典的ハリウッド映画との関係性を単なる断絶、あるいは連続性という点において捉えようとするものではない。そうではなく、七〇年代において古典主義を維持することの不可能性を引き受けようとするその態度を、具体的な映画テクストのなかに見出そうとする試みである。その事例については、各章において随時検討することになる。

本書では、作品を時系列順に取り上げていく。そのようにして明らかとなるのは、〈初期アルトマン映画〉がたどる物語的葛藤の発生、展開、終結のプロセスである。[58]

第一章では、〈初期アルトマン映画〉の第一作目としての『雨にぬれた舗道』を論じる。そこでは、一組の男女間という単位において支配と服従をめぐる葛藤が生じている。だが本作が真に描こうとしている葛藤とは、フランセスという一人の人物のなかに存在する、性的抑圧とそれに抗うエネルギーとのせめぎ合いなのである。この章では中盤のシーンにおける三人の女性たちの声をフランセスの聴覚との関連から分析する。そうすることで、彼女の心的葛藤が音響を用いた独特な演出によって表象されていること、ならびにそれが〈初期アルトマン映画〉における物語的葛藤の萌芽であることを示す。

第二章で論じるのは『M＊A＊S＊H』における拡声器の音声である。その内容や画面との関係性の分析を通じて、そこにいわゆる「映画的語り手」（映画の物語全体を統制する語りの機能）が介在していること、それも音の収集や操作という行為によって自らの介在を露呈させていることを指摘する。その上で、本作の主人公たちがそのような映画的語り手の行為を模倣することで、テクスト内に存在する別種の物語を創造していることを論じる。ここでは、例外的に物語的葛藤が生じておらず、むしろ共存の関係が生み出されている。そのような語りの複数性を〈混成的な語り〉と規定し、それが本作が内包するイデオロギー的問題に直結していることを議論する。

第三章の対象となるのは、『ギャンブラー』の最終シークエンスである。そこでは、主人公マッケイブの決闘のシーンと、火事の消火活動を行なう町の人々のシーンが、クロスカッティングによって交互につながれる。そのなかで、マッケイブのシーンのなかに町の人々の声が断続的に混ざり込む状況を指摘し、それを新たな〈サウンド・ブリッジ〉として規定した上で、音響によって町の人々への追随が行なわれていることを明らかにする。そうすることで、マッケイブと町の人々、さらには決闘の後に映し出されるミラー夫人という三者の世界の交錯というかたちで、物語的葛藤が生み出されていることを論じる。

第四章では、『ロング・グッドバイ』の主人公マーロウの声について論じる。映画の冒頭におけるマーロウの独り言が、その声の音質や身ぶりからヴォイス・オーヴァーに擬態する声であることを明らかにし、その声が語りの権限を得ることに挫折するプロセスを考察する。その上で、本作がレイモンド・チャンドラーによる原作小説の語りのモードに対する批評的機能を持つことを明らかにする。

第五章では、『ボウイ&キーチ』において繰り返し使用されているラジオ音声のなかでも、三回行なわれる銀行強盗のシーンで聞こえてくるものに着目する。というのも、その三つだけがどこから聞こえてくるのか決定困難だからである。ここではまず、主人公ボウイと脇役であるチカモウの人物造形について、動機づけという観点から対比する。そして強盗シーンのラジオ音声が、ヒーローへの憧憬というチカモウの欲望を成就させ、しかし最終的に挫折させるような〈潜在的な物語〉を露わにしていることを指摘する。

第六章において論じるのは、〈初期アルトマン映画〉の範疇には含まれない『ナッシュビル』である。この映画を取り上げるのは、モノラルからステレオへと技術的な移行を果たした後、アルトマン映画の音響と物語はどのように変化するのかを解明するためである。ここでは、選挙キャンペーンを行なう大統領候補の演説を流しながら、街のなかを彷徨い続ける宣伝カーの音声に着目する。この音は、ケニーという一人の人物と密接に関連し、彼に対する追随を行なう。そしてこの映画が、二四人の登場人物を擁する群像劇であるにもかかわらず、一元的な物語として統合されるような、アイロニーの映画として成立していることを論じる。

このようにして本書は、特定の登場人物にまつわる事象が音の響きから成る独特な聴覚的イメージによって再現されうる事態を探求する。それは従来のカテゴリーとはまったく異なる、フィクションにおける新たな叙述の方法である。終章ではその可能性を論じる。

注

1　ロラン・バルト「物語の構造分析序説」『物語の構造分析』花輪光訳（みすず書房、一九七九）、一。

2　ジェラルド・プリンス『改訂　物語論辞典』遠藤健一訳（松柏社、二〇一五）、一二二。傍点は引用者。

3　プリンス『改訂　物語論辞典』、六五―六六。傍点は引用者。

4　プリンス『改訂　物語論辞典』、一二三。ただしプリンスは、時間的な連鎖「それだけが物語を物語たらしめるのではない」と述べていることを付け加えておく。だが、この辞典における「物語」の項目を、「要するに、物語は、時間性と時間的存在たる人間とを説明するものなのである」という文言で締めくくっていることからも、事象が持つ時間性を最も重要視していることは間違いないように思われる。プリンス『改訂　物語論辞典』、一二三、一二五。

5　アリストテレース、ホラーティウス『詩学・詩論』松本仁助・岡道男訳（岩波文庫、一九九七）、三九。

6　Tzvetan Todorov, "The Two Principles of Narrative," *Diacritics* 1, no. 1 (1971): 39.

7　Edward Branigan, *Narrative Comprehension and Film* (London: Routledge), 1992, 4-8.

8　Rick Altman, *A Theory of Narrative* (New York: Columbia University Press, 2008), 9. なお混同を避けるために、本書ではリック・アルトマンを参照する際には必ずフルネームで表記する。単に「アルトマン」とだけ記されている場合はロバート・アルトマンを指している。

9　Altman, *A Theory of Narrative*, 10.

10　Altman, *A Theory of Narrative*, 15-16.

11　Altman, *A Theory of Narrative*, 16.

12　Altman, *A Theory of Narrative*, 22.

13　Altman, *A Theory of Narrative*, 17.

14　ただし、本書には必ずしも時間性による「伝統的な」定義を排除するという意図はない。ある人物への「追随」が行なわれているから時間性が生じているのか、もしくはその逆であるのか、必ずしも決定できないケースが存在するからである。またアンドレ・ゴドローは、「伝統的な」定義を援用した上で、ショットという単位が常に時間の連鎖を表象しうる点に着目し、最初期のリュミエール兄弟の作品群である『工場の出口』（*La Sortie de l'usine Lumière à Lyon*, 1895）、『ラ・シオタ駅への列車の到着』（*L'arrivée d'un train en gare de La Ciotat*, 1896）、『水をかけられた散水夫』（*L'ArroseurArrosé*, 1895）を一種の物語として捉えようと試みている。だが、これらの作品で「追随」が生じているかどうかを判断するのはきわめて困難である。ここで議論する余裕はないが、そのような観点から再検討する必要もあるだろう。André Gaudreault, "Film, Narrative, Narration: The Cinema of the Lumière Brothers," trans. Rosamund Howe, in *Early Cinema: Space, Frame, Narrative*, eds. Thomas Elsaesser with Adam Barker (London: BFI, 1992), 68-75.

15 Altman, *A Theory of Narrative*, 16.

16 四方田犬彦「ロバート・アルトマンを悼む」『俺は死ぬまで映画を観るぞ』（現代思潮新社、二〇一〇）、二八四。傍点は引用者。

17 James Monaco, *American Film Now*, Rev. and updated ed. (New York: New American Library, 1984), 325. 傍点は引用者。モナコは「群がること、競い合うこと、重なり合うこと（crowding, jostling, overlapping）」という表現を用いるにあたって、イギリスの演出家ピーター・ブルックの言葉を参照している。

18 Altman, *A Theory of Narrative*, 191-241.

19 パトリック・オニール『言説のフィクション――ポスト・モダンのナラトロジー』遠藤健一監訳、小野寺進・高橋了治訳（松柏社、二〇〇一）、一二六―一三〇。

20 Altman, *A Theory of Narrative*, 242-243.

21 オニール『言説のフィクション』、一二八―一三〇。

22 小野智恵『ロバート・アルトマン　即興性のパラドクス――ニュー・シネマ時代のスタイル』（勁草書房、二〇一六）、四六―五三。大崎智史「重なり合う会話――『ナッシュビル』における音声編集」『美学芸術学論集』一〇号（二〇一四）：九三―九四。

23 Rick Altman, "24-Track Narrative? Robert Altman's *Nashville*," *CiNéMAS: revue d'études cinématographiques* 1, no. 3 (1991): 102-125. この『ナッシュビル』についてのリック・アルトマンの議論は、本書第六章で詳しく検討する。

24 小野『ロバート・アルトマン　即興性のパラドクス』、五二―六三。

25 Jay Beck, "The Democratic Voice: Altman's Sound Aesthetics in the 1970s," in *A Companion to Robert Altman*, ed. Adrian Danks (Malden: Wiley Blackwell, 2015), 205.

26 ロバート・アルトマン『ロバート・アルトマン――わが映画、わが人生』デヴィッド・トンプソン編、川口敦子訳（キネマ旬報社、二〇〇七）、四七。

27 リック・アルトマンの場合は明白だが、小野の議論では観客については一切言及されていない。しかし、「重なり合う会話」は画面や物語の中心と周縁を入れ替える「可能性」を生み出すにすぎず、入れ替える行為の主体として、暗黙のうちに観客を想定しているように思われる。いずれにせよ、中心と周縁が入れ替わった結果として、具体的に何が生み出されるのかは論じられていない。

28 大﨑「重なり合う会話」、九九。

29 本書は観客の能動性を否定するものではなく、むしろストーリーが構築される場合において、それは必要不可欠であるとさえ考えている。だが、デイヴィッド・ボードウェルやブラニガンに代表される認知主義的な物語理論のように、観客による能動的な認知プロセスを語りの本質をなすものとは考えない。そうではなく、語りはあくまでもテクストの側に存在する。ボードウェルらに対する批判については、本書第二章第一節、およびトム・ガニングの議論を参照のこと。Tom Gunning, *D. W. Griffith and the Origins of American Narrative Film: The Early Years at Biograph* (Urbana: University of Illinois Press, 1994), 22-25.

30 ミハイル・バフチン『ドストエフスキーの創作の問題』桑野隆訳（平凡社ライブラリー、二〇一三）、一八。

31 バフチン『ドストエフスキーの創作の問題』、六二。

32 『M＊A＊S＊H』には、例外的に複数の主人公が存在すると言える。だが映画は彼らを個別的にではなく、近似した性格を持つ一つの集団として描いている。そのため本書では、この映画を群像劇とはみなさないこととする。

33 インターネット・ムーヴィー・データベース（IMDb）を参照すると、『ジャックポット』のサウンド・ミックスはモノラルであると記載されているし、公開当時のアメリカにおいてモノラルで上映されていたことも事実である。しかしジェイ・ベックによると、実際にアルトマンや音響技師たちは本作をステレオの作品として製作した。具体的には、ジム・ウェッブが8トラックの多重録音機で録音した音を、リチャード・ポートマンが3チャンネルのステレオ（左・中央・右）としてミックスしたのだという。このような経緯があった上で、上映には磁気式のステレオ・プリントが使用された。ところが、一九七四年当時――すなわち、ドルビーによる光学式ステレオ・システムが登場して、ステレオが全米の映画館に定着する直前の時期――、アメリカにはこの映画をステレオ音響として上映できる環境をそなえた映画館はほとんど存在せず、上映は基本的にモノラルであった（磁気式のステレオ・システムの変遷については、本書の第六章第一節を参照）。ただし、現在流通している『ジャックポット』のＤＶＤは明らかにステレオ方式であり、たとえば冒頭のシーンにおいて音が左右から分かれて聞こえてくる。あくまでも憶測であるが、製作の経緯を踏まえると、ソフト化にあたってマスターとして使われているのはオリジナルのプリントだと思われる。このように、当初よりステレオ音響の作品として製作されており、それ以前の作品とは明らかな技術的断絶があることから、本書では『ジャックポット』をステレオ作品に分類し、〈初期アルトマン映画〉の範疇には含めないものとする。

また、IMDbには一九七二年の『イメージズ』（*Images*）がステレオ、一九七七年の『三人の女』（*3 Women*）がモノラルであると記載されており、本書で行なった時期区分とは異なっている。この二作品の録音に関する技術的背景については詳しいことはわかっておらず、今後調査を行なう必要がある。ただし、少なくともＤＶＤ版では、前者はモノラル方式、後者はステレオ方式が採用されている。"*California Split* (1974) Technical Specifications," IMDb, https://www.imdb.com/title/tt0071269/technical?ref_=tt_dt_spec (accessed December 2, 2020). Beck, "The Democratic Voice," 198-199. "*Images* (1972) Technical Specifications," IMDb, https://www.imdb.com/title/tt0068732/technical?ref_=tt_dt_spec (accessed December 2, 2020). "Sannin no onna (1977) Technical Specifications," IMDb, https://www.imdb.com/title/tt0075612/technical?ref_=tt_dt_spec (accessed December 2, 2020).

34　映画音響に関する技術的に未発達な状況が、作品において特異な効果を上げていたことについて、ロバート・スパドニはサイレントからトーキーへと移行してすぐの時期に公開されたユニヴァーサルのホラー映画を対象とし、議論を展開している。扱う対象やアプローチの仕方は大きく異なるが、技術的な未発達をあえて肯定的に評価しようとする点において、スパドニの論考は本書にとっての重要な参照点である。Robert Spadoni, *Uncanny Bodies: The Coming of Sound Films and the Origins of the Horror Genre* (Berkeley: University of California Press, 2007).

35　Robert T. Self, *Robert Altman's Subliminal Reality* (Minneapolis: University of Minnesota Press, 2002), 25. David Sterritt, "Breaking the Rules: Altman, Innovation and the Critics," in Danks, 96-97. David Melville, "'One is both the same': Fantasy and Female Psychosis in *Images* and *That Cold Day in the Park*," in Danks, 350-351. とりわけセルフは、『雨にぬれた舗道』の

前作『宇宙大征服』を古典的な物語映画とみなしており、そこに明らかな断絶があると論じている。

36 ゲイル・シャーウッド・マギーはアルトマン映画のサウンドトラックを論じるにあたって、アルトマンに影響を与えた映画やラジオドラマ、および同時代のいわゆるニュー・ハリウッドの作品のなかで、物語世界内外の境界線上にある音が使用されているという事実にたびたび言及している。しかしながら、アルトマン自身の作品における音響の位置の不確定性を指摘した論考は、管見では存在しない。Gayle Sherwood Magee, *Robert Altman's Soundtracks: Film, Music, and Sound from M*A*S*H to A Prairie Home Companion* (Oxford: Oxford University Press, 2014), 13-14, 23-24, 37-38.

37 アルトマン『ロバート・アルトマン』、四七。

38 Jay Beck, *Designing Sound: Audiovisual Aesthetics in 1970s American Cinema* (New Brunswick: Rutgers University Press, 2016), 30.

39 Beck, *Designing Sound*, 13-17.

40 Altman, "24-Track Narrative?" 111.

41 『M＊A＊S＊H』における拡声器の音声がダビング音であることは、パトリック・マクギリガンによるアルトマンの評伝で述べられている。Patrick McGilligan, *Robert Altman: Jumping Off the Cliff: A Biography of the Great American Director* (New York: St. Martin's Press, 1989), 310.

42 『ロング・グッドバイ』においてアフレコが多用されているという事実については、ベックによっても指摘されている。Beck, "The Democratic Voice," 193-194.

43 長門『映画音響論』、二七―三一。傍点は原文。

44 ドーン「映画における声」、三一五（Mary Ann Doane, "The Voice in the Cinema: The Articulation of Body and Space," in *Film Sound: Theory and Practice*, eds. Elisabeth Weis and John Belton [New York: Columbia University Press, 1985], 165）。傍点は引用者。また、訳文では"lateral"が「水平の」と訳されていたが、ここでは「左右の」とあらためている。

45 シオンは、この不可能性を「サウンドトラックなるものは存在しない（There is no soundtrack）」というフレーズで表現している。Michel Chion, *Film, a Sound Art*, trans. Claudia Gorbman (New York: Columbia University Press, 2009), xi.

46 小野『ロバート・アルトマン　即興性のパラドクス』、一四—一七。

47 Self, *Robert Altman's Subliminal Reality*, 30.

48 小野の議論が抱える問題については以下の書評で詳細に論じた。山本祐輝「古典的ハリウッド映画の継承／異化——小野智恵『ロバート・アルトマン　即興性のパラドクス——ニュー・シネマ時代のスタイル』書評」『表象』11（二〇一七）：二六四—二六七。

49 たとえば次の論考を参照のこと。Thomas Schatz, "The New Hollywood," in *Film Theory Goes to the Movies*, eds. Jim Collins, Hilary Radner and Ava Preacher Collins (New York: Routledge, 1993), 8-36. Justin Wyatt, *High Concept: Movies and Marketing in Hollywood* (Austin: University of Texas Press, 1994).

50 David Bordwell, *The Way Hollywood Tells It: Story and Style in Modern Movies* (Berkeley: University of California Press, 2006). Kristin Thompson, *Storytelling in the New Hollywood: Understanding Classical Narrative Technique* (Cambridge: Harvard University Press, 1999).

51 「ニュー・ハリウッド」という呼称には、どの「オールド・ハリウッド」を想定しているかによって意味が大きく変わってくるという問題がある。ここで想定しているのは、本文中でも述べるように、スタジオ・システムの崩壊やプロダクション・コードの撤廃、および人々のライフスタイルの変化によって現れた反体制的な若者映画や、大学で映画を学んだ世代による新たな作家主義的な潮流に位置づけられるような作品群である。さまざまなニュー・ハリウッドの種類については以下を参照のこと。Derek Nystrom, "The New Hoolywood," in *The Wiley-Blackwell History of American Film*, 1st ed., eds. Cynthia Lucia, Roy Grundmann and Art Simon (Malden: Blackwell, 2012), 409-410. また、ニュー・ハリウッドは、日本においては独自に「アメリカン・ニューシネマ」あるいは「ニューシネマ」とも呼ばれている。「ニューシネマ」という呼称の成り立ちや特質などについては、以下を参照のこと。遠山純生「〝アメリカン・ニューシネマ〟及び〝ニューシネマ〟という言葉について」『American Film 1967—72「アメリカン・ニューシネマ」の神話』ブラックアンドブルー編（ネコ・パブリッシング、一九八八）、六—一五。

52 Thompson, *Storytelling in the New Hollywood*, 4. 傍点は引用者。

53 Beck, *Designing Sound*, 7-8.

54 Hamish Ford, "On Slippery Ground: Robert Altman, Beyond Hollywood or Modernism," *Screening the Past* 39 (August 11, 2015), http://www.screeningthepast.com/2015/06/on-slippery-ground-robert-altman-beyond-hollywood-or-modernism/ (accessed December 2, 2020).

55 マギーは、『Ｍ＊Ａ＊Ｓ＊Ｈ』の主題曲のアレンジメントの分析を通じ、商業的な戦略として、この映画が当時の流行であった反体制的な若者映画を巧妙に模倣していたことを指摘している。また村上東は、『ＢＩＲＤ★ＳＨＴ』を反体制の側からの対抗文化批判として捉え、そのイデオロギー的なねじれを明らかにしている。Magee, *Robert Altman's Soundtracks*, 48-50. 村上東「跳ぶ前に観ろ――ロバート・オルトマンの『バード★シット』と対抗文化（?:）」『アメリカ映画のイデオロギー――視覚と娯楽の政治学』細谷等・中尾信一・村上東編（論創社、二〇一六）、七九―一〇五。

56 カルヴィン・カンパニー時代に撮影された作品のほとんどが現存していないが、二〇一二年に『現代のフットボール』（*Modern Football*, 1951）（日本未公開）のフィルムがカンザスシティで発見された。その映像は発見者によってＹｏｕＴｕｂｅで公開されている。Gary Huggins, "Robert Altman's first film: MODERN FOOTBALL," YouTube, https://www.youtube.com/watch?v=SVIFFyqqA4g (accessed December 2, 2020).

57 Monaco, *American Film Now*, 313.

58 本書では、該当する時期のアルトマンの作品を網羅的に取り上げるわけではなく、〈初期アルトマン映画〉の範疇だと『ＢＩＲＤ★ＳＨＴ』と『イメージズ』の二作品については詳細な分析を行なわない。〈初期アルトマン映画〉の特質や生成から終結へと至るプロセスは、それ以外の五作品と『ナッシュビル』を論じることで充分に示すことが可能だからである。『ＢＩＲＤ★ＳＨＴ』と『イメージズ』については、別の機会にあらためて論じることにしたい。

第一章　葛藤の音を聴く
――『雨にぬれた舗道』（一九六九）における主観性の表象

はじめに

『雨にぬれた舗道』（*That Cold Day in the Park*, 1969）は、女性主人公フランセス・オースティン（サンディ・デニス）が、青年（マイケル・バーンズ）に対して倒錯した性的欲望を抱き、その結果彼を軟禁するまでを描いた作品である。[1] フランセスは単に青年を家に閉じ込めるだけでなく、彼に娼婦シルヴィ（ルアナ・アンダーズ）をあてがい、彼女を殺害するという行動に出る。このように自分以外の女性と接触することの不可能性を知らしめることによって、フランセスが青年を支配するに至るという結末が用意されている。

序章で言及したように、この映画は多くの先行研究によって「最初のアルトマン映画」であるとみなされている。その理由は、本作においてアルトマンが初めて製作における最終的な決定権を持ったからだという点にとどまらない。実際に、後の作品群にも通じる彼の独特な音響的映像的なスタイルが初めて明確に立ち現れた作品だからでもある。しかし、前作『宇宙大征服』との明白な違いを多くの論者が感じ取っており、アルトマンのフィルモグラフィにおける重要性が広く認められているにもかかわらず、本作の特性を明らかにしようと、テクストの詳細な分析を試みた先行研究がほとんど存在しないのが現状である。[2]

その数少ない例としてデイヴィッド・メルヴィルによる議論を挙げることができる。メルヴィルは、ニュー・ハリウッドの重要人物とされている監督や俳優のほとんどが異性愛者の白人男性である点を指摘した上で、このムーヴメントにあっては異例とも言える、女性の主人公を擁する二本のアルトマン作品――『雨にぬれた舗道』と『イメージズ』（*Images*, 1972）――を対象に分析を行なう。そこでは、ともに不安定な精神状態に陥った主人公を持つ両作品の比較を通じ、『雨にぬれた舗道』の欠点として、フランセスの主観性が表現されていない点が指摘される。たとえば同時代の作品であるロマン・ポランスキーの『反撥』（*Repulsion*, 1965）や『ローズマリーの赤ちゃん』（*Rosemary's Baby*, 1968）とは異なり、『雨にぬれた舗道』では主人公の「パラノイア」を観客に共有させるような技法が用いられておらず、その点においてこの映画は「不完全な狂気［half-mad］」の表現にとどまっているのだという。つまりメルヴィルの考えでは、「『雨にぬれた舗道』においてアルトマンがやるべきことは、フランセスが見るようなやり方で、我々に世界を見せること」だったのである。そしてこのような「失敗」を経験したからこそ、アルトマンは『イメージズ』において幻覚を見る女性主人公の主観性を視覚的に表現することに成功したのだと結論づけている。[3]

このメルヴィルの論考に対して、本書は根本的に異なる立場をとる。『雨にぬれた舗道』においてフランセスの主観性は、視覚的にも、そして聴覚的にも独特な方法で表現されているからだ。しかもそのような主観性の表象は、メルヴィルが期待するような「狂気」とは何ら関係がなく、加えて主人公への同一化を促すものでもない。すなわち、メルヴィルがポランスキーの作品に見出しているような主観的技法とはまったく異なっているのである。結論を先取りして言うならば、本作の主観的技法は、主に抑圧された主人公の心的な葛藤のプロセスを表象するために用いられている。そしてその映像や音響のスタイルは、〈初期アルトマン映画〉を特徴づける物語的葛藤の萌芽として捉えることができるのである。

この章の目的は、『雨にぬれた舗道』における主観的技法について、物語学の観点から分析することによって――具体的にはジェラール・ジュネットが提唱した「焦点化（focalisation）」の概念を導入することで――、その意味を明らかにすることである。第一節では鍵概念となる焦点化について定義した上で、それを映画に適用する際の問題点を整理する。第二節では、『雨にぬれた舗道』の前半部分において多用される視点ショットを分析する。ここではフランセスと青年それぞれの性的欲望の表象を検討するが、視覚的表現によってでは、厳密には、物語的葛藤が生み出されていないということを示す。その上で第三節では聴覚的表現に注目しながら、二つのシーンを分析する。第一項で論じるのは、病院の待合室のシーンである。このシーンは数多くのアルトマン研究の論者たちから注目されてきたのだが、本章ではフランセスの聴覚という、これまでにない観点から議論を展開する。第二項では、フランセスが自宅において知り合いの中年医師スティーヴンスン（エドワード・グリーナル）に誘惑されるシーンを分析する。ここではフラッシュバックの技法を用いた記憶の表象について論じる。この二つのシーンの分析を通じて、フランセスの心理における、抑圧された性的欲望とそれに抗う力との葛藤が映画的に示されていることを明らかにする。第三項では、フランセスと作中には登場しない彼女の母親との関係について、物語の結末部分との関連で議論する。そして、本作が〈初期アルトマン映画〉の第一作目であることの意義を示す。

1　焦点化と映画

「物語」という語の定義に未だに議論の余地が残されているということはすでに序章で述べたが、ジェラール・ジュネットもまた一九七二年に出版された『物語のディスクール――方法論の試み』（*Discours du récit, essai méthode*）の冒頭、当時この語がしばしば曖昧に、しかも三通りの意味で使用されていたことを指摘している。そこでジュネットはその三つの用法を区別し、それぞれに適当な術語を与えて整理することを提案する。第一は、

「一つあるいは一連の出来事の報告を引き受ける言説《ディスクール》そのもの」、すなわち物語のテクストそれ自体を指す「物語言説（récit）」。第二は、物語言説の対象となるような「話の筋と状況」を指す「物語内容（histoire）」である。これらはそれぞれ、物語における意味するもの《シニフィアン》と意味されるもの《シニフィエ》の次元に該当する。そして第三は「語り（narration）」で、これは「物語を生産する語る行為と、広い意味ではその行為が置かれている現実もしくは虚構の状況全体」と定義される。[4]

ジュネットの関心は、表題でも示されているように、この三つのなかでも主として物語言説の分析へと向けられている。[5] 彼は物語言説をめぐる諸問題を体系化するために、さらに三つの範疇を規定する。それは「時間（temps）」、「叙法（mode）」、「態（voix）」である。「時間」は物語内容に含まれる出来事が物語言説として再現されるときの順序や持続性、頻度を問う領域であり、「叙法」では物語世界あるいはそこにおいて生起する事象としての物語内容が、どのような視点やパースペクティヴによって切り取られているのかが問題となる。そして「態」では、従来「人称」と呼ばれてきたような、テクストに残存する語り手の痕跡が問われる。これらについて、ジュネットは上述した物語言説、物語内容、語りという三者間の関係性という観点から、次のように整理する。「すなわち、時間と叙法はともに物語内容と物語言説との諸関係のレベルで作用し、他方、態は、語りと物語言説との諸関係を示すと同時に、語りと物語内容との諸関係をも示すわけである」。[6]

以上がジュネットの理論全体の見取り図となるのだが、本章、第三章、第五章に大きく関わってくるのが、「叙法」の範疇に含まれる「焦点化」である。この概念はまず、物語世界ないし物語内容についての情報が物語言説として再現＝表象される際に、語り手が特定の登場人物の知覚や知識に寄り添うことで、その情報量を制限している状況と定義することができる。それはさらに次の三種類へと細分化される。第一にどの人物にも焦点化しない、全知の語りを指す「ゼロ焦点化（focalisation zéro）」、第二に焦点化の主体となる特定の登場人物（「焦点人物（focaliser）」）を持つがその内面には踏み込まず、外面のみを再現する「外的焦点化（focalisation externe）」、第三に焦点人物の内面までも提示する「内的焦点化（focalisation interne）」である。[7]

　これらの概念をテクスト分析に用いる前に、あらかじめ明らかにしておかなければならない問題がある。それは文学テクストを念頭に置いて生み出された焦点化の概念が、果たして映画テクストにも使えるものであるのかどうかということである。結論から言えば、木下耕介が述べているように、「［視覚のモデルではなく］情報のモデルを遵守する限り、映画に対しても適用可能」ということになる。[8]それがどういうことであるのか、ここではまず、文学という言語芸術を対象として構築されたジュネットによる焦点化概念の説明に立ち返り、それが抱えるある問題点を検討する。そしてその問題を解消することが、同時に、この概念の有する視聴覚芸術への適用可能性へとつながることを示す。

　ジュネットによれば、それまでの文学研究において、「どの作中人物の視点が語りのパースペクティヴを方向づけているのか、という問題と、語り手は誰なのか、というまったく別の問題とが、あるいはより端的には、誰が見ているのか、という問題と、誰が語っているのか、という問題とが混同されてい」た。[9]そして、このような混同の原因が視覚的なニュアンスを多分に含んでいる「視点」という用語の使用にあると考えたジュネットは、それに代わる新たな術語を提唱する。「視像とか視野とか視点といった術語には、あまりにも固有に視覚的なものがまとわりついているので、そうした視覚性を払拭すべく、［……］焦点化 *focalisation* というさらに抽象度の高い術語を採用することにし」たのである。[10]

　だが、焦点化という術語を持ち出すことによって、本当に視覚性が払拭されたと言えるのだろうか。木下が指摘するように、「カメラの用語でもあ」り、「少なくとも光学的なニュアンスがあるといわざるを得ない」焦点化という語には、依然として視覚的なものがまとわりついている。[11]また、先の引用で示したように、ジュネットは現に「どの作中人物の視点が語りのパースペクティヴを方向づけているのか」という問題を「誰が見ているのか」という問題へと言い換えているのであり、多分に視覚性を引きずっているのである。その結果、内的焦点化について「焦点人物は決して外部から描かれてはならない」と述べているのにもかかわらず、そのヴァリエーションとしての「内的多元焦点化」の例として、文学テクストではなく、焦点人物としての俳優の外面が描かれざるをえない映画という媒体(具体的には、黒澤明の『羅生門』[一九五〇])を説明に持ち出してしまうのである。[12]

このようにジュネットは、視覚性にとらわれるあまり、理論そのもののなかに矛盾や破綻を抱え込むことになってしまった。[13] だが、この問題の解決法はいたって簡明なものであると言えるかもしれない。というのも、特定の登場人物を媒介することによって物語世界の情報がどのように制御されているのかを記述するという、焦点化本来の目的に立ち返り、そのような視覚に限定されないような「情報のモデル」を維持すれば良いからである。そこにおいて見るという行為は、あくまでも登場人物が物語世界を切り取る一つのやり方にすぎず、唯一の方法というわけではない。シュロミス・リモン・キーナンが述べているように、「認知的、感情的、イデオロギー的な性向を包含するためにも、その［焦点化という語が含意する］純粋に視覚的な感覚は広げられなければならない」。[14] さらには、リモン・キーナンによるこの指摘を受けてパトリック・オニールが述べるように、焦点化における「「だれが見るのか」という問いは、だから、「だれが知覚するのか、だれが思うのか、だれが見做すのか、だれが理解するのか、だれが欲するのか、だれが思い出すのか、だれが夢見るのか」などというように理解される必要が場合によっては出てくる」のである。[15] このような登場人物による媒介方法の多様性を常に念頭に置くことによって、視覚的なモデルは払拭されることになる。

では、映画に対して焦点化を用いようとする場合はどうだろうか。視聴覚芸術である以上、視覚的なモデルを維持したままでも問題ないように思われるかもしれない。だが、事態はまったく逆である。視覚的なモデルを前提とするならば、映画では登場人物の視点ショットが使用されるケースだけにしかこの概念を適用することはできなくなってしまうからである。繰り返すが焦点化の目的は、どの登場人物を介して、どのように物語世界の情報が制御されているのかを記述する点にある。その制御の仕方は、どのような媒体であれ、視覚に限定されるものではなく、さまざまな主観性が混在した複合的なものであるはずだ。映画は、まず、ある特定の登場人物の行動を中心に提示するという仕方で外的焦点化を行なうことができる。同時に、登場人物の知覚や記憶、感情などの主観性をさまざまな技法によって映像と音響のなかに再現することもできる。内的焦点化の概念は、そのような主観的技法と作品の語りの構造との関係性や、それらの技法がどのような意味を持ちうるのかを明らかにするのに有効であるのだ。[16]

前述したように、焦点化には「ゼロ焦点化」、「外的焦点化」、「内的焦点化」の三種類がある。ただし、一つの作品は一種類の焦点化や一人の焦点人物しか採用できないのではなく、そのパターンは実にさまざまである。ジュネットによれば、「焦点化の公式は、必ずしもある作品の全体に関わるものではなくて、むしろ、一つの限定された物語切片――ごく短いものであってもかまわない――にのみ関わる」[17] ここで指摘されているのは、焦点人物が次々と移り変わっていく「不定焦点化（focalisation variable）」のように、一つの作品において複数のタイプの焦点化が採用されうるという状況である。[18] これに加えて、ジュネットは「変調（altération）」のパターンが存在することも認めている。すなわち、ある作品の支配的な焦点化のタイプに対して、一時的な侵犯が行なわれる――にもかかわらず、「支配的な叙法」が「そのまま妥当性を持ち続ける」――という可能性もあらかじめ想定されているのである。[19] つまり映画に置き換えるならば、シーン単位で焦点化のタイプが変わることはありうるし、あるいは全体に一貫して用いられている焦点化のタイプが、ある一つのシーンにおいてのみ他のタイプに取って代わられる、ということも考えられるのだ。

ところで、内的焦点化はこれまで幾度か、ある概念との関連において論じられることがあった。それは、「同一化（identification）」である。特定の登場人物の内面を提示することと、観客が特定の登場人物に感情移入することは、もしかすると表裏一体の関係にあるのかもしれない。実際にミーケ・バルは、カジャ・シルヴァーマンの「異発的同一化（heteropathic identification）」の概念について、それを内的焦点化と関連づけて整理している。[20]また、エドワード・ブラニガンも「内的焦点化における観客の役割とは、「同一化」の一種である」と述べている。[21]いずれの論者もこの二つの概念の関連性について深く掘り下げているわけではないので、それらがどのように関係しているのかについてはさらなる検討が必要となる。だが、焦点化の概念を用いることによって記述されるのは、作品やそこに含まれる語りの構造であって、一方で同一化においては観客の経験や反応が記述されるという、明白な分析対象の違いがある。本書の立場としては、論者によって多かれ少なかれ恣意的に構築されてしまう「理想的な観客」を前提に議論を進めなければならなくなる（それによって実に多くの問題が引き起こされてしまう）ため、「観客」なるものが映画作品をどのように受容するのかについては議論の対象とはせず、同時に同一化の概念も用いることはしない。そうではなく、作品やそこで使用される技法の分析において有効である焦点化の概念を用いることにする。

またここでは、本書全体の鍵概念となる「追随」と焦点化との関係性についても整理しておきたい。序章でも言及したとおり、この概念の提唱者であるリック・アルトマンは追随と「視点」との差異については触れているのだが、焦点化との違いは論じていないからである。追随とは行為者としての登場人物を文字どおり追いかけるような表象のプロセスであり、物語が生起する契機となるようなテクストの機能を意味していた。一方で焦点化は、追随の仕方、すなわちそれがどのように行なわれるのかということに関係する。カメラやマイクが登場人物の外面的な行動を捉えるとき、そこでは外的焦点化というかたちで追随が行なわれている。また、登場人物の内面的要素が映像的音響的に再現されるとき、そこでは内的焦点化という仕方で彼／彼女への追随が行なわれているのである。本書における使い分けとしては、特定の登場人物に帰せられる物語が発生しているか否かを問題とするときには追随を、そのような物語において提示される情報が、登場人物を介してどのように制御されているのかを分析するときには焦点化を用いる。

2　欲望の表象

2―1　フランセスの視点

『雨にぬれた舗道』は、ヴァンクーヴァーの高級マンションで暮らす未婚女性フランセスの帰宅の描写から始まる。公園内の舗道をいささか俯きながら歩む彼女は、ベンチの前に差し掛かったとき、ふと顔を上げ、そこに座る青年を一瞥する。前を通り過ぎた直後、彼女は振り返って再び青年の存在を確認する。このフランセスの身ぶりは、これから展開されていく物語の起点として重要な意味を持つ。というのも、オープニング・シーンに埋め込まれたこのさり気ない身ぶりによって、本作の前半部分が対象を見ることと欲望することとの密接な関係性を軸に構築されていることが予告されているからである。そのような欲望の視覚的な表象は、具体的には、自宅の窓から公園にいる青年を見るフランセスの視点ショットを通じて行なわれる。しかもそれは、変則的なものも含めると十回にも上る頻度で使用される。以下、そのすべてをリスト・アップしておく。

①帰宅直後、カーテンを開け、ブラインドの隙間から外を眺める。
②誰もいないダイニング・ルームの窓から青年を見る。

③来客があり、ディナーの準備を行なっている途中、ふと窓の前で立ち止まる。
④ディナーの準備中、窓の方を振り返る。
⑤食事中、いつの間にか立ち上がって窓の外を見ている。
⑥⑤の続き。
⑦客人たちと短い会話をしながらも窓の外を気にする。
⑧⑦の続き。
⑨客人たちが帰宅した直後、窓の外を見る。
⑩青年を自宅に入れた後、脱衣所の鏡を利用して彼の姿を見る。

本節ではまず、このなかのいくつかの事例を検証することで、フランセスの視点ショットが彼女の心理と強く結びついたものであること、そしてそれが彼女の抑圧された性的欲望をほのめかすものであることを明らかにする。次に、これと同様の事態、すなわち視点ショットを用いた性的欲望の表象が、青年の場合にも生じていることを指摘する。

かつてバリー・ソルトは、映画のスタイルや技法の歴史的な推移を論じた著書のなかで、視点ショットを次のように定義した。「真の視点ショットとは、作品のなかで示されている人物が見るものを再現するショットであり、それはその人物が視線を投げかけているまさにそのとき差し挟まれ［cut in］、彼らが見ている方向に位置づけられる」。[22] また、映画におけるさまざまな「視点」を論じたブラニガンによれば、視点ショットの最も基本的なかたちとは次のようなものである。まず、画面外に存在する何かを見ている主体を映すことでその視線を規定するショットA、続いて、その主体の眼球に近いところに位置するカメラによって捉えられた対象を映し出すショットB、という二つのショットのつなぎである。[23] あらかじめ強調しておきたいのは、両者の定義に共通しているように、視点ショットの成立には少なくとも二つのショットのつなぎが必要だという点である。そのような基本的な視点ショットは、『雨にぬれた舗道』の場合、フランセスの顔のショットと、その逆アングルである青年のショットとのつなぎとして現れる。たとえば②の事例では、まずフランセスの顔のミディアム・クロースアップが提示され（図1）、次に公園のベンチに座る様子の青年を映したショットが続く（図2）。同様のつなぎは、③、④、⑤、⑩を除くすべてのケースで行なわれる。

では、やや変則的なケースである⑤を検討してみよう。まず、ディナーの途中で着席しているフランセスの顔がほぼ正面から捉えられている（図3）。客人である周囲の老人たちが会話を交わしているなか、彼女は一人だけ虚空をぼんやりと見つめている。次に、公園にいる青年の様子がしばし映される（図4）。ここで突然、

図1

図2

図3

図4

図5

図6

ティー・カップを持ち損ねて、紅茶をこぼしてしまう老人のショットが挿入され（図5）、慌てふためく客人たちの様子がカットを割らずに提示される。すると、いつの間にか立ち上がって窓の外を眺めているフランセスの後ろ姿を映したショットへと転換する（図6、同一ショット内でフランセスはティー・カップの音に反応して部屋のなかを振り返る）。

　この事例がその他と異なるのは、図4で示した青年のショットが、それを見ているフランセスのショットと直接的につなげられていない点である。それによって図4のショットは、二つの意味を担うことになる。第一は、図6のショットのフランセスによる（事後的に判明する）視点ショットであり、第二は、図3のショットにおいてフランセスが想像のなかで反芻している視野である。[24]

　ブラニガンの分類によれば、視点ショットの一種として、見られている対象のショットの後に見ている主体のショットをつなぐという、通常とは順番を逆にした「「後方性の」あるいは発見される視点ショット['retrospective' or discovered POV]」という技法は確かに存在する。[25] このシーンに当てはめてみるならば、先にフランセスによって見られているであろう青年のショット（図4）が提示され、その後に窓越しに彼を見ていたのであろうフランセスのショット（図6）が続くことで、「後方性の視点ショット」は成立しているように思われる。だが、青年のショットと外を見つめるフランセスのショットとの間には老人のショット（図5）が介在するのであり、両者は直接的につながれているわけではない。それゆえ、図4の青年のショットを一義的に「後方性の視点ショット」として断定することはできないのである。

このように二つのショットの関係性が曖昧になることで、図4の青年のショットは別の観点からも規定することが可能となる。それは、図3のショットにおいてフランセスが想像している視野だということである。つまり、ここで彼女は窓に背を向けていて明らかに青年を見ていないのだが、彼の姿を思い浮かべており、その視野が映像において再現されているという可能性が考えられるのだ。その根拠とは、まず、周囲の会話に参加せずに心ここに在らずといった表情を浮かべているフランセスのショットが、後続する青年のショットと直接的につなげられているために、それらのショット間に因果関係を見出すことができるということ。そして、ベンチに座る青年のショットが、それまでに彼女の視点ショットとしてすでに四度にわたって反復されているショットと近似しているために、提示されたその瞬間において彼女の視野として同定できるということである。その近似性とは、図2との比較において明らかであるように、（アングルや被写体との距離が若干異なってはいるが）ベンチに座る青年をほぼ正面から捉えた同様の構図をそなえているということ、そして窓ガラスへの反射やズーム・レンズの使用によって、かすかに白くぼやけているということである。

このようにして図4の青年のショットは、単にフランセスの視覚の再現だけではなく、彼女の心象としても成立している。[26] そしてその両者が、本作のテクストにおいては分かち難く結びついており、峻別不可能なかたちで現れているのだと言える。では、このような視覚上の／心的なイメージは何を意味しているのか。それは、またもや特殊な視点ショット（前掲リスト内の⑩）によって明示されることになる。ディナーが終わり老人たちが帰宅すると、彼女はついに雨に打たれ凍えている青年のもとへ向かう。フランセスが何を問いかけても青年は口を閉ざしたままであるのだが、彼女が家へ来るよう伝えると、彼は無言でついていく。フランセスは青年に風呂に入るよう促し、慌ただしい様子で準備に取り掛かる。彼に背を向けた状態で、洗面台で何かを洗う（図7）。

図7

図8

すると不意にショットが切り替わる。前景にミディアム・クロースアップのフランセスを、背景にズボンを脱ぎ、下着姿になった青年を映したショットが提示される（図8）。というのも、このショットにおける二人はいずれも鏡像である。というのも、フランセスはこれに続くショットにおいて、青年の方を振り返るからである。つまり、この図8のショットにおいて示されているのは、下着になった青年の下半身を、フランセスが洗面台の鏡を利用して覗き見ているという状況である。まさにこのショットが現れる瞬間において、青年を見つめるというフランセスの一連の動作のなかに、性的な欲望が含意されていたことが詳らかとなるのである。

ここまで本作の冒頭のシークエンスが、視点ショットの多用によるフランセスの内的焦点化を通じて構成されていることを明らかにした。内的焦点化が起きていると言えるのは、単に登場人物の視覚が繰り返し再現されているからというだけではない。重要なのは、主観的技法を通じてその人物の内面が表現されているかどうかという点である。その意味で⑤の事例における両義的な視点ショットは、フランセスの知覚の再現にとどまらず、彼女が心のなかで反芻する視野としても機能しうることから、内的焦点化を決定づけていると言える。さらには、見る主体と見られる対象とを同一ショット内に収める鏡を利用した変則的な視点ショットにより、彼女の抑圧されているはずの性的欲望を垣間見ることもできるのである。

2―2　青年の視点

このように冒頭でフランセスを介した内的焦点化を行なうことで、本作の語りは彼女の意識に沿ったものとして構築され始める。しかし青年がフランセスの家へやって来た次の日の夜、事態は一変する。フランセスに気づかれぬようにしてマンションを抜け出す青年の姿をカメラが追い始めるのである。つまりその時点において、フランセスを介した内的焦点化はおろか、外的焦点化さえも途絶えることになる。青年はまず家族と暮らす自宅に寄った後、川べりへと向かい、水上に建てられた小屋に入っていく。そこでは、青年の姉ニーナ（スザンヌ・ベントン）がその恋人ニック（ジョン・ガーフィールド・ジュニア）と性行為に耽っている最中であった。ニーナに追い出された青年は、外でそれが終わるのを待つ。その後、小屋のなかで三人による会話が始まり、青年が実際には話せるということが明らかとなる。青年がフランセスとの出来事について語り始めると、ニーナによって彼が幼少期からたびたび唖者の振りをすることがあったという事実が暴露され、また同じことをやったのかと呆れられる。

図９

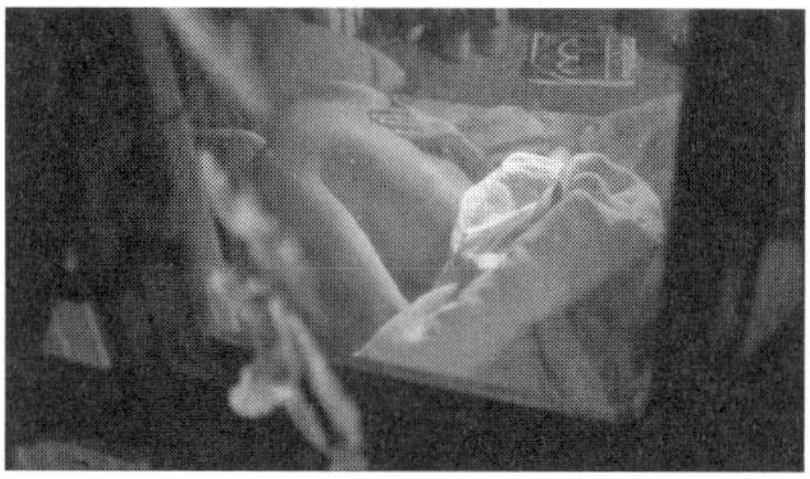

図10

　このシーンで注目すべきは、青年が小屋から一時的に追い出された際に、彼の視点ショットが使用されているということである。しかもそれは、フランセスの場合と同じく、内に秘めた性的欲望と結びついている。まず、ニーナに激しい口調で追い出された青年は、出入り口付近の階段に腰掛ける。そしてそこから窓ガラス越しに姉と恋人の性交を何度も覗き込む（図９）。すると、小屋のなかの二人の様子を青年のポジションから映したショットが挿入される（図10）。そして、このつなぎが繰り返される。ただし二度目の視点ショットにおいて、青年は窓ガラスに母親から預かってきたニーナの衣服を掛け、自ら視界を遮る。

　この青年の視点ショットによって露呈しているのは、彼が抱く近親相姦的な欲望である。少なくとも彼がニーナに対して、家族に対する愛着とは別種の感情を抱いていることは、ニーナとニックのベッドに無理やりもぐり込んだり、彼女の気をひくためにフランセスの家で贅沢をした話を自慢げにしたりすることから明らかである。それだけでなくその後の物語の展開において、フランセスが留守にしているあいだに家に忍び込んできた姉と風呂場や寝室で裸でじゃれ合ったりもする。

　このようにフランセスと同じく、青年の場合においても、内に秘めた性的欲望が視点ショットという主観的技法を通じて示される。この反復は、本作が内的焦点化をめぐる葛藤を抱えていることを意味していると言えるかもしれない。それは単に、焦点人物が変化していく「不定焦点化」や、支配的な焦点化のタイプに対する一時的な侵犯としての「変調」なのではない。どちらの人物についても、視点ショットという同一の技法によって、しかも性的欲望という同様の内面的要素の表現を通じて内的焦点化が行なわれているのであり、このような反復を通じて、本作の語りにおいて二人は対比されている。それはつまり、最終的に物語内容によって示される支配と服従をめぐる両者の競合関係が、実は語りのレヴェルにおいて、作品の前半部分からすでに顕現しているという事実を示しているのだ。

　だがここで強調しておきたいのは、このような視点ショットの使用によって、必ずしも〈初期アルトマン映画〉を特徴づけるような物語的葛藤が生み出されているのではないということである。言うなれば、あくまでもその前段階にすぎない。序章で示したように、物語的葛藤とは、二人以上の人物に対する同時的な追随によって生み出される。しかしながらここでは、視点ショットを通じて競合関係が示唆されるとはいえ、同時性という要件が満たされてはいないのである。そこで次節では、本作の音響的側面に着目する。音を活用することによって、後の〈初期アルトマン映画〉の作品群のような人物間の葛藤ではないものの、異なる二つの事象の同時的な表現が達成される、そのプロセスを明らかにする。

3　心的葛藤の表象

3－1　三人の女の会話を聴く

前述したように青年は一度フランセスの家を出る。だが彼は、おそらくは豪華な食事にありつくために、すぐに彼女の家へと戻る。一方でフランセスは、青年に対し明らかに好意を抱いており、彼に対する積極的なアプローチが目立ち始める。たとえば、彼女が「目隠し遊び」を提案するシーンがある。一方が目隠しをし、音だけを頼りにその状態で相手を捕まえるというゲームである。しかしここで青年は、その不気味さを察知したのか、フランセスが目隠しをした隙に別室へと逃げ込む。カメラは、閉ざされた扉の前でうずくまるフランセスを映し出す。このようにして、当初は特殊な視点ショットを介してでしか垣間見ることのできなかった彼女の性的欲望が徐々に露呈し始める。

その直後に場面転換が行なわれ、フランセスが病院を訪れるシーンが始まる。このシーンは「半地下の部屋を窓から覗き込むように外側から撮った」ものであり、基本的には病院の待合室全体を見渡せるように撮影されている。[27]そして、ここでのサウンドトラックは複雑な様相を呈している。というのも、受付をするフランセスの声や館内放送といった音以上に、端役である三人の女性患者たちによる会話が強調されているからである。

このシーンは、従来のアルトマンの作家論的研究においても大きな注目を集めてきた。なぜなら、物語の展開には直接関与しない周縁的な端役の声を特権的に扱っているという意味で、後にアルトマンが確立する「重なり合う会話」または「民主的な声」の萌芽として考えることも可能だからである。[28] 確かに、このシーンをアルトマンの作家性が芽生えた瞬間とみなすのは妥当である。ただし、本書がそのように考えるのは、先行研究とは異なる意味においてである。そもそも、このシーンにおける登場人物たちの声は少しも重なり合ってなどいないにもかかわらず、それを「重なり合う会話」の萌芽と呼ぶことには疑問が残る。さらには、『雨にぬれた舗道』という個別の作品のなかで、このシーンがいかなる意味を持つのかがこれまでほとんど議論されてきていないという現状がある。[29] 詳細なテクスト分析を行なわずしてこのシーンを作家論的な文脈のなかに位置づけたとしても、議論の妥当性は疑わしいものであるだろう。

そこで本節では、女性患者たちの声の前景化を論じるにあたって、先行研究とは異なる観点を導入する。それはフランセスの聴覚である。つまり、女性患者たちの声をフランセスによって聴かれたものとして捉え、それが前景化されていることの意味を彼女の知覚や心的プロセスとの関連において分析するのである。その上で、ここにおいて二つの異なる事象が同時に描かれていることを確認することで、女性患者たちの声が「重なり合う会話」の萌芽ではなく、むしろ作家論的なコンテクストにおいては〈初期アルトマン映画〉を特徴づける物語的葛藤の萌芽であるということを示す。

ただし聴覚という観点を導入するとはいえ、ここではフランセスがいる位置からの物理的な音の聞こえ方――つまりミシェル・シオンの言う「聴取点」[30]――を論じるのではない。そうではなくフランセスの感情や欲望といった内面的な要素によってねじ曲げられた、非現実的な響きを有する歪な聴覚的イメージが存在することを指摘する。類似する例を挙げておくとすれば、アルフレッド・ヒッチコックの『恐喝《ゆすり》』（*Blackmail*, 1929）における有名なナイフのシーンに近いと言える。そこではナイフを使って殺人を犯してしまった女性主人公が抱える罪の意識が、彼女の聴覚というかたちで、音そのものとして表現される。噂好きである隣人の中年女性が話す言葉のうち、「ナイフ」という単語以外の音量が極端に下げられるのである。そのように（現実的には「ナイフ」以外の言葉が確実に聞こえる距離にいるのにもかかわらず）心理的な理由によって、主人公には「ナイフ」という単語しか耳に入ってこないことが音響的操作を通じて示される。[31] このようにここで論じる独特な聴覚の表象は、登場人物が心のなかでつくり出したり、思い浮かべたりする音ではない。そうではなく、物語世界に音源を持ちながらも、特定の登場人物というフィルターを通過することで、現実とはまったく異なる響き方をする音が議論の対象となる。[32]

『雨にぬれた舗道』の待合室のシーンでは、まず、待合室へと入ってくるフランセスがガラス越しに映される。その時点ですでに、椅子に座って話をする女性患者たちの会話が聞こえている。しかも、受付で自分の名前を告げるフランセスの声と同等の音量である。カメラは、待合室の奥（画面右）へと移動し、問診票を受け取って書き始めるフランセスを追う。すると、次のショットで会話する女性たちの顔が映し出される。再びフランセスのショットに戻る。彼女は問診票を書き終えてから、それを受付に出すために画面左へと移動していき、待合室の入り口付近にある、会話する女性たちと同じ並びの椅子に座る。バッグからハンカチを取り出して手を拭いたり、一度腰を浮かして座り直したりと、どうやら落ち着かない様子である。そして席を立ち、待合室の入り口を抜けてさらに画面左へと進んでいく。女性たちの会話は変わらず聞こえ続ける。フランセスの移動に伴って、カメラも延々と左に移動していき——その間、別の部屋で髪の毛に櫛を入れる男性を捉えたりしつつ——、トイレに入る彼女の姿が映される。直後、カメラは再び待合室へと戻る。トイレから戻ったフランセスは椅子にじっと座っている。受付の女性がフランセスの名前を二度呼ぶ。彼女は立ち上がり、画面右へと進んでいき、奥の部屋へと入っていく。そこでカットが割られ、女性たちの会話が消える。

このシーンにおける重要なポイントを整理しておこう。

①カメラの動きが、基本的にはフランセスの移動に動機づけられていること。
②⑴問診票を受け取った後、⑵それを書き終えて席を立った後、⑶椅子に座った後、⑷トイレに行くために席を立つ直前の合計四回、フランセスが会話をしている三人の方へと視線を送ること。
③問診票を出し終えて座っているフランセスの様子に落ち着きが見られず、突然立ち上がってトイレに行くこと。
④トイレへと向かうフランセスを追いかけるために、映像が待合室を離れるのにもかかわらず、一貫して女性たちの会話が聞こえ続けること。
⑤トイレから待合室へと戻り、受付から名前を呼ばれたとき、フランセスが一度目の呼びかけには反応しないこと。

このうち①が示しているのは、このシーンの中心はあくまでもフランセスであり、彼女の行動にもとづいて語りが構築されているということである。小野智恵が指摘するように、確かにカメラは「端役の女性たちをいくどもミディアム・クロースアップ、そしてクロースアップで映し出し、主人公以上の存在であるかのように中心に据え」ている。[33]しかしそのような瞬間は、このシーン全体の時間的な長さからすれば一時的なものにすぎない。このシーンのカメラは、何よりもフランセスの移動を優先して映し出し、その動きは彼女と同調したものとなっている。そのことは、とりわけ待合室を出てトイレに向かう彼女の姿を追いかけるカメラワークに顕著に表れているると言えるだろう。したがって、映像において示される情報だけを考慮すれば、少なくとも彼女を介した外的焦点化が生じているのである。

このようにフランセスには映像における中心という立場が与えられている一方で、サウンドトラックの中心を占めるのは三人の女性患者の会話である。彼女たちの声の音量は、館内放送や電話のベル、外を走る自動車の音よりも大きく、一定である。つまりここでは、映像とサウンドトラックはそれぞれ異なる対象を中心に据えているのだ。これは、エイゼンシュテインの言う「垂直モンタージュ」のような映像と音との衝突であると言えるかもしれない。ただし音の場所の問題についてシオンが述べるように、「映像、そしてそれが指示するものに応じて音は位置づけられ、再編成される」[34]。これは、必ずしも音が映像に従属するものであることを意味しているのではない。映画の音は、それ単体で自らの位置を示すことはできない（それは、物理的なレヴェルにおいて、「音源」なるものが原理的に同定できないことに起因する）。それゆえ、ある音がどこから聞こえてくるかということは、あくまでもそのときに提示される映像との関係性のなかで決定されるということなのである。ならば、フランセスを映し出す映像に別の女性たちの会話を重ねるという、このシーン全体を通じた音と映像のアレンジメントは一体何を意味するのか。それは、フランセスが三人の会話を聴いているという状況である。女性たちの声は、その発生源であるはずの彼女たち自身の身体ではなく、フランセスという異なる人物との関係性において位置づけられる。というのも、シオンが言うように音の場所は映像が示すものに準じて決められるのであれば、女性たちの声がどこにあるのかということは、何よりもまず、画面上のフランセスの行動や心理、知覚にもとづいて決定されるはずだからだ。したがって女性たちの声は、彼女らが発するものというよりも、フランセスが聴いている音として存在しているのである。さらには、このシーンで聞こえてくるさまざまな音のなかでもとりわけ会話を前景化するという音響処理は、その会話に対する彼女の関心の強さを反映しているのである。

フランセスが三人の会話を聴いていることを裏づける根拠として、まずは②で示した視線を挙げることができる。フランセスが彼女たちの方向を四度も見やることから、その存在を意識していることは明白である。また、ここで行なわれている会話の内容は、避妊やパートナーの男性器の大きさに関するものである。一九六〇年代と

図 11

図 12

いう物語の時代設定を考慮すれば、当時すでに、「人前で性を話題にすること」自体は何ら不自然なことではないし、さらにはこの時代、経口避妊薬（ピル）が急速に普及したという事実もある。[35]これらを踏まえると、ここでの会話内容は、婦人科の病院内であるということも相まって、実に自然なものであるとさえ言える。だが一方で、フランセスの性的欲望は強く抑圧されており、それゆえ彼女は恋愛や性愛とは無縁な生活を送ってきたことが映画のなかでたびたびほのめかされている。彼女の交友関係はほとんど老人たちに限定されているし、好意を寄せている青年に接するときもぎこちない様子である。そのような彼女にとって、聞こえてくる会話があまりに刺激的であったということは想像するに難くない。それゆえ、彼女は公の場で性生活に関する生々しい話題を口にする三人へと幾度も冷たい視線を投げかけるのであって、③で挙げた彼女の落ち着きのない仕草は、そのような会話を聴くことに対する不快感の表れである。そして何よりも、フランセスが会話を聴いていることを根拠づけるのは、トイレに向かう直前の、勢いよく立ち上がるという唐突な身ぶりである。彼女は一度三人の方を見ながら、一瞬腰を浮かせ、落ち着かない様子で座り直し（図11）、直後に席を立つ（図12）。これ以上そのような会話を聞かされることに耐えられないという強い感情が、この一連の身ぶりにおいて示されている。席を立ち、彼女はトイレへと向かう。待合室から離れることによって、会話を聞こえなくするためである。にもかかわらず④で示したように、会話は同じ音量で聞こえ続ける。これはどういうことなのか。

そもそも彼女は、青年との性行為を見据え、女性用避妊具を装着する手術を受けるために病院を訪れている。したがって、女性たちの会話の内容をこれからの自分に大きく関わるものとして受け取っているに違いない。[36] フランセスにとってここでの会話は、決して聴きたいなどとは思っていない不快なものであるのだが、しかし同時に興味や関心の対象でもあるのだ。つまり、聴きたくないと願ったとしてもどうしても耳に入ってしまう音なのである。そしてついには⑤で示したように、待合室へと戻ってきたフランセスは、受付の女性から名前を呼ばれても一度無視してしまうほどに三人の会話を聴くことに没頭してしまうのである。

待合室から離れたとき、そこには物理的な距離や障壁が介在するために、フランセスの耳は決して会話を捉えてはいないだろう。しかしながら、彼女の心的現実においては会話は継続し、サウンドトラック上で響き続ける。前述したように、ここで論じているのはフランセスの「聴取点」ではなく、あくまでも彼女の主観性によって捻じ曲げられた歪な聴覚的イメージである。映画という媒体は、そのような現実的には不可能であるような聴覚を可能とする。それは非現実的なものであっても、いや、むしろ非現実的であるからこそ、人間が抱えるきわめて複雑な精神の在り方や心的プロセスを具体的な音響や映像のなかに描き出してしまうのである。

このようにフランセスの主観性は、音を聴くという知覚的なモードを通じて映画テクストのなかに曝け出される。つまり、ここでもまた彼女を介した内的焦点化が行なわれている。ただしそれが第二節で論じた視点ショットの場合と異なるのは、このシーンの映像と音響がそれぞれ、フランセスの相反する心的プロセスをまったく同時に表象しているということである。フロイトによれば、フランセスのような「ヒステリーの素因をもつ人物」は、「自分がだんだん成熟してゆくために、あるいはなんらかの外的な生活事情のために、現実上の性的な要求が重大な仕方でその人物に迫り来るような場合」において、「欲動の衝迫と性的な拒絶の抵抗のあいだに病気という逃げ道がつくられる」。[37] すなわちフランセスは、青年と出会い、彼を見続けるなかで、それまで抑圧されていた自らの性的な欲望と向き合わなければならなくなった。だからこそ、避妊具装着の手術を受けるべく、行動を起こしたのである。しかしながら抑圧から解放されたわけではないので、依然として欲望を押さえ込もうとする力が働いており、彼女は拮抗する二つの力の狭間に立たされる。待合室のシーンでは最初に、会話に不快感を示すフランセスの身ぶりが映し出される。まさにその最中、無意識のうちにそれを聴くことを欲望しているがゆえに、会話を聴かざるをえないというフランセスの心理がサウンドトラックへと反響する。このようにして、映像と音響それぞれにおいて、「性的なものを拒否する抵抗」と「欲動の衝迫」とがまったく同時に表象されているのである。そしてここにおいて、二つの事象を同時に物語り、そこに競合関係を生み出すという物語的葛藤が——少なくともその萌芽が——生じることとなる。

3—2　フラッシュバックと聞こえてくる現在

フランセスの心的葛藤が音響を通じて表現されるのは、これまで分析してきた待合室のシーンだけではない。彼女が自宅で中年男性医師のスティーヴンスンから誘惑されるシーンでは、フラッシュバックの技法を伴って、フランセスの入り組んだ心的プロセスの音響的な表象が行なわれる。

フランセスが病院を訪れている間、青年は姉のニーナとフランセスの家で過ごす。風呂場で裸になって騒いだりマッサージをしたりと、近親相姦を匂わせるシーンが続いた後、フランセスが帰宅する。ただし、一人ではなくスティーヴンスンと一緒である。彼は以前からフランセスに好意を寄せており、何とかして彼女を口説こうとしている。フランセスは体調が悪いと言うが、彼は帰る素振りを見せない。それどころかフランセスにとって自分が必要な存在であることをまるで説得するかのように、慎重にプライヴェートな話題へと踏み込み始める。

ここから突然に、病院の手術台に横たわるフランセスの映像が挿入される。それは昼間に受けた避妊具装着のための手術であり、ここにおいて明らかにフランセスのフラッシュバックが生じている。にもかかわらず、本作において主観性が表現されているかどうかに関心を抱くメルヴィルは、この技法について一切言及していない。なぜか。その原因として推察されるのは、ここでもまた、フランセスの心的葛藤が音と映像との連関のうちに巧妙に表現されているということである。具体的には、彼女の記憶のなかへの没入とそれに抗う力とのせめぎ合いが、特殊なフラッシュバックの使用を通じて示されているのである。

スティーヴンスンからブランデーが注がれたグラスを受け取ったフランセスは、辛そうな表情で自らの額を押さえる。頭痛かと聞かれ、彼に背を向けた状態で、そうではなく疲れているだけだと答える。カメラは画面右を向くフランセスをミディアム・ショットで捉えているが、ガラス越しであり、照明が反射しているのがわかる。そしてスティーヴンスンは、これまでしてこなかった「個人的な生活」の話をしようと言い出す。そのとき、カメラがフランセスの横顔へとズーム・インし、クロースアップで映し出す。フランセスが黙って話を聞いていると、スティーヴンスンは次のような台詞を発する。「君は他の人から愛される必要性をこれまでに何度も感じていたはずだと思う（I'm sure that at times you've felt the need of another person's love）」。その瞬間、カメラはフランセスの横顔から少しだけズーム・アウトする。

そしてショットが切り替わる。男性医師の手元が、女性の足に触れている。女性に対して体勢を整えるよう伝える医師の声が、若干の残響を伴いながら聞こえる。すると、手術台に横たわるフランセスの顔を斜め上から捉えたショットへ移行する。彼女が小刻みに身体を動かしていると、突然、画面のなかの空間にはいないはずのスティーヴンスンの声が聞こえてくる。「大丈夫かい」。画面内のフランセスは口を閉ざしたままであるが、彼女の声で「ええ」という返答が続く。そして画面上では、避妊具を装着しようとする医師の手元を映したショットと、フランセスの顔のショットが交互に提示される。その間、サウンドトラック上では、手術室の医師の声がかすかに聞こえてはいるが、それを覆い隠すかのように、スティーヴンスンとフランセスによる現在のやりとりが続く。嫌われないよう、回りくどい表現で愛を伝えようとするスティーヴンスンに対し、フランセスはもう話をやめようと切り出す。謝った後、彼はなおも言い訳を続けるが、フランセスに制止される。「もう行くよ」。彼がそう言うと、フランセスは「ええ」と答える。その瞬間、手術台に横たわるフランセスのショットから、マンションのなかで向かい合う二人を映したショットへと変わる。スティーヴンスンが立ち去っていく。

このシーンで描かれているのは、言い寄ってくるスティーヴンスンにうんざりしながら、その日の昼間に受けた避妊具装着の手術を想起するフランセスの様子であり、一般的にフラッシュバックと呼ばれる技法が確かに使われている。それを導くのは、スティーヴンスンが話しているあいだ、上の空であるような表情をしている彼女の顔へと近寄り、それを映し続けるカメラである。そして手術を行なう男性医師の声にかけられたリヴァーブは、それが現在時制ではなく過去のものであることを示しており、二つの時間が明確に区別されている。[38]

しかしながらテクストの細部に注意してみると、フランセスによる記憶の世界への没入に抗うかのような、音響的映像的な操作が行なわれているのである。

まずは手術室の映像へと移行する前の、フランセスの自宅内を映した箇所について、視覚的な側面から検討する。注目すべきは次の三点である。第一は、フランセスの顔がガラス越しに撮影されており、室内の灯りが反射していること。第二は、彼女の顔が正面に近いところからではなく、真横あるいは斜め後ろのアングルから撮影されているということ。第三は、手術室のショットへの転換を動機づけているのが、切り替わる寸前のカメラのズーム・アウトの動きであるということ。すなわち、これら障害物とアングル、そしてカメラワークの三点を総合して考えると、フランセスの身体との隔たりを強く感じさせるような演出が行なわれているのである。とりわけ、最後に挙げたズーム・アウトは、通常フラッシュバックが使用される際の慣例とは真逆のカメラワークであり、記憶の世界の提示を阻むものとして機能している。

聴覚的側面では、手術室の映像に途中から重なってくるスティーヴンスンとフランセスの会話もまた、同様の機能を担っている。重要なのは、スティーヴンスンの声がフランセスの記憶への没入を阻もうとしていることよりも、フランセスが彼の声を聴き、それに反応してしまったという事実である。にもかかわらず彼女は想起を継続しており、このとき二つの異なる世界を、そしてそのせめぎ合いの只中を生きることになる。つまりここにおいても、前項で論じたようなヒステリータイプの人物特有の心的葛藤が、音と映像の関係性のうちに提示されているのだ。一方では青年を欲望するあまりに、それと関連する避妊具装着の手術の記憶を引き出そうとする力が作用しており、他方ではそれを食い止めようと、現実世界にいるスティーヴンスンの声を意識し、聴こうとする抑圧が働いているのである。

本章におけるここまでの議論を踏まえると、第二節で論じたように、はじめフランセスの欲望は視点ショットを介することで視覚的にほのめかされていた。次に前項で分析した待合室のシーンでは、議論をあえて単純化するならば、音によって欲望の発露が示され、そして映像によってそれに抗う力が表現されており、比較的明確に音と映像それぞれが果たす機能を区別することが可能であった。しかし、この一風変わったフラッシュバックにおいて、事態はより複雑化している。フラッシュバック内の映像自体はフランセスの欲望と結びついているのだが、それを導入するためのカメラワークや演出はそれを妨げようと抵抗している。さらには音響についても、フラッシュバック内の音と現実世界の音とが混ざり合っており、欲望とその抑圧とが同時に表象されている。つまり、フランセスの心理に内在する相反する二つの力は、映像と音響のどちらの側面においても、もはや峻別不可能なものとして生じている。そしてそれが意味するのは、彼女の心的葛藤の高まりが限界に達したという状況である。そこで彼女は、破綻から逃れるためにある選択をする。自らの欲望を認め、それを成就させるべく、青年が眠っているであろう寝室へと赴くのである。

3—3 母親と分身

ベッドに向かって、フランセスは亡き母親の記憶について語り始める。「父が死んでから、母は自分がどれほど寂しいのか、そのことを話し続けるのを決してやめようとはしなかったわ」。そして彼女は、母親やスティーヴンスンを含めた「老人たち」全般に対する嫌悪や不快感について話しつつ、自らもすでに年老いていて、そちら側の人間になってしまっているのではないかという不安を吐露する。彼女にとって青年とは、自らを「古いものたち」から引き離してくれる存在であったのだ。フランセスはついに青年への欲望を告白し、ベッドのシーツを剥ぎ取る。しかしそこに彼の姿はなく、ぬいぐるみやおもちゃが置かれている。フランセスは強烈な叫び声をあげる。この瞬間、彼女は性的欲望の成就、あるいは抑圧からの解放に挫折する。

このシーンにおいて決定づけられるのは、フランセスの性的抑圧が、すでに亡くなっており、作品中一度も姿を現さない彼女の母親に由来するものだということである。つまり本作は、女性版のエディプス劇（エレクトラ・コンプレックス）として解釈することができる。同様の例として、ヒッチコックの『レベッカ』(*Rebecca*, 1940)を挙げることができるかもしれない。そこでは母親の不在が前景化されており、そのこと自体がプロットの原動力となっていた。『雨にぬれた舗道』では、フランセスの母親の存在はあくまでも会話のなかで言及されたり、映像のなかで暗示されたりするにすぎない。しかしながら、プロットを遡っていくと、母親は常にフランセスの周囲に、痕跡として潜在していたのである。

まず、フランセスは常に母親の遺品に取り囲まれて生活している。自宅の至るところに置かれている、一九六〇年代という時代設定とは相容れない、古めかしく仰々しい家具類や部屋そのものである。また、序盤においてフランセスの家を訪れる老人たちやスティーヴンスンは、母親と付き合いのあった人々である。彼らとの食事のシーンで、フランセスは雨に打たれている青年を窓から見つめながら、彼を家のなかに入れてあげるべきだと発言する。すると老人の一人がこのように言う。「フランセス、なんてことを言うんだ。そんなことを君のお母さんに聞かせずにすんで良かったよ」。老人は、母親が権威的な人物であったという事実をほのめかしつつ、フランセスの行動を制限する。このように老人たちもまた、彼女を抑圧し、縛りつける母親の「遺品」の一部なのである。しかも彼女の交友関係は、少なくとも作品内で示されている限りでは、彼らに限定されている。

フランセスは、前述した青年の寝室のシーンのなかで母親と父親について述懐する。再度引用しておこう。「父が死んでから、母は自分がどれほど寂しいのか、そのことを話し続けるのを決してやめようとはしなかったわ」。この台詞から見えてくるのは、単にフランセスが母親から疎外されていたということだけではない。母親は父親との強固な結びつきを常に娘に誇示することによって、フランセスが父親を手に入れることを固く禁止していたのである。そして母親が亡くなり、フランセスは青年と出会って自らの性的欲望に直面する。彼女は、青年こそが抑圧から解放してくれる存在だと信じ、行動する。つまり、青年という父親の代理となる人物と結ばれることを目指すのである。[39]だが、それは失敗に終わり、彼女の心的葛藤は終結する。

では、フランセスはこのような性的欲望の挫折に対し、どのように折り合いをつけるのか。まず彼女は青年を自宅内に軟禁した上で、街へ娼婦を探しに出かける。偶然に出会った男に店を紹介してもらい、シルヴィという女を自宅へと連れて帰る。そして青年とシルヴィを部屋に閉じ込め、彼らが性行為に及んだのを確認すると、彼女は部屋へと忍び込んでシーツの上からシルヴィを刺殺する。

青年という父親の代理と結ばれること、言い換えるならば父母との関係性から離れ、自己をその外部である社会へと開いていくことに失敗したフランセスには、自身を父母との関係性のなかに押しとどめてしまうという選択肢だけが残されている。つまり最終的には、父を所有することのできるポジションへの移行、すなわち自らを抑圧する主体である母親への同一化を目指すこととなる。そしてそれを実現するために、彼女は外部を作為的に導入する。娼婦のシルヴィである。フランセスにとってシルヴィとは、青年／父親と結ばれるはずであった彼女自身の代理、あるいは分身を意味する。自らの分身を殺害することによって、彼女はそれまでの自己を消去するのである。

フランセスは、シルヴィの惨殺を目の当たりにして家のなかを逃げ惑う青年を追い詰める。まるで怯える子どもを安心させるかのように、青年の顔を優しく撫で、それまでに発したことがない柔らかなトーンの声で繰り返し抱いて欲しいのだとつぶやく。[40] このようにフランセスは、母親へと同一化することによって、青年／父親を手に入れるのである。

おわりに

ここまで『雨にぬれた舗道』における主人公の主観性について、視点ショット、聴覚の再現、フラッシュバックといった技法に着目しながら分析を行なってきた。本作で用いられるそのような技法はいずれも、通常使用される場合とは異なる独特なスタイルや機能を持っていた。これらが提示するのは、単にフランセスが見るものや聴く音ではない。そこでは、彼女の心的な葛藤、すなわち性的抑圧とそれに抗う力とのせめぎ合いが、映像と音響から成るイメージとして再現＝表象されている。その意味で、本章で論じた『雨にぬれた舗道』のいくつかのシーンは、映像と音響を駆使し、主人公の内面を視聴覚的に提示することに成功した、映画的な内的焦点化の稀有な例であると言えるだろう。

そして重要であるのは、この映画が、一組の男女間の性的な支配と服従の関係を主題としつつ、それと同時に、手の込んだ技法によって一人の女性が抱える性的抑圧の表象を行なっているという点である。これらはそれぞれ、表層的な葛藤と深層的な葛藤であると言える。本作のプロットは、この二種類の葛藤の往復によって駆動され、活性化される。すなわち、フランセスと青年との関係が問題となるときには、常にフランセスの心的葛藤が重要な背景となるのだし、その逆もまた然りであるということだ。この両者が折り重なり、どちらかが背景となることなく、渾然一体となって提示される瞬間、それがシルヴィの殺害という本作のクライマックスなのである。

『雨にぬれた舗道』において描かれる葛藤が、一組の男女間ないし一人の女性の心理という、いわば最小単位において生じているということは、まさに本作が〈初期アルトマン映画〉の嚆矢だということを物語っている。次章以降論じていくように、以後〈初期アルトマン映画〉の物語的葛藤は、その対立項の在り方や組み合わせがより多様化し、社会的な広がりを持つようになる。

注

1　本作においてマイケル・バーンズが演じる登場人物の名前を呼ぶ者はおらず、エンド・クレジットで示されているように、彼には“The boy”という役名が与えられているだけである。リチャード・マイルスによる原作小説の日本語訳では「少年」という訳が採用されているが、本書における彼の呼び名については、公開当時のバーンズの実年齢が二二歳であったことも考慮して、「青年」で統一することにする。また原作では、彼がミニヨンという名前を持つこともここで補足しておく。リチャード・マイルス『雨にぬれた舗道』井上正実訳（角川文庫、一九七〇）。

2　パトリック・マクギリガンが著したアルトマンの評伝によれば、公開当時、本作はアメリカの映画館で滅多にかかることがなく、したがって反響はないに等しかったという。Patrick McGilligan, *Robert Altman: Jumping Off the Cliff: A Biography of the Great American Director* (New York: St. Martin's Press, 1989), 290.

3　David Melville, "'One is both the same': Fantasy and Female Psychosis in *Images* and *That Cold Day in the Park*," in *A Companion to Robert Altman*, ed. Adrian Danks (Malden: Wiley Blackwell, 2015), 358, 368. また、『イメージズ』における視覚については、次の論考で詳しく論じられている。大﨑智史「『イメージズ』における幻覚の描写」『立命館映像学』七号（二〇一四）：三七―五五。

4　ジェラール・ジュネット『物語のディスクール――方法論の試み』花輪光・和泉涼一訳（水声社、一九八五）、一五―一七。

5　ただし物語言説と語りという二つのレヴェルは、必ずしも厳密に区別されてはいないように思われる。シーモア・チャトマンは、ジュネットの議論を引き継ぎつつ、より簡略化された区別を提案する。それは「物語内容（story）」と「物語言説（discourse）」である。前者は何を語るのか、後者はどのように語るのかというレヴェルを指す。本書では、基本的にはこのチャトマンの図式にもとづいて議論を行なう。Seymour Chatman, *Story and Discourse: Narrative Structure in Fiction and Film* (Ithaca: Cornell University Press, 1980), 9, 19.

6　ジュネット『物語のディスクール』、二三。傍点は原文。

7　ジュネット『物語のディスクール』、二二一―二二三。

8　木下耕介「パズル・フィルム、焦点化の限界、そしてもう一つの系譜――クリストファー・ノーラン『メメント』を例に」『群馬県立女子大学紀要』三八号（二〇一七）：七九。ミーケ・バルもまた、「焦点化は最も重要で、最も浸透している、最も精妙な操作の手段である」と述べ、文学テクスト以外にも使える概念であることを示唆している。しかしながら、この節における議論にも関わってくるのだが、彼女が構築した理論は視覚的なモデルを前提としているという問題を抱えている。それゆえ、文学研究の領域においても議論の余地が残されているだけでなく、映画への適用についても大幅な修正を施す必要がある。Mieke Bal, *Narratology: Introduction to the Theory of Narrative*, 3rd ed., trans. Christine Van Boheemen (Toronto: University of Toronto Press, 2009), 145―165, 176.

9　ジュネット『物語のディスクール』、二一七。傍点は原文。

10　ジュネット『物語のディスクール』、二三一。傍点とイタリックは原文。

11　木下「パズル・フィルム、焦点化の限界、そしてもう一つの系譜」、七四。

12　ジュネット『物語のディスクール』、二三二、二二五。また、ジュネットの議論が抱える問題やその原因については、木下「パズル・フィルム、焦点化の限界、そしてもう一つの系譜」、七六―七八で詳しく整理されている。

13　ジュネットのこうした視覚性へのとらわれは、単に批判されるだけのものではなく、新たな理論的可能性を切り拓く要因でもあった。というのもミーケ・バルは、ジュネットによる「誰が見ているのか」というミスリーディングな表現を「誤読」することによって、語りに先立って存在する「物語における意識の志向性の問題系」に踏み込むような、斬新な焦点化理論を構築するに至ったからである。この点については次の論考を参照のこと。遠藤健一「オニールの焦点化の可能性」パトリック・オニール『言説のフィクション――ポスト・モダンのナラトロジー』遠藤健一監訳、小野寺進・高橋了治訳（松柏社、二〇〇一）、二五五―二五八。

14　Shlomith Rimmon-Kenan, *Narrative Fiction: Contemporary Poetics*, 2nd ed. (London: Routledge, 2002), 72, 78-84.

15　オニール『言説のフィクション』、一一九。

16　木下は、ジュネットによる「焦点化」概念が抱える視覚性や空間的メタファーを軽減すべく、外的焦点化と内的焦点化に代わる別の呼称を提案している。それは、「行動中心焦点化（action-centered focalization）」と「心理重視焦点化（psychology-oriented focalization）」である。これらは情報のモデルから視覚のモデルへの横滑りを防止するだけでなく、映画において「俳優の演技が何らかの感情や思考を明示しているのか」どうかという「個別の判断を必要とする問題」への柔軟な対応を可能とするものであり非常に有益である。しかし、焦点化を扱うにあたって外的／内的という二分法が用いられてきた歴史は長く、用語として充分に定着しているという事情がある。そこで本書では、木下の代案によって示されている意味を念頭に置きつつも、慣例に従って外的／内的という二分法を採用することにする。木下「パズル・フィルム、焦点化の限界、そしてもう一つの系譜」、七九。

17 ジュネット『物語のディスクール』、二二四。

18 ジュネット『物語のディスクール』、二二二。

19 ジュネット『物語のディスクール』、二二八。

20 Bal, *Narratology*, 178-179.

21 Edward Branigan, *Narrative Comprehension and Film* (London: Routledge, 1998), 102.

22 Barry Salt, *Film Style and Technology: History and Analysis*, 2nd ed. (London: Starword, 1992), 95-96. ソルトは視点ショットを次の二種類に区別している。第一は、人物の視野をフレームいっぱいに提示するパターンであり、第二はフレームを黒く縁取ることによって双眼鏡や鍵穴などを介した視野であることを示すパターンである。本章で問題とする第一のパターンは、ソルトによれば、第二のパターンに遅れて一九〇八年頃から存在するという。

23 Edward Branigan, *Point of View in the Cinema: A Theory of Narration and Subjectivity in Classical Film* (Berlin: Mouton, 1984), 57-58, 103-109, 111.

24 図4のショットが担う二つの意味は、ブルース・F・カウィンが論じた「主観カメラ」の二つの用法――すなわち、「登場人物が見るものを見せること、あるいは彼が考えていることを見せること」――を同時に満たすものであると言える。カウィンによれば、これらの用法が重なり合うような事例は、多くのシュルレアリスム的、あるいは「表現主義的な」シークエンスのなかに見出すことができるという。Bruce F. Kawin, *Mindscreen: Bergman, Godard, and First-Person Film* (Princeton: Princeton University Press, 1978), 7.

25 ブラニガンによればこの「発見される視点ショット」は、通常の「前方性の視点ショット（prospective POV）」とくらべて観客を戸惑わせる可能性が高く、古典的ハリウッド映画において使用される頻度は低いという。Branigan, *Point of View in the Cinema*, 111-112.

26 ブラニガンの分類を参照すると、図4の青年のショットは、本文中で論じたもの以外にもさらに二種類の視点ショットの要素を兼ねそなえている。第一は、「遅延性あるいは宙吊りの視点ショット（delayed or suspended POV）」である。これは見る主体を映すショットAと見られる対象を映すショットBとがお互いに切り離されているパターンである。第二は、「連続的な視点ショット（continuing POV）」である。これは「一人の登場人物がいくつかの対象あるいは一つの対象を複数回にわたって見る」というものであり、フランセスの視野としての青年のショットが反復される点と合致する。このようにフランセスの視覚は、視点ショットのさまざまなヴァリエーションへと該当するような仕方で、映像のなかに立ち現れている。だが同時に、その表現の複雑さによって、きわめて曖昧かつ独特なものとして表象されているのである。Branigan, *Point of View in the Cinema*, 112-116.

27　ロバート・アルトマン『ロバート・アルトマン――わが映画、わが人生』デヴィッド・トンプソン編、川口敦子訳（キネマ旬報社、二〇〇七）、六〇。

28　Robert Kolker, *A Cinema of Loneliness*, 4th ed. (Oxford: Oxford University Press, 2011), 362. Jay Beck, "The Democratic Voice: Altman's Sound Aesthetics in the 1970s," in Danks, 187-188. 小野智恵『ロバート・アルトマン　即興性のパラドクス――ニュー・シネマ時代のスタイル』（勁草書房、二〇一六）、七四注19。

29　非常に短い言及であるが、ロバート・ニエミは、「重なり合う会話」とは異なる観点からこのシーンに触れている。ニエミは、ロング・ショットによるガラス越しの撮影と三人の女性患者の会話の前景化を「蜘蛛の巣効果（net effect）」と呼んだ上で、それが「フランセスの不快感と孤独を強調しており、観客に対しても同様の感情を起こさせる」と述べている。映像的音響的な技法をフランセスの不快感と結びつけているということ、すなわち彼女が女性たちの会話を聴いているということを前提としている点で、本書にとってこの論述は重要である。しかしながら、このシーンの技法を観客の同一化を促す効果へと還元している点についてはメルヴィルの議論と同様、疑問の余地が残る。また、この記述を読む限りでは、フランセスが性的な葛藤を抱いていることや、それが具体的な映像や音響と密接に関係している点も見逃しているように思われる。Robert Niemi, *The Cinema of Robert Altman: Hollywood Maverick* (London: Wallflower Press, 2016), 15.

30　ミシェル・シオン『映画にとって音とはなにか』川竹英克・J・ピノン訳（勁草書房、一九九三）、六一―六八。

31　物語学の見地から『恐喝』の当該シーンにおける聴覚に言及した論考としては、ペーター・ファルストラーテンの著作が挙げられる。Peter Verstraten, *Film Narratology*, trans. Stefan van der Lecq (Toronto: University of Toronto Press, 2009), 149-150.

32　他にも事例としては、フランシス・フォード・コッポラの『ゴッドファーザー』（*The Godfather*, 1972）におけるレストランのシーンの音響を挙げることができる。そこではこれから殺人を犯そうとする主人公マイケルの緊張が高まるのと同時に、地下鉄の音がことさらに強調される。また、このような聴覚の表象について筆者は、同じくコッポラの『カンバセーション…盗聴…』（*The Conversation*, 1974）を対象とし、さらに掘り下げた研究を行なった。そこでは従来の「聴取点」の概念を二つの意味に区別し、空間の表象を本質とするものを〈現実的聴取点〉、感情や考えを表象する聴取点を〈精神的聴取点〉と呼ぶことを提案した上で、主人公の主観性／主体性という観点から映画テクストを分析した（本章で議論しているのは、この〈精神的聴取点〉に該当する）。この研究成果については以下で発表した。山本祐輝「主観性／主体性の逆説――フランシス・フォード・コッポラ『カンバセーション…盗聴…』（一九七四）における聴覚の問題」、日本アメリカ文学会東京支部五月例会分科会（演劇・表象）、慶応義塾大学、二〇一九年五月一八日。

33　小野『ロバート・アルトマン　即興性のパラドクス』、七四注19。

34　シオン『映画にとって音とはなにか』、二九。傍点は原文。

35　鈴木透『性と暴力のアメリカ――理念先行国家の矛盾と苦悶』（中公新書、二〇〇六）、二八―二九、五六―六〇、一四二。

36　メルヴィルは、三人の女性をフランセスの「代弁者（surrogates）」と捉えている。つまり、フランセスが自分では表現できないような彼女自身に関する事柄を三人の会話が伝えているのだと述べている。しかし、性的に強く抑圧されているために性愛とは縁のなかったフランセスのそれまでの人生を考慮するならば、三人の会話の内容が彼女の人生を代弁しているとはとても考えられない。Melville, "'One is both the same,'" 356.

37　フロイト「性理論のための三篇」渡邉俊之訳『フロイト全集6』渡邉俊之・越智和弘・草野シュワルツ美穂子・道籏泰三訳（岩波書店、二〇〇九）、二一一。

38　シオンによると、声にリヴァーブをかけることの効果とは、その声を特定の身体ではなく空間のなかに位置づけ、距離化するというものである。Michel Chion, *The Voice in Cinema*, trans. Claudia Gorbman (New York: Columbia University Press,

1999), 51.

39 メアリ・アン・ドーンが論じているように、古典的な女性ゴシック映画では、女性主人公の父親の代理となるのは医者などの権威的な職業に就く男性であり、主人公の抱える精神的な病は、そのような人物と結ばれることによって治癒することになる。『雨にぬれた舗道』では、まさに医師であるスティーヴンスンこそがそのような役割に当てはまるはずである。しかしながら彼は、フランセスを抑圧する母親と同種の年老いた古い人間として嫌悪され、拒絶される。メアリ・アン・ドーン『欲望への欲望――１９４０年代の女性映画』松田英男監訳（勁草書房、一九九四）、五九―一〇七。

40 短い言及であるが、最終シーンで見られるフランセスの母性的なふるまいについては、ロバート・T・セルフも指摘している。また原作では、フランセスは娼婦に対して青年が自分の息子であると告げている。Robert T. Self, *Robert Altman's Subliminal Reality* (Minneapolis: University of Minnesota Press, 2002), 28. マイルス『雨にぬれた舗道』、一四八。

第二章　映画の〈混成的な語り〉

――『M＊A＊S＊H――マッシュ』（一九七〇）における拡声器の音声

はじめに

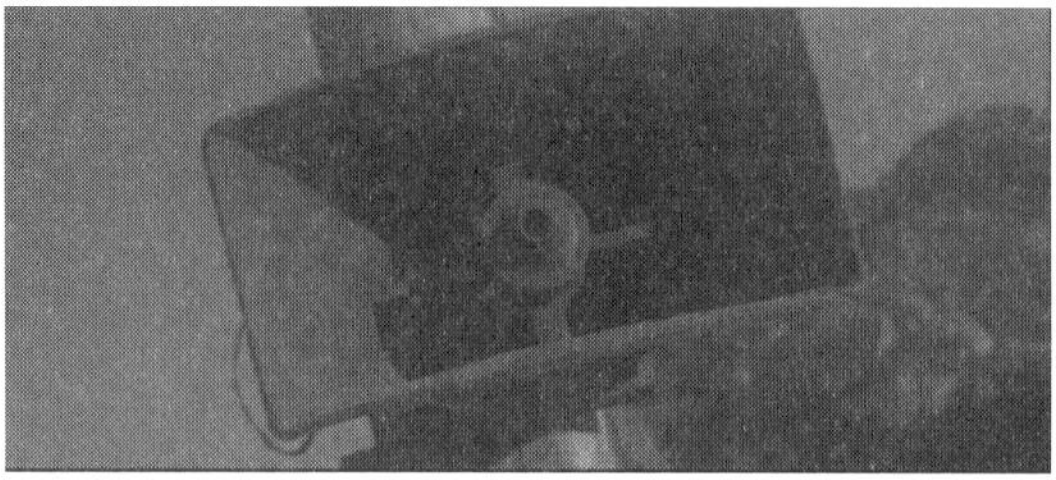

図1

『M＊A＊S＊H――マッシュ』（*M*A*S*H*, 1970）は、朝鮮戦争下の野戦病院で繰り広げられる軍医たちによる行き過ぎたいたずらと大騒ぎを描いたコメディ映画で、本作によってアルトマンは初めて商業的な成功を収めることになる。また、この映画はこれまでのアルトマン研究において、音響という観点から論じられることの多かった作品である。というのも、一九七〇年代半ば以降の作品において結実することになる「重なり合う会話」の技法が、技術的な制約を受けながらもすでに本作において試みられていたからである。

しかし、序章でも述べたとおり、本書の関心は「重なり合う会話」には向けられていない。そうではなく、アルトマン映画の複雑なサウンドトラックを特徴づける別種の要素である、装置を媒介した音声に着目する。この章で取り上げるのは、『M＊A＊S＊H』における拡声器を介した音声である。この音声は、リチャード・フッカーによる原作小説『マッシュ』（*MASH: A Novel About Three Army Doctors*, 1968）には一度も現れないのであるが、映画版では、軍医たちに向けたアナウンスやラジオ放送といった形式をとりながら、二〇回以上にわたって繰り返し使用される。[1] さらにその約半数は、スピーカーをクロースアップで映したショット（図1）を伴って聞こえてくる。このような映像との連動によって、ここで聞こえてくるアナウンスや音楽が、キャンプ内に設置された拡声器を音源として拡散している——つまり物語世界内の音である——ことは明白であるように思われる。しかしこれから検討するようにある理由から、それは作品全体を通じて、物語世界の内外という対立軸を用いたとしても正確には把握できない領域に位置しているのである。

　こうした論点は、アルトマンの作品をめぐる歴史的コンテクストを考慮しても妥当だと言える。ゲイル・シャーウッド・マギーはアルトマン映画のサウンドトラックを論じるにあたって、彼に影響を与えた映画やラジオドラマ、および同時代のニュー・ハリウッドの作品に目を向けている。たとえば、アルトマンが生まれて初めて劇場で見た作品であると発言している『キング・コング』（*King Kong*, 1933）が取り上げられるのだが、まさにこの映画の冒頭、主人公たちが髑髏島に到着する直前から聞こえてくる音楽がそうであるように、マギーは、それらの作品のなかで、物語世界内外の境界線上にある音響が使用されているという事実にたびたび言及している。[2] だが、他ならぬアルトマン本人の映画において、このような音が繰り返し用いられている点については必ずしも触れられていない。本章で指摘するのは、『M＊A＊S＊H』における拡声器の音声が、そのような位置決定困難な音の一つのパターンだということである。

　この章では、拡声器の音声が占める特異な位置を考えるにあたって、そこにいわゆる「映画的語り手(cinematic narrator)」の介在を見出す。ただしこの概念に対しては従来多くの問題が指摘されているため、議論の前提として、最初に本書の立場を明らかにしておく（第一節）。次に、先行研究を批判的に検討した上で、『M＊A＊S＊H』における拡声器の音声のほぼすべてに共通する特性や機能について、その位置に着目しながら議論を行なう（第二節）。最後に、中盤のあるシーンにおける拡声器の例外的な使用法を分析する。そこでは、主人公たちが映画的語り手の行為を模倣することによって、新たな物語を創造している可能性について論じる（第三節）。

1 映画的語り手

映画における音の位置を明確にする際に、一つの基準となるのが「物語世界（diegesis）」の概念である。この概念はこれまで、さまざまな分野で用いられてきた。[3] ここでは、その経緯を踏まえた上でなされたクローディア・ゴーブマンによる再定義に従う。すなわち物語世界とは、「物語によって含意された［implied］、行動と登場人物に関する時空間的世界となるもの」である。[4] 映画音響を論じる場合に一般的に使用される物語世界内の（＝物語世界的な［diegetic］）音と物語世界外の（＝非物語世界的な［non-diegetic］）音は、それぞれ、音源が物語世界の内部と外部のどちらにあるのかによって区別される。[5] そしてエドワード・ブラニガンが述べているように、物語世界とその外部との関係性について考えることは、映画の語りに関する問題と密接な結びつきを持つ。なぜなら「どのような種類の「他の世界」を起点として、物語世界が創造され、登場人物が提示され、出来事が叙述されているのか」といった、語りの源泉に対する問いに通じるからである。[6]

こうした語りの源泉としてしばしば参照されるのが「映画的語り手」である。とはいえ、語りの動作主としての映画的語り手を認めることが正当であるか否かについては、これまで多くの議論がなされてきた。その主要な論者としては、映画的語り手の存在を肯定するシーモア・チャトマンやセアラ・コズロフ、否定的立場のデイヴィッド・ボードウェルやブラニガンが挙げられる。なかでも本書の立場と最も近いのが、チャトマンの議論である。

チャトマンが提出した語りのシステムとは、テクストから推論された現実の作者のペルソナである「内包された作者（implied author）」が物語を創造し、その要求に従って映画的語り手が物語を提示する（語る）というものである。[7] それに対しボードウェルは、物語の創造や伝達に関わる動作主の存在を否定し、観客がシュジェート（＝物語言説）やスタイルを元にファーブラ（＝物語内容）をまとめ上げるというモデルを提示した。観客によるこういった物語構築のプロセスを、ボードウェルは「語り（narration）」と規定した。[8] しかし、チャトマンは観客の能動性を充分に認めた上で、ボードウェルの議論に対して以下のように反論している。「映画は――すでに「まとめ上げられていて」――どういうわけか劇場に到着して映写されている。〈何か〉が「送られて」いるのだ」。すなわち、物語はすでに構築されており、その後、観客によって再構築される。[9]

木下耕介が述べているように、映画における語り手の有無をめぐる議論は、「語りの権限を観客と作品と作者のいずれにどの程度認めるものであるか」というものである。[10] ボードウェルのように語りの権限をほとんど観客に対してのみ認めてしまうならば、いくらテクストにもとづいたものであろうとも、物語に関する考察のすべてが可能な一つの解釈でしかないという事態に陥ってしまう。[11] 一方でチャトマンのモデルは、語りの権限を作品に対してのみ認め、観客による再構築ではなく、それに先立つ物語の構築の段階を対象とすることでこの問題を回避している。それはたとえば、「テクストの構築は個々の読みの行為に先立って存在する［……］。［……］読者はそのような現実化の半面にすぎない。読者が活性化すべきテクストがすでに存在していなければならないのだ」という記述からも明らかである。[12] 筆者が彼のモデルを採用する最も大きな理由はここにある。すなわち、語りのシステムを観客ではなくテクストの側から説明しているからである。本書が問題とするのは、解釈の方法ではなく、テクストの在り方である。その点において、「映画にコード化された一群の手掛かり」が「映写のたびにどのように存在するか」を問うチャトマンと立場を同じくする。[13]

ただし、彼のモデルには解決すべき問題がないわけではない。ここでは二点取り上げ、そのなかで本章が提示するモデルを明確化していく。第一の問題は、そもそも映画的語り手が与件として扱われており、その存在の客観的根拠が示されていない点である。チャトマンは語り手のいない物語という考え方について、「反直感につながる」、あるいは「「物語が」何の前触れもなく、突如出現するという――論理とも常識とも矛盾する見解」として批判している。[14] つまり、フィクションにおける語り手の存在は疑う余地がなく、その理由をあえて求めるのであれば「物語映画は物語なのだから、誰かが語っているはずである」ということになるのである。[15] 確かに、これでは充分な説明がなされているとは言えない。しかし、チャトマンも述べているように、映画的語り手とは実体を伴わない「構成概念」である。そうである以上、映画的語り手がなぜ存在すると言えるのかではなく、それを用いることで映画における物語叙述の仕組みがどの程度よりよく説明されうるのかという、概念の有効性こそが問われるべきであるように思われる。[16] 映画的語り手とは、あくまでもテクストによって生み出される機能なのだ。

では、機能としての映画的語り手の介在は、どのようにして把握することができるのだろうか。ここでは、映像や音響のパターンとして、まさに今、何かが伝達されているという活動性が露呈する瞬間に着目する。そのような活動性の「動作主（agent）」こそが映画的語り手となる。[17] つまりそれは、映画テクストにおいて何らかの特徴的な形式上のパターンが見出された場合に、そのことの「意向（intent）」を帰することのできる機能の担い手を指す。[18] 次節において『M＊A＊S＊H』の拡声器の音声を分析する際には、まさにある動作主による行為と考えることが可能であるような、形式的パターンを取り出すことになる。

チャトマンのモデルの第二の問題は、語りのシステムを説明するにあたって、内包された作者を必須の存在としている点である。チャトマンによると、映画は監督や俳優、脚本家たちによる共同作業の産物であるにもかかわらず、「一人の作者によって創られたように〈みえる〉」。そしてこの「一人の作者」が内包された作者であるという。[19] しかし、「みえる」という言葉に含意されているように、これは観客の印象のレヴェルについての議論であり、個人によってそれは異なってくるだろう。さらには前述したように、彼のモデルでは観客の在り方は対象とならないはずだ。確かにこの概念は、長らく文学研究において重要視されてきたものであるし、特に「信頼できない語り手（unreliable narrator）」によって反語的な物語が提示される場合や、テクストの抱えるイデオロギーと語り手の表明するイデオロギーとが一致しない場合など、語りのシステムが何らかの二重性を持つ場合に参照することは有効であるかもしれない。だがチャトマンは、そのようなテクストに限らず、「あらゆるテクストに内包された作者と語り手が共存することを理論が認めること」の重要性を説く。にもかかわらず、上に挙げた、語りが二重性を持つような事例には該当しないテクストにおいても内包された作者を認めることの意義が、決して論じられないのである。[20] それゆえ、彼の議論では、すべてのテクストに対して内包された作者を想定することの必要性が不明なままとなっている。さらなる理論的考察が要求される問題ではあるが、このような理由から、本書では語りのシステムから内包された作者を除外し、語り手が物語の創造と伝達の両方を担うものと考えることにする。

これまで検討してきたように、筆者は、特にテクストと観客の位置づけに関してチャトマンと立場を共有している。ただし、以下の点においては異なる。第一に、映画的語り手を措定するには条件を設けるということ。第二に、内包された作者を語りのシステムから除外する点である。次節では、『M＊A＊S＊H』のテクストの具体的な分析を通じて、映画的語り手の介在を示す。

2　拡声器の音声の位置

『M＊A＊S＊H』における拡声器の音声については、これまで数多くの論考や批評が本作のサウンドトラックを特徴づけるものとして言及してきた。だがその音響が占める位置――すなわち、それがどこから聞こえているのかという問題――については、筆者が知る限りでは、ロバート・T・セルフのみが主題的に論じている。セルフによると拡声器の音声は、野戦病院という舞台のリアリズムを高めると同時に、視覚的には表現されない情報を伝えることで映画に対して物語の連続性を付与する。それによって、「物語世界内の空間を確立する機能」を果たす。しかしこの機能は、物語が展開するにつれて変化する。拡声器を介したアナウンスは、実在の戦争映画の話をするようになり、最終的には本作の内容を振り返ることからもわかるように、自己言及性を高めていく。つまり「物語世界に対する注釈の機能」を果たすようになる。この変化を踏まえてセルフは以下のように総括する。拡声器の音声が物語世界内からその外へと「漸進的な移動」を行なうことによって、アナウンスは本作を物語る声となる。したがって、観客の注意を語りのレトリックに向けさせるという意味で、『M＊A＊S＊H』は「アート・シネマ的」であるのだと。[21]

だが、この議論は二つの問題を含んでいる。第一に、これは序章でも触れた問題であるのだが、本作を古典的ハリウッド映画とアート・シネマという対立軸から捉えている点である。セルフは、『M＊A＊S＊H』が内包する諸特徴がいかに古典的ハリウッド映画から逸脱しており、アート・シネマ的であるかということを論証している。[22]しかし、こういった方法論を採用することで本作の持つ独自性がむしろ見えづらくなってしまうように思われる。たとえばセルフは、本作がアート・シネマの特徴の一つである断片的な物語構造を持つことを指摘している。確かに本作は、次のように四つの主要なエピソードに区別することができる。

①ホーリハン（サリー・ケラーマン）とバーンズ（ロバート・デュヴァル）の追放
②ペインレス（ジョン・シャック）の擬似的な自殺
③ホークアイ（ドナルド・サザーランド）とトラッパー（エリオット・グールド）による日本への小旅行
④アメリカン・フットボールの試合[23]

しかし、それらが断片的で互いに関与せず、独立しているという主張については疑問の余地がある。次節にて明らかにするように、この映画にはこれらのエピソードを跨いで継起するもう一つのエピソードが存在する。しかもそれは、上記四つのエピソードとは異なる次元で生起しており、なおかつこうした区別を無効化するものである。アルトマン映画の研究において、アート・シネマと古典的ハリウッド映画の関係は考慮すべき重要な問題である。だがここでは、『M＊A＊S＊H』の新たな側面を見出すために、あえてその対立を関心の中心に置くことはしない。

セルフの議論における第二の問題、それは拡声器の音声が徐々に物語世界外へと移行すると主張している点である。そうではなく、この音声は、当初から物語世界におけるある特殊な水準に位置づけられている。音声に反応する登場人物が作品内に誰一人として存在しないということ、そしてアナウンスを行なう声の主が画面上に現れないということから、[24]拡声器の音声は物語世界で鳴り響いているはずであるのに、その位置はもとより確定されないままなのである。

まずは拡声器による放送の内容から、その音声と登場人物たちとの関係性を検討する。アナウンスでは、性病検査、検尿、整理整頓などについての軍医たちに向けた注意事項や、映画の上映会の告知といった内容が話される。[25]拡声器を通じて聞こえるラジオは主に音楽を放送しており、時折曲の紹介が伴ったり、企業の宣伝がなされたりすることもある。これらすべてに共通するのは、緊急の対応を要さない、登場人物たちにとっては瑣末な内容であるということだ。しかも物語内容に直接関わるものも存在しない。加えて、アナウンスが"Attention!"という呼びかけから始まっているにもかかわらず、拡声器のクロースアップに続くショットにおいて登場人物たちの反応が映されることもない。R・マリー・シェーファーが述べているように、拡声器とは本来、電気によって増幅することで音を「帝国主義的に」拡散する装置であり、「他者を自らの音で支配しようという欲求に応えたもの」である。[26]しかしここでは、登場人物たちが聞き流す環境音として、物語世界内では背景へと追いやられており、その政治的な支配力は剥奪されていると言っても良いだろう。その一方で、スピーカーをクロースアップで映し出すショットの挿入や、音量の大きさ、音の明瞭さは、語りのレヴェルにおけるその存在の大きさを意味している。こうした齟齬が、音声の位置の不安定さを生み出しているのである（同様に大音量で虚しく響き渡るアイロニカルな音響は、第六章で論じる『ナッシュビル』において、宣伝カーの音というかたちで再び使用されることになる）。

では、この音声はどのように位置づけられるだろうか。ジェイ・ベックは、作品内の登場人物たちの声とは異なり、拡声器の音声には残響音が付与されているという事実を指摘した上で、それを「スピーカーの、存在論的な意味でのリアリスティックな使用」だとみなしている。[27]確かに残響音は、音源から音が拡散していくその距離を含意するため、音に空間性を与える。その意味で、拡声器の音声が残響を伴っているという事実は、それが物語世界で鳴り響いているということを強調するだろう。だがそれと同時にベックによる指摘は、拡声器の音声が物語世界内の登場人物たちの声とは別の次元にあるということを示唆してもいるのだ。

物語世界内で鳴り響いていながら、それ以外の物語世界の音とは異なる特殊な水準にあるという、拡声器の音声が有する特質を明らかにするために、ここではミシェル・シオンが提起した「多孔性（porosity）」の概念を参照する。これは、物語世界の内部と外部とのあいだで映画音響に関係する交信や循環がなされている状況を指す。シオンは二つの例を挙げている。第一に、それまで物語世界内で流れていた音楽が後に物語世界外にて生起する場合（またはその逆）。第二に、ミュージカル映画でしばしば見られるように、物語世界内の歌声に対して不可視の、すなわち物語世界外の伴奏が与えられる場合。[28] つまり、物語世界の内と外との境界上には無数の穴が空けられており、実際には両者が通じ合っていることを露呈させるような音が、特定の映画には存在するのである。この多孔性の概念はまた、物語世界が決して閉じられたものではなく、むしろ開かれた時空間であることをも示唆している。『M＊A＊S＊H』の拡声器の音声は、物語世界外へと移行するわけではないので必ずしもシオンが挙げた例に合致しない。だが、物語世界における特異な水準にあるという意味で、本章ではこの音声を多孔性を提示する音響パターンの一つとして考える。

『M＊A＊S＊H』において、このような多孔性を生み出しているのが映画的語り手である。拡声器の音声ならびにそのクロースアップは、まさに映画的語り手の介在が示される瞬間として考えることができる。前節にて、映画的語り手を措定するためには、何かが伝達されているという活動性を露わにするような、形式上のパターンが見出される必要があるということを論じた。ここにおけるその活動性とは、音の収集とその操作という行為である。つまり、物語世界において背景化された拡声器の音を拾い、それを誇張的に提示するという行為である。

このことと関連して言及しておきたいのは、リック・アルトマンが『ナッシュビル』を論じた際に、この映画の物語全体を司る存在が、音を操作する「音響技師的な形象」であることを指摘していたということである。『ナッシュビル』の冒頭、登場人物としての音響技師が登場し、音楽のレコーディングを行なう。そこで技師は歌い手の声の音量を上げるよう指示を出すのだが、それに反してサウンドトラック上にあるその声は消えていくのである。すなわち、ここでは「物語内の音響技師が［映画的語り手という］より大きな権威に従属していること」が露呈している。[29]『ナッシュビル』の例ほど明確に映画的語り手がその存在をほのめかすわけではない。だが、物語世界における諸要素が、その提示に際して現実的動機づけに従っておらず、歪曲された音響イメージとして示されているという点において共通しているのである。つまり、背景へと追いやられている環境音であるはずの拡声器の音が、何らかの意味を帯びているかのように、前景化された音として提示されている。そして、そこにおいて語りに関する権威的形象＝映画的語り手の介在が露呈しているのである。また、どちらの映画においても、映画的語り手が音響を通じてその権威を示していることも特筆すべき共通点であると言えるかもしれない。

当然ながら、アナウンスの声は映画的語り手の声ではない。また本書は、セルフのように拡声器の音声を『M＊A＊S＊H』という映画を物語る声とみなす考えに対しても与しない。そうではなく、あくまでも映画的語り手という物語を司る存在を露呈させる音声なのである。そのことは、音の収集と操作という行為から見出すことが可能であった。しかし『M＊A＊S＊H』において、このような行動を起こすのは映画的語り手だけではない。主人公たちもまた、同様の作業を行ない、映画的語り手の行為を模倣するのである。そうすることで、本作で唯一、登場人物たちが反応を示す拡声器の音が生み出されることになる。それは主人公たちによって盗聴され、しかも放送もされてしまう、性行為中のホーリハンとバーンズの声である。次節ではこのシーンを分析することで、主人公たちがどのようにして語りに関与しているのかを明らかにする。

3　ホーリハン／ホットリップスの声

主人公であるホークアイとデューク（トム・スケリット）は、野戦病院での勤務を開始するとすぐに、同じテントで寝泊まりするバーンズとは馬が合わないことに気づく。敬虔なクリスチャンであるがゆえのあまりに生真面目な言動が、主人公たちには到底受け入れられないものであったからだ。そしてある患者が死亡した際、バーンズがその責任を一方的に部下に押し付けたことが原因となって、主人公の一人であるトラッパーとの殴り合いの喧嘩が勃発する。このあたりから両者の対立が決定的となる。そこへ婦長としてホーリハンが配属される。彼女はホークアイらが上下関係を守らない点や、彼らの「不健全な」言動を問題視し、バーンズと結託する。二人はこの状況を本部へ報告すべく、告発状を作成して投函する。

対立が明確となったこの時点から、拡声器の音声が出現する頻度が高まる。まず、告発状を投函する間際に画面外から聞こえてくる覚醒剤の盗難を伝えるアナウンス。次に、食堂での宴のショットに被さって聞こえてくる、トラッパーによる講義が今夜食堂で行なわれるという内容のアナウンスである（ここでは拡声器のクロースアップが伴う）。例によって彼らは、この二つのアナウンスに反応しない。にもかかわらずサウンドトラック上では強調されているため、これらは前節で述べたような、多孔性を示す環境音となっている。

食堂での宴のシーンの後、再びホーリハンとバーンズのシーンが始まる。この転換に際して、拡声器のクロースアップが映され、アメリカン・ポップスのスタンダードである「私の青空」（"My Blue Heaven"）の日本語版が聞こえてくる。カメラがホーリハンの部屋を映すと同時に音量が下がるという現実的動機づけに従っていることから、この音楽は物語世界内的な響きを持つ。そして曲の演奏が終わるやいなや、二人は性行為に及び始める。すると、隙間から部屋のなかにマイクが仕掛けられる。

このように拡声器は、正体不明の男性によるアナウンスから音楽へと放送内容を変えることによって物語世界外への志向を弱める。前節で述べたように、他の拡声器の音声は現実的動機づけに従って提示されていなかった。この点から、拡声器の音声が変化し始めていることが窺える。そしてトラッパーが中心となって盗聴が開始される。

放送室に集まり、二人の声を聞く主人公たちの様子が映される。最初は音声を聞きながら時折会話する程度の彼らであったが、ホーリハンがバーンズに「私の熱い唇にキスして」とささやいた瞬間、デュークが「熱い唇(hot lips)」という表現に引っ掛かった様子を見せる。直後、トラッパーがこの音声を野戦病院のキャンプ全体に放送するよう指示を出す。すると二人の声の音量が上がり、手術中のホークアイやテントにいるペインレスたちの反応を映したショットが交互につながれていく。その後、二人が盗聴に気づいてこのシーンは終了する。[30] 注目すべきは、次の六点である。

①盗聴を行なっている放送室内で、性行為の音声をラジオ番組と誤解する人物がいる。
②トラッパーが音声を放送するよう指示を出す。
③拡声器のクロースアップが五回挿入され、それらが登場人物たちの反応を映すショットとつなげられる。
④ハウリングが起きてホーリハンが盗聴に気づく。そのときの声に強い残響音が付与されている。
⑤盗聴のシーンが終わり、拡声器のクロースアップとともに「私の青空」が聞こえてくる。
⑥翌日の食堂における会話で、冗談めかしながらではあるが、性行為の音声がラジオ番組として扱われている。

③と④は、拡声器を介したホーリハンの声が物語世界内から聞こえてくることを強調する要素である。前節で検討したように、本作における拡声器の全体的な特徴の一つは、そのクロースアップに続くショットで決して登場人物たちの反応が映されないことであった。しかし③で指摘したように、このシーンでの拡声器のクロースアップは、登場人物の反応を映すショットとつなげられている。④のハウリングと残響音は、その他の箇所で繰り返されるアナウンスには与えられていない特性である。したがって、それらとの差異が前景化されている。そ

して「私の青空」が聞こえてくる⑤のショットでは、拡声器のクロースアップと登場人物たちの反応がつなげられていないため、本作における特異点である性行為の音から、通常の放送へと戻ったことが示されている。

②は映画的語り手との関係性から考察すべきポイントである。前節では、全体的な拡声器の音声の分析を通じて、音の収集と操作という映画的語り手の行為を見出した。そして今問題にしているこのシーンにおいて、主人公たちはその行為を模倣する。盗聴（音の収集）と放送（音の操作）である。このように映画的語り手の行為の模倣によって、彼らは物語世界内で自ら一つのエピソードを創造し、語る。つまりは、映画的語り手と語りの権限を共有するのである。そのエピソードとは、ホーリハンをホットリップスとして新たに語り直した物語である。①と⑥において、性行為の音がラジオ番組として受け取られている点からも窺えるように、盗聴され、放送された音声は、まさにフィクショナルな響きでもって、キャンプ内の登場人物たちに享受されるのである。

では、主人公たちが映画的語り手と語りの権限を共有するとはどのような状況であると言えるのか。そもそも『M＊A＊S＊H』における拡声器は、映画的語り手のみがその存在を示すために使用可能な装置である。野戦病院のキャンプ内に設置された装置ではあるとはいえ、そこから発せられるアナウンスは帰属すべき身体を持たず、純粋に声としてのみ存在しているのであり、物語世界から乖離しているからである。しかしながら主人公たちは、性行為のシーンでこの装置を操作することによって、映画的語り手の領域に踏み込んでいく。ただし、ここで語りの動作主が映画的語り手から主人公たちに交代する、つまりは主人公たちが語りの権限を奪取したというわけではない。性行為のシーンの後、拡声器による放送は再び映画的語り手のみが使用できるものへと戻るからである。それでも彼らは物語を創造する契機を一度は手にしたことになる。さらには、彼らが創造する物語が映画的語り手による物語のなかへとたびたび混ざり込むことになる。それについては、後にホーリハンの変化を検討する際に論じることにし、まずは映画的語り手と主人公たち＝語り手の双方が提示する物語の関係性を整理しておく。

映画的語り手と登場人物＝語り手との語りの権限をめぐる関係性について、ここで念頭に置いているのは、コズロフやチャトマンのモデルではない。コズロフが提起したのは、登場人物＝語り手は映画的語り手の支配下にあり、その上で両者が同時に働くという語り手の入れ子構造のモデルである。[31] 一方でチャトマンは、内包された作者の要求に従って、映画的語り手と登場人物＝語り手が交代して働くというモデルを提案した。[32] ここで本章の議論が依拠するのは、テクストの媒体や使用されている文脈が異なるのだが、ミハイル・バフチンがイギリスのユーモア小説を論じるなかで用いた「混成的構文」である。バフチンはそれを次のように規定している。

> すなわち、それはその文法的な（シンタックス上の）、また構成上の特徴によって判断するならば一人の話者に属するが、そこに実際には二つの言表、二つの言葉遣い、二つの文体、二つの〈言語〉、意味と価値評価の二つの視野が混ぜ合わされているような言表であると。これらの言表、文体、言語、視野の間には、［……］いかなる形式上の、構成およびシンタックス上の境界も存在しない。[33]

重要なのは、「一人の話者」による言表が、複数の異質な要素を抱え込んでしまうという点である。本章が指摘するのは、バフチンが論じるこのような文法的な混成と近似する状態が、映画においても起こりうるということだ。『M＊A＊S＊H』の主人公たちは、あくまでも「一人の話者」としての映画的語り手によって語られる存在であり、したがって彼らが語る物語は、映画的語り手が統制する物語全体へと回収されるように思われるかもしれない。しかしながらそれは、映画的語り手のものとは明らかに異なる言表を維持しながら、にもかかわらず、（いわゆる「枠物語」とは異なり）形式上の境界を持たずしてそこに溶け込む。それが、映画における〈混成的な語り〉である。このように、『M＊A＊S＊H』における二つの異なるレヴェルの物語は、調和するのとは別種の仕方によって共存している。それは具体的にどのようにして可能となっているのか。

性行為の盗聴と放送が起きた翌日、バーンズはホークアイの策略に引っ掛かり帰国を命じられる。それによってバーンズの追放が完了するわけだが、ホーリハンについては何も描写されない。次に、ホーリハンが登場しないペインレスの擬似的な自殺についてのシークエンスを挟んで、ホークアイとトラッパーによる手術のシーンが始まる。そこでホークアイは助手を務めるホットリップスが看護婦としては優秀であると言い、彼女は微笑む。つまりホークアイはホーリハンの仕事ぶりを認め、彼女はホットリップスという不名誉なあだ名をいつの間にか受け入れている。さらにこの短いシーンにおいて、ホーリハンはほとんど常に画面の中央に位置しており、主人公たちの一人であるかのように演出されている。だがその後、川辺で休憩している際のデュークの一言を契機に、再び彼女は主人公たちの悪戯の標的となってしまう。彼女がシャワーを浴びている最中に、主人公たちがテントの幕を引き上げるのだ。そのとき主人公たちは観客として横一列に並んでおり、楽器の伴奏をつけ、その様子をショーとして仕立て上げる。[34]

この一連のシークエンスにおいて、ホーリハンは主人公たちのコミュニティへと、性的な従属を通じて包摂されるというプロセスをたどる。ここで重要なのは、第一にホーリハンが画面の中央を占める割合が高いということである。手術のシーンにおいては前述したとおりであるが、シャワーのシーンで彼女は、主人公たちによって舞台の中央に立たされ、さらにはショーの役者として演出されている。ここにおいて、主人公たちが彼女を主役とした物語を創造していることが明示されていると言える。だがそれは、物語内容のレヴェルに限ったものではない。第二のポイントは、このシークエンスがバーンズの追放の直後ではなく、ペインレスの擬似的な自殺という別のシークエンスを挟んで提示されており、性行為のシーンとのあいだに中断が生じているということである。

すなわち、映画的語り手による物語（ペインレスのエピソード）と主人公たちによる物語（性行為のシーン、手術とシャワーのシーン）が交互に提示されることによって、物語構造のレヴェルで〈混成的な語り〉が表出しているのである。

この後、ホーリハンをホットリップスとして語り直した物語は、映画的語り手が提示するエピソードに溶け込み、これまでのように表面化しなくなる。それは、混成的構文における二つの言語の在り方により近づくことを意味する。シャワーのシーンの後、ホークアイとトラッパーによる日本への小旅行のエピソードが提示される。それが終わって二人が野戦病院へ帰ってきたとき、ホットリップスはいつの間にかデュークと恋仲になっている。彼らの関係性が変化した瞬間やその理由が示されない上に、ここでは恋愛自体が示唆されるにとどまっている。また、アメリカン・フットボールのエピソードでは、ホットリップスはチアリーダーを任せられている。応援というより、なりふり構わず騒ぎ立てているだけにも見える攻撃的な言動は、以前の彼女とは正反対のものである。ここでも彼女の性格の変化は、唐突に生じている。これらは、まさにホーリハンからホットリップスへの変化と呼ぶことができるだろう。そしてこの変化がテクスト上では唐突なものであるにもかかわらず、何ら違和感を与えないのは、ホットリップスのエピソードが主人公たちの語る物語として、映画的語り手が語るエピソードと巧妙に混ざり合い、共存しているからである。このホットリップスのエピソードが、本作の結尾に至るまで継起することによって、本来断片化され、独立しているはずのその他のエピソードはつなぎ合わされていくのだ。

おわりに

本章ではまず、『M＊A＊S＊H』における拡声器の音声をシオンの言う多孔性を顕在化させる音響パターンの一つとして位置づけた上で、この音声が物語世界内で背景化されているにもかかわらず、映画的語り手によって前景化されていることを議論した。そしてこの映画的語り手の営みを音の収集と操作になぞらえ、同じことが性行為の盗聴および放送というかたちで、主人公たちによって模倣されていることを指摘した。そうすることで、彼らはホーリハンをホットリップスとして語り直した物語を創造する契機を得る。このようにして映画的語り手による物語のなかに、主人公たちによる異質な物語が混在することで、映画における〈混成的な語り〉が生み出される。

この〈混成的な語り〉は以下、二つの問題を浮上させる。

第一は、イデオロギー的問題である。本作の物語内容の根幹をなすのは、広い意味での階級的な対立である。この映画において主人公たちは、保守的かつ権威的な人物たちに歯向かう「秩序の撹乱者」として表象されている。[35]しかしながら本章が明らかにしたのは、それとはまったく異なる側面であった。彼らは、自ら物語を創造して語るという営為を通じて、既存の秩序を撹乱しているのではなく、独自の秩序を構築しているのだ。ここで、その秩序のイデオロギー性が問題となる。彼らは反権威主義的にふるまいながらも、語りの動作主へとポジションを移行することによって、男性支配的な秩序を構築し、その内部にホーリハンを従属させているのである。[36]このような彼らの保守性は、「ヴェトナムを「迂回」し、隠喩と暗示を通じて、アメリカをジェンダーの側から去勢する」という同時代のニュー・ハリウッドの戦略を裏切るものである（またそれは、性的不能に陥ることで一度は「去勢」されてしまったはずのペインレスが、結果的には男性性を回復するというエピソードからも見て取れる）。[37]もしも『M＊A＊S＊H』という作品におけるミソジニーが批判されるとすれば、この映画が女性たちを利用した数多くの「悪ふざけ」で満ちているという事実を指摘し、そこでの女性登場人物たちの表象を問題にするだけでは不充分であるように思われる。それ以上に、本作のセクシズムは、権力を目の敵にする主人公たちが、映画的語り手と語りの権限を分かち合ってしまうことにより、自らある種の権力を持ちえてしまう点に由来する。それによって彼らは別種の秩序を生み出し、そこに女性登場人物を押し込めてしまう。そのような語りの持つ力についてこそ議論しなければならないのではないか。

第二の問題は、〈初期アルトマン映画〉の特質である物語的葛藤に関わっている。『雨にぬれた舗道』を論じた前章では、二つの事象に対する同時的な追随の傾向――語られる複数の物語どうしのせめぎ合いが生じる可能性――を見出すことができた。それに対して本章では、映画的語り手と主人公たちという、物語る動作主どうしによる、語りの権限をめぐるせめぎ合いという観点から作品を検討してきた。しかしながら『M＊A＊S＊H』では、そのような葛藤状態が完全には達成されてはいない。拡声器の音声の使用によって生み出される〈混成的な語り〉が示しているのは、主人公たちと映画的語り手との共存の関係だからである。そのような意味で本作はまだ、〈初期アルトマン映画〉が生成される最初の段階にあると言えるだろう。そして、ここにおいて完遂されなかった語りの権限をめぐる葛藤は、後に『ロング・グッドバイ』においてより洗練された音響的技法として顕現することになる。

注

1　リチャード・フッカー『マッシュ』村社伸訳（角川文庫、一九七〇）。ちなみに、パトリック・マクギリガンによれば、映画版でも当初は拡声器を多用する予定ではなかった。しかし、ポストプロダクションの段階においてアルトマンがこのアイデアを思いつき、付け加えられることになったという。Patrick McGilligan, *Robert Altman: Jumping Off the Cliff: A Biography of the Great American Director* (New York: St. Martin's Press, 1989), 310.

2　Gayle Sherwood Magee, *Robert Altman's Soundtracks: Film, Music, and Sound from M*A*S*H to A Prairie Home Companion*

(Oxford: Oxford University Press, 2014), 13-14, 23-24, 37-38. マイケル・スロウィックは、『キング・コング』冒頭の音楽が占める位置の不確定性を、「物語世界からの撤退（diegetic withdrawal）」と呼ばれる、初期のトーキー映画における音響的なコンヴェンションとの関連において論じている。Michael Slowik, "Diegetic Withdrawal and Other Worlds: Film Music Strategies before *King Kong*, 1927-1933," *Cinema Journal* 53, no. 1, (Fall 2013): 1-25.

3 物語世界は、エティエンヌ・スーリオが映画美学の分野で創出し、その後ジェラール・ジュネットが文学的語り手の分類に援用したことで広く知られるようになった概念である。その経緯について詳しくは以下を参照のこと。John Pier, "Diegesis," in *Encyclopedic Dictionary of Semiotics: Tome 1 A-M*, general ed. Thomas A. Sebeok (Berlin : Mouton de Gruyter, 1986), 209-211. Eleftheria Thanouli, "Diegesis," in *The Routledge Encyclopedia of Film Theory*, eds. Edward Branigan and Warren Buckland, (London: Routledge, 2014), 133-137.

4 Claudia Gorbman, *Unheard Melodies: Narrative Film Music* (Bloomington: Indiana University Press, 1987), 21. また、ジェラール・ジュネットが述べているように、物語世界と物語内容はしばしば混同される。そのような事態を受けて、ジュネットはあらためて両者の差異を明確にしている。すなわち、物語内容とは「出来事および／または行為の連鎖」であり、物語世界とは「物語内容が生起する空間」を意味する。つまり、「物語内容は物語世界の中にある」のであって、両者の水準は明らかに異なる。ジェラール・ジュネット『パランプセスト――第二次の文学』和泉涼一訳（水声社、一九九五）、五〇三。

5 映画においてこの概念が有効性を失うケース、つまりある音がどこから聞こえるのか判別不可能であるような状況については、以下を参照のこと。Robynn J. Stilwell, "The Fantastical Gap between Diegetic and Nondiegetic," in *Beyond the Soundtrack: Representing Music in Cinema*, eds. Daniel Goldmark, Lawrence Kramer and Richard Leppert (Berkeley: University of California Press, 2007), 184-202.

6 Edward Branigan, *Narrative Comprehension and Film* (London: Routledge, 1992), 36.

7 シーモア・チャトマン『小説と映画の修辞学』田中秀人訳（水声社、一九九八）、二一五―二一六。

8 David Bordwell, *Narration in the Fiction Film* (Madison: The University of Wisconsin Press, 1985), 53. ただし、このモデル

は古典的ハリウッド映画に関するものであり、ボードウェルはアート・シネマについては語りの源泉としての「作者」の存在を認めている（Bordwell, *Narration in the Fiction Film*, 211）。しかし第二節で述べるように、本章では古典的ハリウッド映画とアート・シネマという構図を回避するため、ここでは広く知られている古典的ハリウッド映画に関するボードウェルのモデルと、それに対するチャトマンの反論を議論の中心に置くことにした。

9 チャトマン『小説と映画の修辞学』、二二一。引用内の山形括弧は原文。

10 木下耕介「劇映画における「語り手」の修辞について」『映像学』六七号（二〇〇一）：七四。

11 ブラニガンのモデルはボードウェル以上に解釈の多様性を重視したものであり、それ自体は否定すべきことではないものの、同様の問題を孕んでいる。Branigan, *Narrative Comprehension and Film*, 86-100.

12 チャトマン『小説と映画の修辞学』、一三〇。

13 チャトマン『小説と映画の修辞学』、二二一―二二二。

14 チャトマン『小説と映画の修辞学』、一九三。

15 Sarah Kozloff, *Invisible Storytellers: Voice-Over Narration in American Fiction Film* (Berkeley: University of California Press, 1988), 44. チャトマンはコズロフによるこの表現を「簡潔だが端的」な指摘として、自らの論に援用している。チャトマン『小説と映画の修辞学』、二二〇。

16 チャトマン『小説と映画の修辞学』、二〇九。

17 本章ではチャトマンに倣い、映画的語り手を物語を伝達する主体ではなく、動作主として論じる。チャトマン『小説と映画の修辞学』、二二〇（Seymour Chatman, *Coming to Terms: The Rhetoric of Narrative in Fiction and Film* [Ithaca: Cornell University Press, 1990], 134）。

18 チャトマンによれば、「意向」とは、「作品「全体の」つまりは「包括的な」意味のことで、含蓄、含意、言外のメッセージを内包する」。そしてそれは、伝記的な作家による「意図（intention）」とは厳密に区別される。チャトマンは意向を内包された作者に帰しているが、本文中で述べるように、本章ではこの概念を映画における語りのシステムからは除外する。それゆえ、意向を映画的語り手に属するものとして捉える。チャトマン『小説と映画の修辞学』、一二九―一三〇。

19 チャトマン『小説と映画の修辞学』、一四〇。引用内の山形括弧は原文。チャトマンは具体例として、ジョン・ヒューストン監督の『勇者の赤いバッヂ』(*The Red Badge of Courage*, 1951)に対する公開当時の批評家の言説を取り上げ、そこでは賞賛や批判などがすべて「作者」としてのヒューストンに帰されている事実を指摘している(そこでのヒューストンこそが内包された作者ということになる)。さらには製作上の事情に詳細に触れながら、この映画がいかに共同作業によって成立していたかを明らかにしている(チャトマン『小説と映画の修辞学』、一五六―一六一)。この論述の目的は、内包された作者という概念の有効性を例証することである。だが同時に、内包された作者を措定することが、映画が共同作業の産物であるという基本的な事実の軽視につながる危険性を説いているようにも読むことができる。

20 チャトマン『小説と映画の修辞学』、一四六―一四七。語りが二重性を持つような事例には該当しないテクストが存在するということについて、チャトマンは、そのような「事実のどれひとつとして私たちが内包された作者と呼ぶテクスト原理の実行可能性や重要性を〈否定〉するものではない」と述べるにとどまっている(チャトマン『小説と映画の修辞学』、一四七。引用内の山形括弧は原文)。

21 Robert T. Self, *Robert Altman's Subliminal Reality* (Minneapolis: University of Minnesota Press, 2002), 36-42. 本作の自己言及性については、拡声器だけでなく、カメラを直視する登場人物がしばしば現れる点も取り上げられている。

22 セルフの言うアート・シネマは主にボードウェルの議論(David Bordwell, "The Art Cinema as a Mode of Film Practice," in *Film Theory and Criticism: Introductory Readings*, 5th ed., eds. Leo Braudry and Marshall Cohen [New York: Oxford University Press, 1999], 716-724)に依拠しており、ヨーロピアン・アート・シネマとそれを経由したニュー・ハリウッドを包括するカテゴリーとして使用されている。Self, *Robert Altman's Subliminal Reality*, 25-26, 30.

23 Self, *Robert Altman's Subliminal Reality*, 31, 38. アート・シネマの文脈ではないが、ヘレン・キーサーも同様に四つのエピソードに分割している。また、ロバート・コーカーはそのように分割していないものの、アルトマンの傾向として複数のシークエンスを独立させる手法に言及している。Helen Keyssar, *Robert Altman's America* (New York: Oxford University Press,

1991), 69. Robert Kolker, *A Cinema of Loneliness*, 4th ed. (Oxford: Oxford University Press, 2011), 366.

24 セルフの論考に先立って、キーサーはこの二点に言及している。キーサーによれば、アナウンスの話者が同定できなくともその発話のなかには価値判断や意図が含まれている。そしてそれは、アルトマンによるアメリカ文化の表象を特徴づける、多声的で不完全な価値体系の一端をなしているという。Keyssar, *Robert Altman's America*, 59-60.

25 拡声器のアナウンスが言及する映画は、以下の三本である。ジョン・フォードの『ウィリーが凱旋するとき』（*When Willie Comes Marching Home*, 1950）、ルイス・マイルストンの『地獄の戦場』（*Halls of Montezuma*, 1950）、ロバート・D・ウェッブの『栄光の鬼部隊』（*The Glory Brigade*, 1953）。これらはそれぞれ、『M＊A＊S＊H』との共通点を持っている。『ウィリーが凱旋するとき』は、戦争を題材としたコメディ映画でありながら戦場の直接的な描写がなされないし、『地獄の戦場』では、わずかではあるが冒頭において拡声器の音声がスピーカーのクローズアップを伴って提示される。『栄光の鬼部隊』については、朝鮮戦争を舞台としている点で共通している（他二本はいずれも第二次世界大戦）。

26 R・マリー・シェーファー『世界の調律――サウンドスケープとはなにか』鳥越けい子・小川博司・庄野泰子・田中直子・若尾裕訳（平凡社ライブラリー、二〇〇六）、二〇三、二〇八。

27 Jay Beck, *Designing Sound: Audiovisual Aesthetics in 1970s American Cinema* (New Brunswick: Rutgers University Press, 2016), 62.

28 Michel Chion, *Film, a Sound Art*, trans. Claudia Gorbman (New York: Columbia University Press, 2009), 487.『M＊A＊S＊H』のテーマ曲「もしもあの世に行けたなら」（"Suicide is Painless"）は、この第一の例に該当する。というのも、冒頭では物語世界外の音楽として、中盤におけるペインレスの擬似的な自殺のシークエンスでは物語世界内の音楽（登場人物たちによる演奏）として使用されるからである。

29 Rick Altman, "24-Track Narrative? Robert Altman's *Nashville*," *CiNéMAS: revue d'études cinématographiques* 1, no. 3 (1991): 109-110. 角括弧内は引用者による補足であり、原文では「映画的語り手」という表現は使用されていない。

30 原作では、拡声器そのものの存在や、そこから流されている音声について言及されることがない。それゆえ、ホーリハンとバーンズの性交は主人公たちによって放送されてはいない。そこでは、レーダーという超人的な聴力を持つ人物が、二人の性行為を盗み聞きした後、その様子をホークアイに報告したということが簡潔に語られているだけである。フッカー『マッシュ』、八七。

31　Kozloff, *Invisible Storytellers*, 44. コズロフは映画全体を統括する語りの動作主を名づけるにあたって、「映像の作り手(image-maker)」という表現を採用しているが、本章では映画的語り手と同義であるとみなす。

32　チャトマン『小説と映画の修辞学』、二一八。

33　ミハイル・バフチン『小説の言葉』伊東一郎訳（平凡社ライブラリー、一九九六）、九一。傍線は引用者。

34　このシーンに対しては、フェミニズム側からの強い批判があった（Joan Mellen, *Big Bad Wolves: Masculinity in the American Film* [New York: Pantheon Books, 1977], 312-314)。しかしキーサーは、ここにおいてホーリハンが性的な見世物としては表象されていないことを論証している（Keyssar, *Robert Altman's America*, 69-81)。また武田潔によれば、このシーンは、「スペクタクルを見ないことの不可能性」というアルトマンの作品群に通底するモチーフの一つのパターンである。武田潔『映画そして鏡への誘惑』（フィルムアート社、一九八七）、三〇―三六。

35　蓮實重彥「ロバート・アルトマンまたは大胆な繊細さ――『ウエディング』の自然と不自然」『映画　誘惑のエクリチュール』（ちくま文庫、一九九〇）、一三一。

36　こういったセクシズムは本作の至る所に鏤められている。たとえば、ペインレスの性的不能を回復するために宛てがわれる婦長ディッシュ（ジョー・アン・プフラグ）や、日本への小旅行のシークエンスにおける娼婦たちの表象がそうである。この問題については、本章の注34も参照のこと。また、アルトマン本人の意図としては、あくまで実際の軍隊において女性がどのように扱われてきたかを表現したかっただけなのだという。ロバート・アルトマン『ロバート・アルトマン――わが映画、わが人生』デヴィッド・トンプソン編、川口敦子訳（キネマ旬報社、二〇〇七）、六六。

37　塚田幸光『シネマとジェンダー――アメリカ映画の性と戦争』（臨川書店、二〇一〇）、一七〇。

第三章　交錯する複数の世界
――『ギャンブラー』（一九七一）における〈サウンド・ブリッジ〉

はじめに

凄腕のガンファイターだと噂される男が、寂れた町へと流れ着く――この西部劇の典型的な導入が、『ギャンブラー』（*McCabe & Mrs. Miller*, 1971）では用いられている。このような噂話、すなわち物語世界のなかで拡散する神話を生み出すのは、酒場に出入りする男たちの会話である。薄暗く混雑した店内にあって、彼らの声は重なり合って聞こえるため、具体的にどの人物から発せられたものであるのか、視覚的な同定が回避される。彼らの噂話は誰のものでもない言葉として物語世界のなかを漂い、いつの間にか町の人々に共有された既成事実としての神話へと生成する。

突然現れた男が凄腕のガンファイターであるという神話が、このような音響的演出を通じて生み出された後、物語が展開するに従って画面へと映し出されていくのは、この男の弱気な姿や、物事を上手に運ぶことのできない不器用さである。多くの古典的な西部劇とは異なり、『ギャンブラー』において「凄腕のガンファイター」という噂＝神話の信憑性は決して保証されない。[1] それどころか本作のプロットの根幹をなすのは、このような神話が徐々に崩壊していくプロセスを開示することである。

本作をジェンダー論的観点から分析した藤田秀樹は、前述した男たちの会話内容を詳細に分析することで、この「凄腕のガンファイター」に関する神話が映画の冒頭においてすでに、「実は根付く実体を欠き虚しく浮遊する単なる像あるいはペルソナ」にすぎないものとして提示されていることを指摘している。それを糸口として、藤田は、本作において男らしさの誇示が冷笑や揶揄の対象とされること、女性登場人物たちが男性登場人物に従属することなく、自立の道を模索するということをプロットに沿って検証する。その上でこの映画が、西部劇のコンヴェンションを内部から突き崩すような作品として成立していることを論じている。[2] ヘレン・キーサーの論考もまた、本作について、ジェンダー論的観点から西部劇というジャンルの解体を論じているという点では、藤田の論文と多くの共通点がある。ただし異なるのは、そこではアルトマンの作家性をより意識した議論が行なわれているということである。前章でも言及したように、これまでしばしばアルトマンの作品は女性嫌悪的であると批判されてきた。それに対してキーサーは、フェミニストの立場からアルトマンの映画を擁護する。『ギャンブラー』については、入浴する娼婦たちの身体がエロティックな表象を免れている点や、ヒロインであるコンスタンス・ミラー夫人（ジュディ・クリスティ）について、彼女が娼婦としての仕事を終えたシーンにおいても、決してその裸体が提示されない点に着目している。このような女性の裸体との距離の取り方がアルトマンに固有の映像表現の一つであり、そういった細部によって、本作に登場する女性たちが性的な見世物となることを逃れているという事実が明らかにされる。[3]

これらの先行研究では、ジャンルとジェンダーの関係という点から、主人公のマスキュリニティやヒロイズムの脆弱さが論じられている。このような観点は、本章の議論とも深く関わるものではある。しかしここで検討したいのは、『ギャンブラー』という映画の語りのシステムにおける、主人公という機能の脆弱さであり、それが弱められるプロセスである。本作において、主人公とその世界は、町の人々の声と風の音によって埋没させられることになる。そのようにして本作の語りでは、音響の独特な使用が主人公の運命を決定している。本章の目的はその技法を分析し、それがこの作品にとって持つ意味を明らかにすることにある。

第一節では『ギャンブラー』のあらすじを確認するとともに、結末部分に依拠して本作を三つの世界に区分する。それらの関係性を整理した上で、第二節ではこの映画の最終シークエンスの具体的な分析を行なう。第一項では、議論の前提として、クロスカッティング、そしてサウンド・ブリッジという本章のキーワードとなる二つの映画技法の機能について概観し、後者の定義の拡張を試みる。第二項ではこのシークエンスで多用される視点ショットを手がかりに、本作の男性主人公のヒロイズムを検討する。第三項では町の人々の声、第四項では風の音を対象としてテクストを分析する。最終的に、これらの音響が物語言説のレヴェルにおいて果たす機能として、第一節で区別する三つの世界をどのように関係づけているのかを明らかにする。

1　『ギャンブラー』における三つの世界

二〇世紀初頭のワシントン州、寂れた鉱山町プレスビテリアン・チャーチにジョン・マッケイブと呼ばれる賭博師（ウォーレン・ベイティ）がやって来る。ビル・ラウンドツリーという男を殺した凄腕のガンファイターであるという噂によって、彼はすぐに一目置かれた存在となり、この町に娼館を建て、一山当てることを目論む。ところが、どうにも娼婦たちを管理することができない。そこへミラー夫人という娼婦が町へやって来て、マッケイブに娼館の共同経営を持ちかける。[4] ミラー夫人の剣幕に圧倒されてしまったマッケイブは、その話を断ることができない。しかし、彼女の商才のおかげで経営は軌道に乗り始める。あるときマッケイブは、よその町の鉱山会社から娼館の買収話を持ちかけられる。断ったら血を見る羽目になるというミラー夫人の忠告にもかかわらず、彼はオファーを蹴ってしまう。そのため、鉱山会社に雇われた三人の殺し屋から命を狙われることになる。決闘の朝、マッケイブは負傷しながらも何とか二人の殺し屋を倒す。そのとき、町の教会から火の手が上がる。

町の人々が消火活動にあたるなかで、マッケイブは最後の一人、殺し屋のリーダーであるバトラー（ヒュー・ミレイ）に勝利する。しかし致命傷を負ったマッケイブは、雪に埋もれて孤独に死んでいく。一方で、ミラー夫人は阿片窟で陶酔していた。彼女がマッケイブの運命に気づいていたのか、気づいていなかったのか、それとも気づいていないふりをしていたのか、彼女の思いははっきりと示されないまま、映画は幕を閉じる。

本章ではこの結末部分に依拠して、『ギャンブラー』を一定の秩序を持つ三つの世界に区分する。ここでいう「世界」とは、ミハイル・バフチンが用いる「圏域《ゾーン》」という術語にもとづいたものであり、「物語世界」とは異なる。バフチンは必ずしもこの語を明確に定義していないのだが、ツルゲーネフの小説を例に挙げつつ、次のように説明する。ツルゲーネフの小説は「全く単一言語的なものに見える」一方で、その言語は「主人公たちによってそこにもたらされた複数の視点や評価、アクセントの闘争の中に引きずりこまれ、まきこまれており、それらの敵対しあう志向やアクセントに感染している」。そのような「作者のことば」のなかに散在する主人公たちの言葉から立ち現れる抽象的な場こそが「圏域」である。[5] この概念が有効であると思われるのは、登場人物（たち）による言葉が語りのレヴェルのなかで作用し、影響を及ぼす範囲について、あくまでもそれを抽象的なものとして理解しながら画定するのを許容するからである。それを物語学的な分析に用いるために、さらには映画という異なる媒体へと適用するために、ここではバフチンの議論を次のように修正する。すなわち、語りのレヴェルにおける、特定の登場人物（たち）の秩序や価値観が反映された一定の領域ということであり、そのような意味で「世界」という語を用いることにする。

そして『ギャンブラー』における三つの世界は、次のように区別できる。決闘の末に孤独に死んでいくマッケイブの世界と、消火活動を行なう町の人々の世界、阿片窟で陶酔するミラー夫人の世界である。これらは出来事としては接点を持つことがない。さらには、この映画の全体を見渡してみても関係性が希薄であることがわかる。

まずは町の人々の世界を男たちの世界と娼婦たちの世界に分けた上で、それぞれがマッケイブの世界とどのように関わっているのかを検討する。

前述したように、映画の冒頭、凄腕のガンファイターであるという噂によって、マッケイブは酒場に出入りする男たちの注目を集める。新参者でありながらポーカーを取り仕切っている点から、この時点ですでにマッケイブが町の男たちのコミュニティにおける中心的存在となったことは明白である。ところがその後、両者に目立った交流は見られない。マッケイブは、酒場の店主シーハン（ルネ・オーベルジョノア）に持ちかけられた共同経営の話を退けるし、男たちを娼館の建築に必要な人材、あるいは娼館の客としてしかみなしていない。このような経緯で彼らはマッケイブの世界から離反し、そのことが物語の結末へと結びついていく。つまり、殺し屋に狙われるマッケイブに味方する者が誰一人として現れないという状況である。一見するとその理由は、単にそのとき彼らが消火活動という別の行動をとっていたからであるように思われる。しかし実際には、マッケイブと町の男たちはそれぞれに異なる秩序を生きているということに動機づけられているのだ。

娼婦たちとマッケイブの関係はどうだろうか。両者は本来、娼館の従業員と経営者という関係であり、娼婦たちはマッケイブの管理下にある存在である。しかしながら、マッケイブが彼女たちをコントロールできないということが、この映画の前半部分ではことさらに強調される。たとえば、娼婦の一人が便所に行きたいと言ったときに提示される、マッケイブの唖然とした表情を捉えたクロースアップ。そして、錯乱状態に陥って暴れ回る娼婦を取り押さえるのに四苦八苦するマッケイブの姿が挙げられる。藤田によれば、これらは「娼婦たち、延いては女性というものが彼の手には負えないものであることを暗示するのみならず、男のための商品、動産とされた女たちが［……］自らの生きられる身体をレジスタンス的に振りかざした瞬間」である。[6] 結果的にマッケイブは、彼女たちの管理をミラー夫人に一任する。それ以後、マッケイブと娼婦たちが会話や交流を行なうシーンは存在しない。

ミラー夫人とマッケイブの関係を考えるにあたっては、何よりもこの映画の原題が自ずと想起されるだろう。というのも二人は、*McCabe & Mrs. Miller* というかたちで名前が並置されており、会話する場面も多いため、密接な関係にあるように思われるからである。エドマンド・ノートンによるこの映画の原作小説『マッケイブ』(*McCabe*, 1959)では、マッケイブがミラー夫人に思いを告げられずにいて、彼女がそれをもどかしく感じているという描写が多々なされる。[7] 最終的にマッケイブが死の間際に思いを伝え、ミラー夫人は涙を堪えながら、殺し屋に味方していたシーハンを待ち構えるというところで小説は結ばれる。[8] しかし映画版では、原作のようなロマンティックな恋愛は一切描かれず、マッケイブが一方的に思いを寄せているにすぎない。結局彼は、ミラー夫人を娼婦として買うことしかできないのである(その虚しさは、泥酔したマッケイブが一人で管を巻くシーンにおいて、彼自身の言葉で語られる)。一方で、ミラー夫人がマッケイブに対して恋愛感情を抱いている様子はない。たとえば二人の性的な接触が暗示される終盤のシーンにおいて、殺し屋の脅威に怯えるマッケイブが泣き始めたとき、彼女は彼を優しくベッドへと迎え入れ、抱き寄せて頭を撫でる。一見するとロマンティックな雰囲気が漂っているようにも思われるが、キーサーが指摘しているように、このミラー夫人の行動は明らかに母性愛的なものでしかない。[9] しかも眠ってしまったマッケイブを残して彼女は、おそらくは阿片を吸うためであろう、夜の闇のなかへと消えていく。[10] このように交流自体の多さにもかかわらず、二人の世界は、とりわけ恋愛という観点から見た場合にまったく交錯することがないのである。

これまで見てきた物語内容を踏まえた上で、あらためて本作のタイトルを振り返ってみよう。原題に付された“&”はマッケイブとミラー夫人をつなぐというよりも、それぞれの世界がどちらか一方に収斂しないこと、つまり二人の世界が区別されており、まったく異なる次元に存在することを示す記号であると言える。この事実を前景化させるためにも、原作とは違って、ミラー夫人の名前を加える必要があったのではないか。[11] さらに、本作の当初のタイトルは、舞台となる町の名前を付した『プレスビテリアン・チャーチの賭け』（*The Presbyterian Church Wager*）というものであった。[12] そのタイトルが示唆しているのは、本作の物語世界において起きる出来事の当事者がマッケイブやミラー夫人に限らず、プレスビテリアン・チャーチという町に住まうすべての人々、あるいは町そのものだということである。この二つのタイトルに含まれる三つの世界が、最終シークエンスではクロスカッティングによってつながれ、三者の関係性が明らかにされていく。次節では、このシークエンスにおける音響と映像との連関が、物語言説のレヴェルでどのように機能しているのかを検証する。

2　交錯する世界

2―1　クロスカッティングと〈サウンド・ブリッジ〉

前節では、『ギャンブラー』における三つの世界が交錯することなく別個に存在していることについて、主に物語内容の側面から確認した。この節で論じるのは、本作の語りの特異性である。結論を先取りするならば、三つの世界は、映像上では物語内容と同じく切り離された状態にある。しかし最終シークエンスの音響に着目してみると、それらの世界は単に並置されているのではなく、むしろ映画的な語りを通じて、特殊な仕方で結びつけられていることがわかるのだ。

結末のシーンクエンスは、二つの技法によって特徴づけられている。第一に、このシークエンスを構成するクロスカッティングの技法である。教科書の定義によれば、「複数の場所で、ほぼ同時に起きている物語のアクションを［交互につないで］提示する手法」を意味し、「空間の不連続性をもたらしながらも、原因と結果の感覚と、時間の同時性を生むことでアクションを結びつける」[13] その機能はどのようなものか。たとえば加藤幹郎の整理に従うならば、D・W・グリフィスのクロスカッティングとセルゲイ・エイゼンシュテインのモンタージュは、いずれもまったく異なる複数のショットのつなぎであるのだが、次のような違いがある。クロスカッティングは、「異なる空間上の異なるアクションが最終的にひとつの空間で出会い、ひとつのアクションに融合するサスペンスと和解の装置」であり、「ショットの集積のはてに（そのショットの連鎖内に）危機の終焉、秩序の回復、意味と体制の安定をはかる」。一方でモンタージュは、「最終的にひとつの空間、ひとつのアクションへと収斂することなく、複数のアクションが衝突し共鳴し合い、ダイナミックな宇宙全体の響き合いへと飛躍することになる」[14] そのようにして、弁証法的に新たな概念が創造されるのである。

本章が後に明らかにするのは、『ギャンブラー』のクロスカッティングの機能が、このどちらにも該当しない特異なものだということである。ただしそれは、映像のみによってではなく、音響との連関において生み出される。その音響とは、結末のシークエンスを特徴づける二つ目の技法、〈サウンド・ブリッジ〉である。本書が用いるこの技法の定義は三つある。[15] 第一の定義は場面転換を滑らかにするため、映像がすでに次のシーンを映しているときに、その前のシーンの音をわずかなあいだ残すというものである。加えて、映像に先立って聞こえてくる次のシーンの音も含まれる。[16] これが一般的な意味でのサウンド・ブリッジである。ただし近年、長門洋平によって、もう一つの意味が加えられた。それは、「時空間の異なる複数のショットをまたいで流れる、物語世界の音」というものである。これが第二の定義である。つまり、通常のサウンド・ブリッジが短い音の残余あるいは先行であるのに対し、長門の「サウンド・ブリッジ」には映像が示す時空間とは合理的な関係を結ばないような、一定の時間継起する物語世界内の音が含まれるのだ。[17]

これらに対し、本章が提起する第三の定義は次のようなものである。すなわち、継続していることが物語内容から明らかであるのにもかかわらず、断続的に提示される画面外の音である。長門の定義との共通点は、物語世界内のある空間において生起した音が、異なる空間を映すショットに移行した後においても聞こえ続けるということである。だが長門の定義では、音の継起性を示すことはできても、継続しているはずの音が不意に消滅したり、また出現したりするような場合がおそらく想定されていない。そのような事例はきわめて稀であるかもしれないが、本章が論じる『ギャンブラー』では、最終シークエンスにおいてまさにそのような音が使用されている。その音が持つ断続性や可変性までをも包含するような技法として、この後の分析では〈サウンド・ブリッジ〉の概念を用いることとする。

2―2　神話の崩壊

『ギャンブラー』におけるマッケイブは、「ヒーロー（hero）」という言葉が持つ二つの意味を体現している。「凄腕のガンファイター」という英雄的存在であり、『ギャンブラー』という映画のプロットを前進させる主人公《プロタゴニスト》でもあるということだ。前者は物語世界における彼のイメージであり、後者は物語言説において彼に与えられた機能である。しかし本作の終盤、マッケイブがヒーローであるということは、この二つの意味およびレヴェルにおいて否定されることになる。

マッケイブが娼婦の扱いに戸惑うこと、ミラー夫人の強気な交渉に圧倒されること、そして、ミラー夫人に思いを打ち明けられないということ。第一節で述べたこれらの出来事から窺えるのは、彼に「凄腕のガンファイター」という噂＝神話から一般的に連想されるようなマスキュリニティが欠如しているということである。そして映画の後半、この神話自体が嘘偽りであることを決定づける言葉が、殺し屋のリーダーであるバトラーによって発せられる。「あいつは人を殺したことがない」という台詞である。ここにおいて「ビル・ラウンドツリーを殺した凄腕のガンファイター、ジョン・マッケイブ」という神話は崩壊する。マッケイブがヒーローであるということが物語世界において否定されるのだ。

その後、マッケイブは殺し屋たちと戦わざるをえない状況へと追い込まれる。彼は、懸命に身を隠しながら殺し屋たちを倒す機会を窺う。ここで目につくのは、マッケイブの視点ショットの多さである。首の動きに連動した彼の視界が、カメラのパンによって再現されたりもする。注意しなければならないのは、視点ショットの多用によって、マッケイブがこのシーンを物語る動作主となりつつあるのではないということだ。過去に、映画の視点ショットが小説の一人称の語りに相当するものであるとみなされていたこともあった。しかし西村清和が述べているように、「「物語る」ことは「見る」行為ではなくて提示ないし再現の行為である」[18] つまりマッケイブの視点ショットは、彼が何かを見ているという行為やその知覚の再現なのであって、それは何かを語っていることにはならない。

ここでの視点ショットの多用が意味するもの、それは、キーサーが的確に指摘しているように、マッケイブの周囲に誰もいないということであり、ここでは物語世界における彼の孤独を前景化する映像的な演出が行なわれているのである。[19] 本作の物語がマッケイブ、ミラー夫人、町の人々という三つの世界から構成されており、物語内容においてこれらが交錯していないことはすでに述べたとおりだが、マッケイブの視点ショットの多用という映像的なスタイルにおいてもまた、彼の世界がミラー夫人や町の人々との世界から孤立していることがはっきりと示されているのである。

ところが、物語内容および映像的側面において断絶しているはずのこれらの世界は、最終シークエンスを通じて音響によってつながれ、関係づけられることになる。その音が〈サウンド・ブリッジ〉である。この音が三者を接続し、交錯させるプロセスにおいて、マッケイブが『ギャンブラー』という物語の主人公であるということが否定され、さらには主人公という枠組みそのものが覆い隠されることになるのだ。

2—3　二つの世界をつなぐ

結末のシークエンスは、マッケイブと殺し屋たちの決闘のシーンと、教会で消火活動を行なう町の人々のシーンとをクロスカッティングによってつないだものである。クロスカッティングは次のように導入される。最初にマッケイブは酒場と思われる建物に入り、カウンターの下に隠れる。そこで、グラスに注いだウィスキーに生卵を二つ落として飲み干す。本来「男らしさ」を意味するはずのこのふるまいは、状況と相まって、却って彼が小心者であることをアイロニカルに映し出す。[20]そして一旦外へ出てから、マッケイブは風呂がそなえられた小屋に身を隠す。そのなかで一人目の殺し屋、キッド（マンフレッド・シュルツ）を待ち伏せして撃ち殺す。しかし相撃ちとなり、マッケイブも負傷してしまう。直後、ショットが切り替わって髭を蓄えた町の男が映される。男は教会から火の手が上がっていることに気づく。カメラは再び小屋のなかにいるマッケイブへと戻る。すると屋外から「教会が火事だ！」という叫びが聞こえてくる。マッケイブはその叫びに一瞬反応し、聞こえてきた方向に顔を向ける。

マッケイブと髭の男の聴覚には、奇妙な差異がある。つまり、マッケイブには男の叫びが聞こえている一方で、男にはマッケイブの銃声が聞こえていないのだ。バトラーの台詞が真実であるならば、このシーンにおいてマッケイブは人生で初めて人を殺めることになる。それは同時にガンファイター＝ヒーローらしさを具現化した初めての行動とも言える。しかし、少なくとも髭の男の耳には、マッケイブのヒロイックな行為を示す銃声は届いていない。マッケイブは屋内で発砲し、そのとき髭の男もまた屋内にいる。また、男の「火事だ」という声にマッケイブが反応した直後のショットにおいて、男は戸外を走りながら叫んでいる。男には銃声が届かないのにもかかわらず、マッケイブには男の叫びが聞こえるということは、このように、両者が屋内と屋外のどちらにいるのかという空間的な位置関係から説明できるかもしれない。だが、いくら屋内で発せられたものであるとは言え、銃声は人間の叫び声よりもはるかに大きく、遠くまで響き渡る音であるし、さらにはマッケイブと男がいるどちらの建物も簡易的な木造建築であるために、とても銃声を防ぎきることなどできるはずもない。しかも、このとき発砲するのはマッケイブだけではなくキッドもであり、合計で三発の銃声が鳴り響いている。それなのに髭の男は銃声に気づかないのだ。つまりここでは、マッケイブがいる空間から発せられる音は町の人々がいる空間へと届かず、逆にマッケイブのもとには男の声が侵入してくるという、非対称的な音響設計がなされているのである。

その後カメラは、消火活動に取り掛かる町の人々と、小屋を出て隠れ場所を探すマッケイブとを交互に映し出す。マッケイブが映されているあいだ、町の人々の声は常に聞こえ続ける。そしてマッケイブは無人の理髪店に入る。建物に遮断されているからか、人々の声は消える。だが、彼が座り込んだとき、そして腹の傷口に手を当てたとき、非常に小さな音量であるが、唐突に町の人々の声が聞こえてくるのである。

これらのマッケイブのシーンのなかにたびたび入り込む町の人々の声は、本節第一項で規定した、断続性をそなえた新たな〈サウンド・ブリッジ〉である。この状況は、単に画面外の音がリアリスティックに提示されているだけであると考えることもできるかもしれない。なぜならマッケイブと町の人々は空間的に近接しており、お互いが発する声や物音が聞こえても不自然ではないからだ。しかしここでは、マッケイブのいる場所と町の人々のいる場所には、互いの音が等しく響き渡ってはいないのである。また、消火活動の様子を見る限りでは、人々は絶え間なく声を出し続けているし、蒸気トラクターを運転するなど、より大きな物音も出し続けている。つまり、カメラが消火活動を映していないあいだであっても、人々の発する音が継続しているということは明らかである。にもかかわらず、マッケイブのシーンにおいて彼らの声はただ聞こえ続けるのではなく、たびたび消えてしまい、そのような出現と消滅とを繰り返すのだ。人々の声が物語世界内の音であることは疑う余地がない。しかしながら、マッケイブのいる空間とは異質な次元において生起しているということが、出現と消滅を通じて示されているのである。以上を踏まえて、このマッケイブのシーンで聞こえてくる人々の声を、断続性という特徴をそなえた新たな〈サウンド・ブリッジ〉として規定する。

テクストに戻ろう。理髪店のなかでうずくまるマッケイブは、二人目の殺し屋、ブリード（ジェイス・ヴァンダー・ヴィーン）が店に近づいていることに気づく。そしてブリードの姿をガラス越しに確認したマッケイブは、彼を目がけて発砲する。一旦消火活動のシーンが挿まれた後、カメラはおそるおそる店外へ出るマッケイブを映す。彼の視点ショットが雪に刻まれた足跡をゆっくりとたどり、そしてようやくブリードの亡骸を捉える。このシーンにおいて〈サウンド・ブリッジ〉は使用されない。ただし、ここで生じるサスペンスは後に訪れる重要な局面で反復されることになる。

そして新たな〈サウンド・ブリッジ〉の断続性は、ここから顕著に表れ始める。最初に殺し屋のリーダーであるバトラーが雪山の斜面を登るマッケイブを発見する。マッケイブはそれに気づいていない。静寂に包まれるなか、カメラはライフルを構えるバトラーを正面から捉える。そのとき、一瞬だけ町の人々の声が聞こえる。バトラーはその声に反応を示さない。バトラーが発砲し、マッケイブの身体が斜面を滑り落ちる。命中したようだ。バトラーが倒れているマッケイブに歩み寄る。そしてその仰向けの身体を覗き込もうとした瞬間、マッケイブが突然銃を突き出し、弾丸がバトラーの額を撃ち抜く。バトラーの顔のクロースアップに続き、崩れ落ちる彼の姿と起き上がろうとするマッケイブを映したショットが提示される。このとき、再び町の人々のざわめきがかすかな音量で聞こえ始め、程なくして教会での消火活動が終了したことを描くシーンへと移行する。その後、立ち上がることもままならずに雪にまみれながら前進するマッケイブがロング・ショットで映される。〈サウンド・ブリッジ〉としての人々の声がわずかに漂うなか、風の音が聞こえ始める。歓びに湧く人々のシーンに続き、苦しむマッケイブのシーンへと再度切り替わったそのとき、人々の声は消える。サウンドトラックに残されたのは、マッケイブの吐息と風の音だけである。

バトラーとの戦いのシーンにおける〈サウンド・ブリッジ〉としての人々の声は、二箇所に存在する。第一に、背後からマッケイブを狙うバトラーのショットに被さる声である。この一瞬だけ生じる声は、消火活動が行なわれている画面外の領域と通じている。つまり、瞬間的なものではあるが、町の人々への追随が生じているのだ。それによって主人公マッケイブに訪れた危機を伝える語りが、一瞬のあいだ中断されるのである。マッケイブが撃たれ、バトラーが彼のもとへ近づく。その間の静寂は、本当にマッケイブは死んだのかというサスペンスを生み出す。ここでブリードとの戦いが思い出される。そこでは死体を確認しに行くという、このシーンと同様のサスペンスが生み出されていた。ただし、そこでのサスペンスの主体は殺し屋ではなくマッケイブであり、このバトラーとの戦いでは、自らの安全や勝利を確かめようとする主体が主人公から敵へと反転しているのである。言い換えるならば、このシーンではバトラーへと焦点化した語りが一時的に生じており、そのような「変調」を通じて、マッケイブ自身の命が危機に瀕しているのみならず、本来彼が有しているはずの物語における主体性までもが剥奪されているのだ。[21]

結果的にマッケイブは、死んだふりというヒロイズムとはかけ離れた行為によってバトラーに勝利する。しかし難敵を倒した直後の瞬間において、人々の声がマッケイブの世界へと覆い被さってくる。一般的なサウンド・ブリッジのように導入されるが、この声がバトラーとの戦いにおける第二の〈サウンド・ブリッジ〉である。そして消火活動を終えた人々を映したショットへと変わる。つまり映像は、今しがた勝利したばかりの主人公を置き去りにする。再びマッケイブのショットに戻ると、カメラはこれまで以上に彼と距離を置いている。顔は雪にまみれ、なおかつ胸の辺りまで埋もれ、もはや人物を同定することさえ困難である。重要なのは、ここで人々の声が継続していることである。というのも、それによって死にゆくマッケイブのみならず、町の人々の世界までもが同時に語られているからである。正確には、ここで強調されるのは二つの世界の同時性ではない。町の人々の世界にはマッケイブの世界で生起した音は届いておらず、〈サウンド・ブリッジ〉が前者から後者へと一方向的に作用していることのみが示されているのだ。その作用とは、マッケイブの主人公らしさを覆い隠すことである。そのことがまさにサウンドトラックにおいて、必死にもがくマッケイブの息づかいに人々の声が被さるというかたちで具現化されているのだ。このように、音響による町の人々への追随を通じて、マッケイブの身体と声は、彼の死が近づくにつれて埋没していき、同時に彼の主人公らしさもまた、消失していくのである。

2―4　二つの世界の断絶

死にゆくマッケイブを捉えたショットにおいて聞こえる人々の声＝〈サウンド・ブリッジ〉は、本節第一項で検討した（長門によって定義された意味での）「サウンド・ブリッジ」に同一ショット内で取って代わられる。それは風の音である。ポストプロダクションの段階でダビングされたと思われるこの音は、エンド・クレジットを経て映画が幕を閉じるまで、マッケイブと町の人々、そして阿片窟にいるミラー夫人という三つの異なる空間をまたいで継起する。重要なのは、それがシーンあるいは空間を分かつショットの切れ目において途切れず、音質や音量の変化も伴わないということである。風の音は、言うなれば同一のものであり、三つの世界を貫いている。では、この音は何を意味するのか。

風は、死に瀕したマッケイブのシーンにおいて発生する。視覚的には、積もった雪を舞い上がらせて彼の身体を埋没させていく。すなわち、この段階では、風はマッケイブの世界に関わるものである。ところが、消火活動を終えた人々のシーンに移行した際、サウンドトラックにおいて前景化されるのは人々の歓声である。そのため風の音は、音量の変化はないものの相対的に打ち消されてしまう。ここでもまた、マッケイブの世界に関わるものが覆い隠される。

　そして、クロスカッティングはマッケイブとミラー夫人をつなぎ始める。雪にまみれて動かなくなったマッケイブ、阿片窟で横たわるミラー夫人、それぞれの顔へのズーム・インが施されたショットがつながれる（図1、2）。ここでも、風の音は聞こえ続けている。カメラが阿片窟の入り口を通り抜けていき、ミラー夫人を映し出すとき、物語世界外の音楽として、レナード・コーエンの「ウィンター・レイディ」（"Winter Lady"）が流れる。[22]

図1

図2

ロバート・T・セルフによれば、この曲は「マッケイブのパースペクティヴを反映している」という。[23]「私があなたの恋人ではないことは知っているよ（I know I'm not your lover）」という歌詞は、確かに、かつて泥酔した際に彼が吐露した心情と重ねられるだろう。[24]しかし、歌詞の内容から映像を解釈することだけでは不充分である。ここは、音と映像という映画のマテリアルな側面から考察を加えるべきであるように思われる。つまり、「ウィンター・レイディ」と風の音とがサウンドトラック上で併存しているという事実に目を向けなければならない。その見地からすれば、（音楽というよりも）音としての「ウィンター・レイディ」にマッケイブのパースペクティヴを与えるのは、彼の世界から継起する風の音である。そのような二つの音の束が、埋没し消えつつあるマッケイブの世界の残滓として、サウンドトラックを漂っているのである。

ところが、そのような残滓としての風の音がミラー夫人を映したショットに重ねられたとき、強調されるのは彼女の世界とマッケイブの世界との断絶である。阿片窟のなかでありながら、風の音量は屋外を映したシーンと同じ大きさである。しかし、おそらく彼女にはその音が聞こえていない。彼女が見つめているのは、開かれた扉の外にあるマッケイブの世界ではなく、弄んでいる小さな壷である。彼女の視点ショットとして、その壷は幻想的な色彩の超クロースアップで捉えられる（図3）。この人間の知覚とは程遠い視点ショットが意味するのは、阿片によってミラー夫人は自らの世界を閉ざしてしまったということである。風の音としてのマッケイブの世界の残滓は、閉ざされたミラー夫人の世界と最後まで溶け合うことがない。むしろ不自然に大きなその音量によって、二つの世界の断絶が虚しく浮かび上がってくるのである。

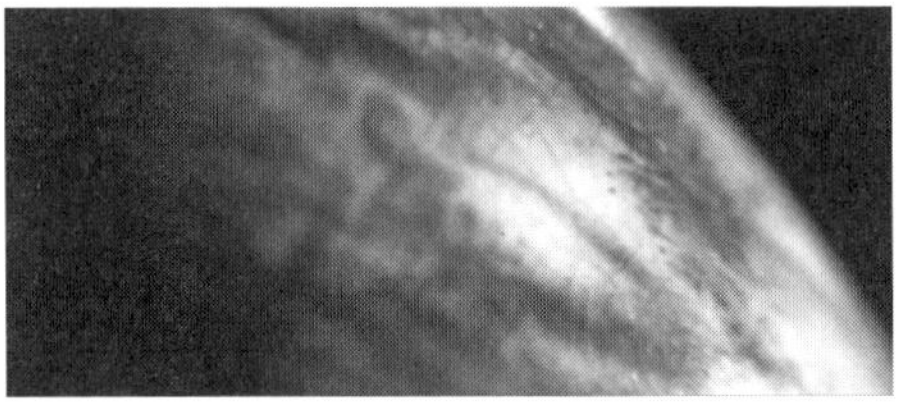

図3

おわりに

本章では、『ギャンブラー』の最終シークエンスにおいて聞こえてくる町の人々の声、そして風の音が持つ語りの機能について議論を行なってきた。この物語の中心をなす主人公という枠組みは確かに存在しているものの、それが空虚かつ脆弱なものであることは、とりわけ物語世界における噂話＝神話との関連において露呈していた。その上で映像と〈サウンド・ブリッジ〉としての町の人々の声が織りなす語りが、あたかもマッケイブの身体を埋没させる雪のように、最終的に主人公という枠組みを覆い隠すことが明らかとなった。つまりこの技法は、町の人々の世界からマッケイブの世界へと一方向的に作用するという、クロスカッティングの新たな機能を生み出している。さらには「サウンド・ブリッジ」としての風の音は、物語世界外の音楽と連関し、マッケイブの世界の残滓として継起する。それがマッケイブの世界とミラー夫人の世界との断絶を決定づけていた。

これまで論じてきたヒロイズムの消失は、もしかすると『ギャンブラー』と同時代のニュー・ハリウッドの作品群において提示されてきたアンチ・ヒーローの特性と似通ったものであるように思われるかもしれない。ジェンダー論的観点からすれば、主人公が「男らしさ」とはかけ離れた性格を有しており、マスキュリニティを否定するような存在であるという点で、両者に共通項を見出すことは確かに可能である。だが、別の側面はどうだろうか。ニュー・ハリウッド的な主人公の多くがその内面を露わにしないのに対し、マッケイブの心情は繰り返し映画テクストのなかで表現される。金と名声を手に入れたいという欲望はとりわけ前半部分では常にむき出しであるし、強き者に怯え、立ち竦んでしまう弱さもかなり明確に描かれている。また、主人公が死ぬというエンディングについても、ニュー・ハリウッドにおけるそれとは性質が異なる。数多くのニュー・ハリウッドの作品が、主人公の破滅を爆発や銃撃といった瞬間的な出来事のうちに提示しているのに対して、『ギャンブラー』ではしばらくのあいだ引き延ばされる。マッケイブはゆっくりと死んでいき、徐々に雪のなかへと埋没するのである。そして、この点が〈サウンド・ブリッジ〉と直接関係するのであるが、『ギャンブラー』は単に主人公のヒロイズムの希薄さを表現するのではなく、主人公ではない人物たちを語りの中心に持ってくることで、主人公の弱さを相対的に示してしまうのである。そこに顕現しているのは、『ギャンブラー』において、それまで背景的な存在であった町の人たちの異様なまでの力強さであり、その力強さが画面から溢れ出てしまう音響として具体化されているのである。

このように、『ギャンブラー』の最終シークエンスに現れる〈サウンド・ブリッジ〉は、まず、町の人々へと追随することで、彼らの物語をマッケイブの闘いの只中に立ち上らせる。そうすることで、ここで〈初期アルトマン映画〉において初めて、物語的葛藤が完全なかたちで成立する。すなわち、複数の物語の同時的な提示であり、語りのレヴェルにおける両者のせめぎ合いである。ただし、死にゆくマッケイブへと追随する風の音はどうか。風はミラー夫人のいる阿片窟へと吹き込む。しかしその音は、彼女の世界のなかへと響き渡ることはできないのである。

注

1　ただしフィリップ・フレンチによれば、〈物語において神話それ自体が否定されないにしても〉「ヒロイズムの概念そのものに挑戦」し、「勝利や成功ではなく敗北を一段と強調する」西部劇は、ニュー・ハリウッドの時代に先立つ一九五〇年代からすでに存在していた。たとえば、ヘンリー・キング監督の『拳銃王』（*The Gunfighter*, 1951）が挙げられる。フィリップ・フレンチ『西部劇・夢の伝説』波多野哲朗訳（フィルムアート社、一九七七）、六四―六五。

2　藤田秀樹「西部劇の黄昏――ジェンダー視座からロバート・アルトマンの『ギャンブラー』を見る」『富山大学人文学部紀要』五二号（二〇一〇）：一六一―一七五。

3　Helen Keyssar, *Robert Altman's America* (New York: Oxford University Press, 1991), 175-200.

4　『ギャンブラー』においてミラー夫人の婚姻歴は不明なままである。一方で原作小説では、実は一度も結婚しておらず、既婚者を装っているということ、そして上品さを身にまとうために結婚指輪をしているということをマッケイブは彼女本人から聞き出す。Edmund Naughton, *McCabe* (New York: Leisure Books, 1991), 23.

5 ミハイル・バフチン『小説の言葉』伊東一郎訳（平凡社ライブラリー、一九九六）、一一一―一一二。なお、ここで引用した議論は、前章で参照した「混成的構文」にも深く関連するものであることを付け加えておく。

6 藤田「西部劇の黄昏」、一六六―一六七。

7 原作の序盤にあたる第三章においてすでに、ミラー夫人がマッケイブに恋愛感情を抱いていることが明かされている。Naughton, *McCabe*, 34.

8 Naughton, *McCabe*, 189-190.

9 Keyssar, *Robert Altman's America*, 193.

10 ミシガン大学のロバート・アルトマン・アーカイヴに収蔵されている『ギャンブラー』の脚本（最終稿）には、一人で外へ出た後のミラー夫人の行動が描かれている。「彼女は教会を、そしてチャイナタウンの方を見やる。涙を堪えようとする。最終的には、彼女は振り返って家へと戻る。彼女は家の階段を登らず素通りし、道路へと出て見えなくなる」。つまり、ミラー夫人の心は阿片窟のあるチャイナタウンとマッケイブとのあいだで揺れ動いていた、当初はそのような設定であったのだと推測される。しかし重要なのは、この一連の行動が完成した映画テクストからは削除されているという事実である。この点から、本作が一貫してミラー夫人の世界を閉ざされたものとして描き出そうとしていることがわかる。また、この見解は本章の第二節第四項の議論とも関わってくる。"*McCabe & Mrs. Miller* Final Script, January 19, 1971," Robert Altman Archive: Projects-1970s(1971-1977), University of Michigan Special Collections, Ann Arbor, Michigan, 111.

11 ロジャー・イーバートによれば、ミラー夫人にとってマッケイブが恋人ではなくビジネス上のパートナーにすぎないという事実が、"and"ではない"&"の使用に反映されているという。Roger Ebert, "*McCabe & Mrs. Miller* Movie Review (1971)," Roger Ebert. com, http://www.rogerebert.com/reviews/great-movie-mccabe-and-mrs-miller-1971 (accessed December 2, 2020).

12 以下の文献に収録されたアルトマンのフィルモグラフィにおいて、『ギャンブラー』のオリジナル・タイトルとしてこの題名が記されている。Virginia Wright Wexman and Gretchen Bisplinghoff, *Robert Altman: A Guide to References and Resources*

(Boston: G. K. Hall, 1984), 43. また、これが当初予定されていたタイトルであることは、脚本（最終稿）の表紙からも確認できる。そこには *The Presbyterian Church Wager* とタイプされているその上部に、*McCabe & Mrs. Miller* と手書きで付け加えられている。"*McCabe & Mrs. Miller* Final Script, January 19, 1971," University of Michigan Special Collections.

13　デイヴィッド・ボードウェル、クリスティン・トンプソン『フィルム・アート――映画芸術入門』藤木秀朗監訳、飯岡詩朗・板倉史明・北野圭介・北村洋・笹川慶子訳（名古屋大学出版会、二〇〇七）、三〇九―三一〇。

14　加藤幹郎『鏡の迷路――映画分類学序説』（みすず書房、一九九三）、一一〇―一一一。

15　サウンド・ブリッジという用語について、本書における表記を確認しておく。①一般的な用法には括弧を付さずにそのまま表記する。②長門洋平によって追加された定義に従う場合には、「サウンド・ブリッジ」と鍵括弧を付す。③筆者が独自に拡張した意味において使用する際には、〈サウンド・ブリッジ〉と山括弧を付す。

16　ボードウェル、トンプソン『フィルム・アート』、三五五―三五六。

17　長門洋平『映画音響論――溝口健二映画を聴く』（みすず書房、二〇一四）、三一、三三六―三三七。傍点は原文。長門による定義は、従来の定義をも含むものであるが、本書では両者を区別する。また、『ギャンブラー』ではこの意味での「サウンド・ブリッジ」が三回使用される。第一に、入浴する娼婦たちの映像に被さって聞こえてくる男たちの会話。第二に、バート（バート・レムゼン）という男が口論の末に殴打されて殺される映像に重ねられる娼館のオルゴールの音（曲は「聖しこの夜」）である。この二つは、映像とは異なる物語世界内の空間において生起する音である。そして第三に、最終シークエンスにおいて聞こえてくる風の音も「サウンド・ブリッジ」として捉えられる。それについては本章の第二節第四項で議論する。

18　西村清和『イメージの修辞学――ことばと形象の交叉』（三元社、二〇〇九）、一八〇。西村に先立ってジェラール・ジュネットもまた、誰が見ているのかということと誰が語っているのかということとが混同されている状況を問題視している。ジュネットはその解決策として「焦点化」の概念を提出した。詳しくは本書の第一章第一節を参照のこと。

19　Keyssar, *Robert Altman's America*, 194.

20　ウィスキーに生卵を落として飲み干すというマッケイブのふるまいは、すでに映画の序盤、ミラー夫人との食事のシーンのなかで見られる。そこで彼女は、「マッケイブのけちな男伊達気取りをあざ笑うかのように、旺盛な食欲を発揮して出された料理を豪快に平らげる」（藤田「西部劇の黄昏」、一六七）。

21　「焦点化」および「変調」については、本書の第一章第一節を参照のこと。

22　『ギャンブラー』では、アルバム『レナード・コーエンの唄』（*Songs of Lenard Cohen*, 1967）に収録された「ウィンター・レイディ」、「ストレンジャー・ソング」（"The Stranger Song"）、「シスターズ・オブ・マーシー」（"Sisters of Mercy"）の三曲が、シーンに応じて繰り返し使用される。

23　Robert T. Self, *Robert Altman's* McCabe & Mrs. Miller: *Reframing the American West* (Lawrence: University Press of Kansas, 2007), 161.

24　ジェイ・ベックは、本作で使用されるコーエンの曲の機能を、「メタ物語世界的な注釈（meta-diegetic commentary）」と呼んでいる。それは厳密に定義されてはいないが、物語世界で起きている出来事や登場人物たちの関係性などを説明するような音響の機能を指す用語として使用されている。また、ジュネットも、「メタ物語世界」という概念を提出している。これは、物語世界内の登場人物（二次的な語り手）によって語られる物語世界、つまり夢や記憶といった枠物語が位置する時空間を意味する。したがって、ここでの「メタ」という接頭辞は、通常の "about" ではなく、"within" の意味で用いられている。ベックはジュネットの「メタ物語世界」について言及していないが、"about" の意味で使用しており、両者が直接関係していない点を補足しておく。Jay Beck, *Designing Sound: Audiovisual Aesthetics in 1970s American Cinema* (New Brunswick: Rutgers University Press, 2016), 115-116. ジェラール・ジュネット『物語のディスクール――方法論の試み』花輪光・和泉涼一訳（水声社、一九八五）、二六七、三五七。

第四章　批評的アダプテーションと語り

――『ロング・グッドバイ』（一九七三）の〈疑似ヴォイス・オーヴァー〉

はじめに

第一作の『大いなる眠り』（*The Big Sleep*, 1939）以来、レイモンド・チャンドラーによる私立探偵フィリップ・マーロウを主人公＝語り手とした長編小説のほとんどが映画化されてきた。[1] その際、原作の大きな特徴であるマーロウの一人称の語りを再現するために、映画版はさまざまな技法を用いてきた。たとえば、エドワード・ドミトリク監督の『ブロンドの殺人者』（*Murder, My Sweet*, 1944）におけるヴォイス・オーヴァーとフラッシュバックの併用や、ロバート・モンゴメリー監督の『湖中の女』（*Lady in the Lake*, 1947）における全編を通じた視点ショットの使用である。ただしこれらの技法は、単に小説の語りを形式的に映画固有の技法に置き換えているだけであるようにも思われる。西村清和が指摘するとおり、このような場合に「問題となっているのはもちろん、小説の言語と映画の映像ということとなったメディア、ことなった記号体系それぞれの「語り」のちがいや、それがもたらす意味作用やイメージ形成の異同」なのである。[2] その点、本章で取り上げるアルトマンの『ロング・グッドバイ』（*The Long Goodbye*, 1973）は、小説と映画の媒体の差異に関して洗練された処理を施していて、マーロウもののなかでは例外的な作品だと言える。一見するとこの映画は、ハワード・ホークスの『三つ数えろ』（*The Big Sleep*, 1946）のように、原作の語りに対して無関心であるように思われる。しかしながら、原作の語りを再現するのとは別の仕方で、それに対する言及を行なっているのだ。そこで鍵となるのが、ヴォイス・オーヴァーの技法である。

ヴォイス・オーヴァーとは、映し出されている画面に対して、それとは異なる次元において発せられた声を被せる技法である。[3] それは登場人物による内的独白の形式をとることもあれば、フラッシュバックのなかで提示される過去の映像に被さってくる現在の声として聞こえてくることもある。あるいは物語世界外の、すなわち物語には登場しない人物による「客観的な」コメンタリーのような形式をとる場合もある。

本章で着目するのは『ロング・グッドバイ』の冒頭、主人公フィリップ・マーロウ（エリオット・グールド）の声が、物語世界内で発せられている通常の台詞なのか、それとも彼の心の声、すなわちヴォイス・オーヴァーであるのかが不分明となる箇所が存在するという事実である。通常ヴォイス・オーヴァーが使用されるとき、その声が画面とは別次元から聞こえていることを明示するために、画面上の登場人物とリップ・シンクしていないということを積極的に示すような演出が行なわれる。しかし『ロング・グッドバイ』では、聞こえてくる主人公の声と彼の口唇の動きとが同期しているのかどうかが曖昧であるがゆえに、彼の声が異なる次元で生起するヴォイス・オーヴァーのような響きを持つのである。

この章では、ヴォイス・オーヴァーへと擬態するそのような声を、チャンドラーによる原作小説『長いお別れ』（*The Long Goodbye*, 1953）に対する一種の言及として捉え、議論する。[4] ハードボイルドの探偵小説の映画化作品であることと、ヴォイス・オーヴァーという技法に着目するということは、もしかするとあるジャンル・カテゴリーを想起させるかもしれない。それは「フィルム・ノワール」である。実際に『ロング・グッドバイ』はこれまで繰り返し「フィルム・ノワール」の文脈で論じられてきた。そしてその論点の一つとして、このジャンルを特徴づけるとされるヴォイス・オーヴァー・ナレーションが使用されていないということがことさらに指摘されてきたのである。たとえば、セアラ・コズロフは「アルトマンのノワールであるチャンドラーの『長いお別れ』

の映画版は、ナレーションの使用を避けている」と述べているし、[5]近年では小野智恵も「フィルム・ノワール」とこの映画の諸特徴を対照するにあたって『ロング・グッドバイ』には「ヴォイス・オーヴァーは使用されない」と述べている。[6]

このような先行研究とは異なり、本書ではこの映画を「フィルム・ノワール」としてではなく、あくまでも原作との関係において考察する。というのも、本作を「フィルム・ノワール」あるいは「ネオ・ノワール」と呼べるかどうかはきわめて疑わしいからである。この映画が「フィルム・ノワール」の文脈で論じられる要因として、一九四〇年代に『ブロンドの殺人者』、『三つ数えろ』、『湖中の女』といったこのジャンルを代表する作品にチャンドラーが原作を提供してきたことが挙げられる。しかし『ファルコン制覇す』（*Falcon Takes Over*, 1942, 日本未公開）のように、このジャンルに含まれることのないチャンドラー作品の映画化が存在していたことも事実であるし、[7]小野が詳細に述べているとおり『ロング・グッドバイ』における他作品からの引用は「フィルム・ノワール」に限定されたものではなく、それ以外のジャンルからも見られる。[8]また監督であるアルトマン自身が、一九七三年当時において「フィルム・ノワール」というジャンルの存在を認識していた可能性も非常に低いと言える。なぜなら、アメリカにおける「フィルム・ノワール」の導入の契機となったのは一九七二年に発表されたポール・シュレイダーの「フィルム・ノワール注解」（"Notes on Film Noir"）であり、[9]「ノワール」という記号がアメリカ社会に浸透するのは一九八〇年代であるからだ。[10]『ロング・グッドバイ』の製作時において、このジャンルはまだほとんど知られていなかったのである。付言しておくと、アルトマンの映画に「フィルム・ノワール」の痕跡が初めて明確に見出されるのは、最後の作品となった『今宵、フィッツジェラルド劇場で』（*A Prairie Home Companion*, 2006）の冒頭においてである。そこでは、「ガイ・ノワール」と名乗る私立探偵がヴォイス・オーヴァーによって語り始めるのだ。このような理由から『ロング・グッドバイ』と「フィルム・ノワール」とのつながりは大変疑わしいものだと言える。そこで本章では、映画『ロング・グッドバイ』は「フィルム・ノワール」である以前に、クレジットで「レイモンド・チャンドラーの小説『長いお別れ』より（From the RAYMOND CHANDLER Novel "THE LONG GOODBYE"）」と表示されるように、小説『長いお別れ』のアダプテーションであるという事実にあらためて着目し、両者の関係に焦点を当てる。

また、先の引用で示したように、多くの論者が本作にはヴォイス・オーヴァーが使用されていないと述べている。確かにそれは事実である。それに対して本章が指摘するのは、ヴォイス・オーヴァーに近似した声が聞こえてくるという点である。その声は、通常の台詞とも内的独白とも峻別できない、曖昧な声としてサウンドトラック上を漂うのだが、最終的には物語世界内にとどまることを余儀なくされ、ヴォイス・オーヴァーとなることに挫折するというプロセスをたどる。その声を〈疑似ヴォイス・オーヴァー〉と名づけた上で、本章では、この音響的技法が原作の語りのモードに対する批評性を有していることを明らかにする。さらに重要であるのは、この声が〈初期アルトマン映画〉を特徴づける物語的葛藤をもたらすということである。第二章で論じた『M＊A＊S＊H』において試みられてはいたものの完全に達成されることのなかった、語りの権限をめぐるせめぎ合いが本作において生じているのだ。

第一節では映画版を分析するにあたっての前提として、原作の物語内容について映画版との差異を中心に概観した上で、他のチャンドラー小説とは区別されるような、この小説の物語言説の特質を指摘する。第二節では、『ロング・グッドバイ』冒頭における特異な声がヴォイス・オーヴァーへと擬態する過程を、テクストの形式面およびその発話内容の側面から検討する。第三節では、その特異な声が原作に対する一種の批評として機能している点を明らかにする。最後に、小説の映画化における語りと声の関係性について新たな視点を提示する。

1 『長いお別れ』の物語内容と物語言説

ここではまず小説『長いお別れ』を中心として、物語内容（何を語るか）と物語言説（どのように語るか）のそれぞれの特質を明らかにする。

『長いお別れ』は、マーロウの友人であり、妻殺害の容疑がかけられたテリー・レノックスの失踪および自殺に関する謎と、その後に巻き起こる作家ロジャーと彼の妻アイリーンに関係する事件という二つの出来事を軸に展開していく。次第にそれらの複雑な関連が解きほぐされ、最終的にレノックスの自殺が偽装であったことが明かされる。レノックスの無実を信じ続けたマーロウの行動によって事件が解決される、友情の物語である。一方で映画版では、マーロウに対するレノックスの裏切りが明らかになるという、原作とは正反対の結末を迎える。そこで映画版との重要な差異であるマーロウとレノックスの関係性を中心として、原作のあらすじを見ていくことにする。

原作は、酔いつぶれたレノックスをマーロウが介抱する場面から始まる。それがきっかけで彼らは親交を深めていく。しかしある日、レノックスがマーロウの家に現れ、メキシコまで逃がして欲しいと言い出す。逃亡の理由を明かさないレノックスであったが、マーロウは無事に彼を送り届け、帰宅する。そこで彼を待っていたのは警察だった。レノックスの妻シルヴィア殺害の容疑がレノックスにかけられていたのだ。従犯としてマーロウは連行されるが、彼は口を割らない。ところが、レノックスがメキシコで自殺し、妻の殺害を認める遺書が残されていたということで彼は釈放される。その後、マーロウのもとにレノックスから手紙と五〇〇〇ドル紙幣が送られてくる。

そしてマーロウは、アイリーン・ウェイドという女からある依頼を受ける。それは、夫でアルコール依存症の作家ロジャーの捜索であった。この依頼をきっかけに、マーロウは彼ら夫婦と交流を持つようになる。そのなかでマーロウは、アイリーンから過去に戦死した恋人がいたことを打ち明けられる。あるとき、たびたび情緒不安定な様子を見せていたロジャーが命を落とす。そのとき近くにいたマーロウはアイリーンから濡れ衣を着せられるも、事の真相を暴いていく。つまり、ロジャーがシルヴィアと関係を持っていることを知ったアイリーンが二人を殺害した。また、アイリーンの過去の恋人は戦死してはおらず、その正体はレノックスであったのだ。その後、アイリーンの自殺というかたちで事件は終焉を迎え、マーロウの事務所に、マイオラノスと名乗るメキシコ人の男が訪れる。彼はレノックスが自殺する場に居合わせていたと話す。マーロウは、その男こそが整形したレノックスであることを見抜く。

映画版では、原作における序盤の大まかな流れが踏襲されている。しかし中盤から終盤にかけて、原作とはかなりの相違がある。マーロウとレノックス（ジム・バウトン）との関係性を中心に取り上げるならば、終盤、マーロウはメキシコにあるレノックスの隠れ家を突き止める。そこでレノックスとアイリーンが恋仲であり、彼が邪魔者となったシルヴィアを殺害したことが明らかとなる（ちなみに原作と同様にロジャーも死ぬことになるが、映画版では自ら海へと入っていくことから自殺である）。レノックス本人の口から自分が利用されていたことを聞いたマーロウは、彼を射殺する。隠れ家を出て軽快に歩くマーロウが、レノックスのもとへと向かうアイリーンとすれ違うところで映画は幕を閉じる。

加えて、映画版と原作との差異のなかでもとりわけ重要であるのは、原作で描かれるマーロウとレノックスの交流（第一章から第四章まで）が映画版では削除されており、その代わりにマーロウが特定の銘柄の餌しか食べない飼い猫や、隣人の女性たちとやりとりを行なうシーンが挿入されているという点である。本章の冒頭で触れたマーロウの特異な声は、まさにこのシーンにおいて使用される。そしてこの声が、その他のチャンドラー作品の映画版とは一線を画す、独特な語りを生み出しているのだ。『ロング・グッドバイ』が原作の語りをどのように翻案したのか、そのことを議論する前提として、次に原作の物語言説について確認しておく。

原作の物語言説を特徴づけるのは、マーロウを語り手としたいわゆる「一人称の語り」、すなわち彼が知りうる事柄のみが彼自身の言葉によって提示される点である。これはマーロウを主人公＝語り手とする他の小説にも共通する。ただし『長いお別れ』は、語り手マーロウがどの時点から語っているのかという、語り手と語られる内容との時間的距離においてその他のマーロウものとは区別される。ジェラール・ジュネットが述べているように、「こうした時間的距離が、そしてこの距離を埋め、これに生気を与えるものが、物語言説の意味作用の核心をなす要素」なのである。[11]

『長いお別れ』は以下の文で始まる。

> 私［マーロウ］がはじめてテリー・レノックスに会ったとき、彼は〈ダンサーズ〉のテラスの前のロールス・ロイス〝シルヴァー・レイス〟のなかで酔いつぶれていた。[12]

そしてマイオラノス（レノックス）がマーロウの事務所を訪れたときに語られる、以下の文章で終わる。

> 私が彼［マイオラノス／レノックス］の姿を見たのはこのときが最後だった。／私はその後、事件に関係があった人間の誰とも会っていない。ただ、警官だけは別だった。警官にさよならをいう方法はいまだに発見されていない。[13]

このように、冒頭ではレノックスとの二度目以降の接触が、結尾ではこの小説における最後の出来事（マイオラノスの訪問）以降の時間がそれぞれ含意されている。つまり、物語内のすべての出来事が完了し、その後しばらくの時間が経過した時点から、語り手マーロウは出来事を回想しているのである。

では、他のマーロウものの小説の冒頭と結尾はどうだろうか。例えば『大いなる眠り』は、マーロウが大富豪の邸宅を訪れるところから始まる。そこでは、その日が一〇月半ばの午前一一時であること、日が射しておらずこれから強い雨が予想されること、登場人物としてのマーロウの服装といった事柄が描写される。[14] ここでは語られている時点を描くことに重きが置かれているため、それは文章としては過去形であるが現在進行形に近い語りである。そして結尾では、『長いお別れ』と同じように、ヒロインであるヴィヴィアンに「二度と会うことはなかった」と語られる。[15] また、『さらば愛しき女よ』の冒頭は、セントラル街に住む人種に関する文章から始まる。語っている時点ではすでにそこには黒人が流入しているが、語られている時点では白人もまだ多く住んでおり、物語の舞台はそのような時代背景を持つことが知らされる。[16] 結びの文章では、語られている時点における登場人物マーロウの行動を描くのみである。[17]

このように三作品ともが、冒頭か結尾の少なくともいずれかにおいて語っている時点の痕跡を残しており、語り手マーロウが自らの経験した過去を語っていることが示されている。したがってこれらはいずれも、「一人称の語り手は物語内容の前の時点で出来事や事物を〈実際に〉見ているが、彼が語るその物語は事後のものであるという、シーモア・チャトマンの見解と一致する。[18] ただし個別具体的に見ていくならば、語られた出来事と語っている時点との距離という点で、『長いお別れ』は明らかに『大いなる眠り』および『さらば愛しき女よ』と異なっている。というのも『長いお別れ』では、物語内の出来事がすべて終了した時点からの懐古調の語りであることが他の二作品にくらべてより強調されているからである。[19] それは取り上げた三作品のうちこの小説だけが、冒頭と結尾の両方において、語られている内容がすでに完了していることを示している点からも窺える。それだけではない。この懐古的な時間性がとりわけ浮き彫りとなるのは、小説の序盤において、マーロウが、レノックスの顔の疵について本人には何も尋ねなかったということについて語る場面である。

もし私が尋ねて、彼が話してくれていたら、二人の人間の生命が助かっていたかもしれないのだ。かならず助かっていたとはいえないのだが。[20]

この「二人の人間」とは、後にアイリーンに殺されるシルヴィアとロジャーを指す。冒頭と結尾では、「はじめて」や「最後」といった言葉を用いることにより、その先の時間をあくまでも含意するにとどまっていた。しかしここでは物語の序盤であるにもかかわらず、終盤において明らかとなる出来事を先取りし、しかもそれを事実に反する仮定法で表現することによって、マーロウの悔恨の念が懐古調の語りで示されているのである。

このように『長いお別れ』のテクストは、描かれる出来事がある程度遠い過去のものであるという時間性を直接的な文言によって説明するのではなく、その語りのモードを通じて開示する。つまりこの小説によって提示される世界とは、マーロウが自らの記憶にもとづいて構築したものなのであり、そこにおいてマーロウの主観性は『大いなる眠り』や『さらば愛しき女よ』に比してより強力に反映されていると言える。『長いお別れ』の語り手マーロウには、何を語るか／語らないか、そしてどのように語るかを決定したり、統制したりする権限が他の作品における語り手マーロウ以上に与えられているのである。この小説を他のチャンドラー作品と分け隔てているのは、語られる事象や登場人物マーロウの行動というよりもむしろ、語り手マーロウに与えられた語りの権限の大きさなのである。

映画版の『ロング・グッドバイ』は、独特な音響的技法を通じて、このような『長いお別れ』におけるマーロウが持つ語りの権限に対して批評的な言及を行なう。次節では、その技法が使用されるシーンを詳細に分析する。

2 〈疑似ヴォイス・オーヴァー〉の導入、展開、挫折

冒頭でも触れたように『湖中の女』は、その大部分が主人公マーロウの視点ショットによって構成されている。しかし西村清和が指摘するように、このような映像的スタイルにもとづいてこの映画を「一人称映画」とみなす傾向は、物語言説と物語内容とを混同しており、本来であれば語り手の記憶に関する問題を知覚（視覚）の問題へとすり替えているという誤りを抱えている。[21] もし、チャンドラーの小説の語りを映画で再現しようと試みるならば、マーロウは語り手および登場人物として、物語言説と物語内容という別々のレヴェルに属していることをほとんど同時に明示しなければならないのである。その際、『ブロンドの殺人者』のようなヴォイス・オーヴァーの使用はもしかすると有効であると考えられるかもしれない。この技法を用いることによって、物語を語る声としてのマーロウと画面に映し出される登場人物としてのマーロウとの同時的な提示が可能となるからだ。しかしチャトマンが言うように、「ヴォイス・オーヴァーの語り手の貢献はほとんど常に一時的なものである。彼または彼女が文学的語り手が小説を支配するように［……］映画を支配することは稀である」。[22] つまり、ヴォイス・オーヴァーが一旦途絶えてしまえば、その声の主と画面上の世界との関係性はたやすく崩れてしまうのである。このようにヴォイス・オーヴァーという技法は、語り手の存在が言語そのものとして常に現前している小説の語りとは決して同じようには機能しないのである。

『ロング・グッドバイ』ではこれらの技法は使用されておらず、原作の語りに忠実であろうとするような態度

は見られない。ただしこの映画は、内的独白へと近づきながらも、そこから逸脱するような特異な声を使用することによって、原作の語りに対する言及を行なう。ここではその声を〈疑似ヴォイス・オーヴァー〉と呼ぶことにする。それが生じるのは映画の冒頭である。

深夜三時、腹を空かせた飼い猫が眠っているマーロウを起こすシーンからこの映画は始まる。マーロウは餌をやろうとするが、いつも与えている「カリー・ブランド」という名の銘柄を切らしていることに気づく。仕方なく別の銘柄を与えるも、猫はあたかも拒否するかのようにそれをひっくり返してしまう。ここでカットが割られ、マーロウがキッチンから隣の部屋（リヴィング・ルーム）へやって来るショットが提示される。ここから女の笑い声が聞こえ始める。彼は猫に対して、「こいつめ、俺を引っ掻いたな。追い出すぞ」と言い、ジャケットを手に取る。

ここまでは同時録音方式がとられており、マーロウの声は周囲の雑音と一体化し、その残響もいたって自然なものである。しかしここで、同一ショット内であるにもかかわらず、彼の声の音質に変化が生じる。アフレコによる声へと切り替わるのである。

図1

このようにして〈疑似ヴォイス・オーヴァー〉が発動する。そのプロセスは、声と映像の関係性から①導入、②展開、③挫折という三つの段階を踏んでいる。それぞれ順に見ていこう。

①マーロウはカメラに背を向けた状態でジャケットを着ながら（図1）、猫に「着るのを手伝いたいのか？」とそれまでよりも低い声で言う。その際、鼻歌を歌ったり口笛を吹いたりする。ジャケットを着終えたマーロウは、隣家に住むヒッピー風の裸の女たちを窓ガラス越しに見つめ、「あそこへ行って風邪をひくぞと言ってやれ」と

言う。猫が鳴くと同時に彼はフレーム・アウトし、「カリー・ブランドだな」という台詞だけが聞こえる。カメラは女たちへと近づいていく。この三つの台詞におけるマーロウの声には残響音がほとんど付与されておらず、周囲の雑音と分離している。そのため、キッチンにいたときよりもはっきりと聞こえ、より近い場所にあるように感じられる。ここで不自然なのは、すでにリヴィングに移動した後であり、部屋が変わっていないのにもかかわらず、声の響き方に変化が生じていること、そしてカメラがマーロウの口元を隠すかのように、ことさらに彼の背中を映し続けるということである。

図2

図3

②次のショットにおいて、屋外へ出たマーロウが家の扉を閉め、ネクタイを巻きながら歩き出す。そして「夜中の三時に猫に起こされ、特別な餌を買いに行かなきゃならない。全く腹が立つ。あのいかれた猫め」と「独り言」をつぶやく。ここでのマーロウの姿は、フル・ショットからミディアム・ショットへ移行しながら、最初は暗闇に浮かび上がる不鮮明な影として映される（図2）。その後、彼の表情が見えるようになるものの、タバコをくわえているために口唇の動きは読み取れない（図3）。また、屋内から外へ移動したというのに、ここでも彼の声はリヴィングにいたときと同じ音質である。そのため、屋外でのつぶやきにしては不自然なほど声の輪郭がはっきりとしている。

③エレヴェーターへ向かうマーロウを、隣家の女の一人が

図4

呼び止める。彼は彼女の方へ掌を突き出し、「静かにしてくれ、変人ども」と言いながら歩み寄る（図４）。そして女からブラウニー・ミックスを買ってくるよう頼まれる。彼はそれを承知し、数や種類まで聞く。そのような態度に女は、「マーロウさん、あなたは今までで一番親切な隣人だわ」と言う。マーロウはすでにエレヴェーターの方を向いており、半ば独り言のように「親切な隣人か。何しろ私立探偵だからね。構わないさ」とつぶやく。この「会話」においてもマーロウの声は残響を欠いており、それまでと同様の空間性のない音質を維持している。エレヴェーターが下降したところで、タイトル・クレジットへと移行する。

この①導入、②展開、③挫折という三つの段階におけるマーロウの声は、解釈の余地なくヴォイス・オーヴァーではない。しかしながら、この声が通常の台詞とは明らかに異なるいくつかの特徴をそなえていることも事実である。正確に言うならば、この声の発生源はマーロウの口唇であるのか、それとも彼の心のなかであるのかが不分明な状態にある。そのような曖昧な声の使用こそが〈疑似ヴォイス・オーヴァー〉なのである。

『ロング・グッドバイ』におけるマーロウの声が独特な響きを持つということは、これまでにも何度か指摘されている。ミシェル・シオンは、同一の登場人物による実際の発話と「心の声（mental voice/internal voice）」とをシームレスに切り替える技法について論じるなかで、短い言及ではあるのだが『ロング・グットバイ』を取り上げている。そこでは、最初の数分間におけるマーロウの発話が「あたかも大声で考えているかのよう」だと論じられている。[23] またジェイ・ベックは、管見では、この映画でアフレコが使用されているという事実に着目する唯一の論者である。ベックによると『ロング・グッドバイ』は、『ギャンブラー』と『ＢＩＲＤ★ＳＨＴ』において行なわれたライヴ録音と、『イメージズ』の全編を通じて用いられるアフレコの台詞とのあいだの「奇妙なバランス」の上に成り立っている作品であるという。そしてマーロウの声を次のように説明する。

原作のような一人称の語りではなく、その代わりにマーロウの内側にある思考は小声で話される独り言［monologue］を通じて伝えられ、それはしばしば、観客にしか聞こえていない。［……］主要な台詞の多くが、たいていの場合ロケーションの音を反映して聞こえてくるという、空間的な性質によって特徴づけられている一方で、マーロウのコメンタリー的な独り言［commentary monologue］は、そのほとんどすべてが、直接的に、残響音を伴わずに聞こえてくる。このような仕方でアルトマンは、探偵もののジャンルの伝統であるヴォイス・オーヴァーのコメンタリーを自然なものであるかのようにして取り入れ［naturalized］、それをマーロウのキャラクター、および現代のロサンゼルスという設定のなかに根づかせたのである。[24]

冒頭で述べたようにジャンルとの関係については本書では考慮しないけれども、しかし、このベックの文章が非常に示唆的であるのは、ヴォイス・オーヴァーという技法に言及しつつ、いわばその変種が『ロング・グッドバイ』において使用されていることを指摘しているからである。ここで本書が行なうのは、これまでわずかな論者が感じ取っていたマーロウの声に対する「違和感」について、それがどのように生じているのか、そしてどのような機能を有するのかを具体的に探求していくことである。

では、そのようなあわいを漂う声としての〈疑似ヴォイス・オーヴァー〉について、発生源が不分明となる要因は何であるのか。考えられるのは以下の五点である。

(1)プレクレジット・シーンに位置づけられていること。
(2)声に残響音がなくなるという音質の変化。すなわち、同時録音からの唐突なアフレコへの変化。
(3)一度フレーム・アウトするにもかかわらず、マーロウの声が聞こえ続けるということ。
(4)マーロウの口元を隠そうとする演出。
(5)声の音質の変化が同一ショットのなかで生じているということ。

(1)、(2)、(3)は、通常のヴォイス・オーヴァーに見られる基本的な特徴である。とりわけ(2)が、この声をヴォイス・オーヴァーへと近づける決定的な要因となっている。声が、画面に映る部屋のなかではないどこかから発せられた響きを持つようになるのである。このような変化そのものによって、部屋のなかでの響きとそうではない響きとの差異がサウンドトラック上に露呈しているのだ。

ところが、残りの二つが問題となる。(4)に関しては、ある声をヴォイス・オーヴァーとして成立させるためには、口元を隠すというよりもむしろ唇が動いていないこと、すなわちリップ・シンクしていないことを積極的に示す必要がある。それゆえこの演出によって、マーロウの声はヴォイス・オーヴァーとはなりえないのである。しかし、それは相反する二つの効果をもたらす。ヴォイス・オーヴァーであると決定不可能になると同時に、マーロウの口元が見えないからこそ、その声は彼の身体へと帰属することなく、不確定な位置をさまようことになるのだ。そして(5)については、変化前の声と変化後の声が同一ショット内で生じており、視覚的には連続性が維持されてしまうため、そこでの音響的な変化は映像と連動してはおらず、不明瞭なものとなる。つまり(4)と(5)によって、主人公の特異な声は通常のヴォイス・オーヴァーから逸脱してしまう。しかしそれと同時に、物語世界内の声であることが決定的となるのではなく、むしろその位置の不確定性が露わとなる。このようにしてマーロウの声は、ヴォイス・オーヴァーへと移行するのではなく、しかしヴォイス・オーヴァーの形態へと限りなく近づき、ついにはそれに擬態する声として現れているのである。

このような独特な音響的スタイルは、『ロング・グッドバイ』の他の場面でも見出すことができる。[25] それらの箇所では、登場人物たちの声と彼らを映す映像とが現実的動機づけに従わず分離するために、声がその発生源としての身体に帰属するのを妨げるような効果が生み出されている。たとえばまず、取調室で尋問を受けるマーロウの姿がマジックミラー越しに捉えられるシーンが挙げられる。最初、マーロウと尋問する警官の声は、スピーカーを通じた雑音の多い音質である。しかしその後、カメラはマジックミラー越しにマーロウの顔を映し出しているままであるのに、声は取調室で直接に聞こえるクリアな音質へと変化するという、映像と音響との不一致が生じている。また他の例としては、マーロウがパトカーのなかでメキシコの警官に賄賂を渡し、レノックスの居場所を聞き出すシーンがある。ここでサウンドトラックは車内での彼らの会話を提示するが、カメラは街を走るパトカーを映し続け、彼らの顔（口元）は一度も映し出されない。そうすることで、ここにおいて音響と映像との分裂が表出する。これらの場面に見られるのは、ミシェル・シオンが論じた声と身体との分離である。第一の例は、カメラとマイクがそれぞれ異なる空間に置かれることによって、映像と音という映画の二元性の「裂け目」が露わになる瞬間である。[26] また、「俳優の口を画面上に見ることができなければ、聞こえてくる音［声］と口の動きとの時間的な一致を証明することはできない」というシオンの主張を裏づけるのが、第二の例であると言えるだろう。[27] このように『ロング・グッドバイ』では、映画における声と身体が原理的に分裂的な関係性にあり、それらの結びつきが恣意的であることや、さらには口元が隠されることによって、声が帰属すべき場所としての身体が喪失されるという事態が繰り返し起きている。作品全体を通じて、そのような独特な音響設計がなされているのである。

冒頭で生じる〈疑似ヴォイス・オーヴァー〉もまた、このようなパターンの一つであると言えるかもしれない。だが、この技法が提起する問題は異なる。マジックミラーやパトカーのシーンでの声は、あらかじめマーロウとその他の登場人物との会話というかたちで提示される。そのことによって、彼らの声は物語世界内にとどまらざるをえない。それに対し〈疑似ヴォイス・オーヴァー〉は、マーロウの「独り言」に近似しているために、マーロウの心のなかという物語世界とは異なる次元へと移りゆく声なのである（結局、その移行は隣人との会話によって挫折してしまうのであるが）。身体から分離した声がどこへ向かうかが異なっているのだ。

ここまで〈疑似ヴォイス・オーヴァー〉を主に形式的な側面から検討してきた。声の響きや画面との連関といった観点からすると、確かにマーロウの声はヴォイス・オーヴァーへと擬態している。では、そこで発話される内容はどうであるのか。前に区別した〈疑似ヴォイス・オーヴァー〉の三つのプロセス（①導入、②展開、③挫折）に従い、それぞれの状況についてより詳しく見ていこう。

①ここでの猫への話しかけは、映画開始直後からなされる猫とのやりとりの延長上にある。そのため、マーロウの独白として機能していないがゆえに、発話内容という点では　必ずしもヴォイス・オーヴァー的性格を持つとは言えない。ただし前述したように、声の音質の変化やマーロウの撮り方という演出の面ではすでに変化が生じている。つまりこの段階は、発話内容に関しては前の箇所からの連続性を維持しつつ、形式面においては変化を取り入れるという、〈疑似ヴォイス・オーヴァー〉の導入的役割を担っていると言える。

②ここは通常の解釈では「独り言」であるため、①とくらべるとより一層ヴォイス・オーヴァー的な様相を帯びている。さらに、状況の説明や心情吐露といったいかにもヴォイス・オーヴァーに似つかわしい発話内容でもある。ただし話される事柄を詳しく見てみると、「午前三時に腹を空かせた猫に起こされた」ということも、マーロウが苛立っているということも、①以前の段階ですでに彼自身が発言していることである。そのような反

復は、もしかするとヴォイス・オーヴァーに対する偏見の一つとしての「冗長さ」との関連において理解できるかもしれない。コズロフの整理によれば、これまでヴォイス・オーヴァーという技法に対してたびたび向けられていた批判というのは、映像によって示される情報とナレーションによって語られる情報とが「重複」するという「冗長さ」であった。[28] 彼女が念頭に置いているのは、そのような「重複」がほとんど同時に生じる場合である。一方で『ロング・グッドバイ』における〈疑似ヴォイス・オーヴァー〉の「冗長さ」には、映像による情報の提示の後にマーロウの声によって情報が提示されていて、両者のあいだには時間的なズレが含まれている。そのため、この反復はコズロフがまとめているような「冗長さ」とは異なる種類のものである。しかしながら、すでに述べられた情報をあらためて提示し直すというこのプロセスは、先行する対象を模倣した上で新たにつくり直すという営みのアナロジーとして理解することができる。すなわち、〈疑似ヴォイス・オーヴァー〉の発話内容のこの「冗長さ」は、通常のヴォイス・オーヴァーに見られる「冗長さ」の模倣なのである。ただし、単に模倣の対象をそのままなぞるのではなく、その対象とのあいだに差異を生み出すという逆説的な仕方によって対象へと近づいているのである。

③マーロウはまず〈疑似ヴォイス・オーヴァー〉を導入し（①）、それから通常のヴォイス・オーヴァーへと近づくことによってそれを発動させる（②）という段階を踏んできた。ところが、その後マーロウが隣人の女の話しかけに応答してしまうことによって、その声はマーロウの主観性という異なる次元への移行に挫折する。したがって、そこでマーロウが「静かにしてくれ、変人ども」とつぶやきながら掌を突き出すという身ぶりは、表面上は厄介な隣人に外出するのを邪魔されたということを示すのだが、ここでの文脈ではヴォイス・オーヴァーの使用を邪魔されたということを意味することとなる。それは、映画全体の情報伝達を司る機能としての映画的語り手によって、彼が映画の語り手となる可能性を奪われてしまうという事態を表しているのだ。そして〈疑似

ヴォイス・オーヴァー〉による隣人との「会話」が始まる。最後、マーロウは女ではなくエレヴェーターの方を向いて、自分は私立探偵なのだと口にする。まるで、自分が何者であるのか、自分自身に対して確認しているかのようである。この言明は、通常のヴォイス・オーヴァーの使用に失敗した直後であるために、ある重要な意味を持つ。つまり、自分が物語を語れるような特権を持たず、物語世界内に閉じ込められた登場人物の一人としての私立探偵にすぎないことを示しているのである。

これまで見てきたように、物語世界から乖離し始めたマーロウの声は、自らの内面、あるいは本作の物語そのものを語ることを可能にする物語言説という異質な次元へと接近する。だが、屋外にしては不自然なほど輪郭のはっきりとした声のまま、マーロウは物語世界内の他者の声を無視できずにそれに応答してしまう。このようにして彼は、機能としての映画的語り手によって物語ることの権限を剥奪されるのである。マーロウがエレヴェーターで下降した直後、早速彼には見ることができない、すなわち語ることができないシーンが訪れる。クロスカッティングで提示される、運転するレノックスの姿である。

こうして〈擬似ヴォイス・オーヴァー〉の技法は、マーロウが語り手となることの不可能性を前景化する。そのことは、前節で明らかにした原作の語りの特質――懐古調であることによってマーロウに強大な語りの権限が与えられているということ――とは相反する。ただし『ロング・グッドバイ』とその他のマーロウものの映画作品とを隔てるのは、チャンドラー小説の翻案に際して、アダプテーションにおける語りの問題を必ずしも無視するのではなく、またその映画的な再現に固執するのでもなく、それが不可能であることを音そのものとして顕現させた点なのである。

3 〈疑似ヴォイス・オーヴァー〉の批評的機能

『ロング・グッドバイ』の〈疑似ヴォイス・オーヴァー〉は、マーロウが通常のヴォイス・オーヴァーの使用に挫折するプロセスをあえて曝け出す。彼の声が本作の物語の提示を行なう物語言説のレヴェルへと移行することの不可能性を前景化するこの技法は、映画版のマーロウには物語世界を統制する力がないことが明らかとなる瞬間なのである。

一方で原作は、懐古調で語られることから語り手マーロウの記憶に依拠した物語であり、物語世界は彼の言葉によって構築されたものであった。当然ながら、その物語世界はマーロウの主観性が色濃く反映されたものである。一方で映画版における〈疑似ヴォイス・オーヴァー〉は、一時的に、原作の語りのように物語世界を操作しうる力を持つ声へと変化しようとする。しかしながら、隣人との「会話」によってそれは失敗に終わる。映画版のマーロウには原作における語り手と同等の語りの権限が与えられていないということが、まさにそのような声として明らかになるのだ。つまり〈疑似ヴォイス・オーヴァー〉とは、原作との語りの差異を音響的に炙り出す、一種の批評的実践なのである。

そのような〈疑似ヴォイス・オーヴァー〉によって示される、原作に対する批評的な言及とはどのようなものであるのか。第一節で述べたように、『ロング・グッドバイ』と『長いお別れ』の物語内容に関して両者の違いが最も浮き彫りとなるのはエンディングである。そこにおいて示されるマーロウとレノックスとの関係性が映画版と原作では大きくかけ離れていた。原作における登場人物としてのマーロウは、シルヴィア殺害の容疑がかけられたレノックスを擁護し、警察に対して以下のように話す。

テリー・レノックスはぼくの友だちだった。ぼくは彼が好きだった。警官に脅されたからって、友情を裏切りたくはない。君たちは彼を犯人と睨んでいるのかもしれない。動機も充分、情況も彼に不利だし、しかも行方をくらましてる。だが、動機と考えられてることは暗黙のうちに諒解ができていたことなんだ。そんな諒解はほめられたことじゃないが、彼はそういう人間なんだ――気が弱くて、事を荒だてるのがきらいなんだ。[29]

傍線で示したように、マーロウがレノックスを擁護する根拠はこれまでの付き合いのなかで知った彼の性格である。客観的な根拠もないままマーロウはレノックスに肩入れし、行動するのだ。そのような彼の行動は、シルヴィアの姉リンダが言うように感傷的なものである。[30] それに加えて、懐古調の語り手マーロウは、この時点においてすでに結末を知っている。つまり、レノックスに対して抱いていた信頼が結果的に正しいものであるということは、語り手マーロウにとっては物語の前半部分の時点で保証されているのだ。このような語りの構造によって、語り手マーロウが、友を疑わない自分自身（登場人物マーロウ）の正しさあるいは純粋さを事後の時点から美しく描き出すような、自己愛的な語りのモードを採用していることが明らかとなる。そうすることで、作品全体を美しい友情の物語として成立させているのである。

映画版の登場人物マーロウは、ある意味では原作のマーロウの人物造形に忠実であるようにも見える。というのも映画版においてもまた、マーロウはレノックスに対する根拠のない信頼を抱いており、それを糧にレノックスにかけられた嫌疑を晴らそうと行動し続けるからだ。しかし異なるのは、そのような友情が美化されることがないという点である。彼の姿は、原作のように語り手としての自分自身のフィルターを介してつくり上げられたものではなく、映画的語り手によって提示された、自己愛が介在する余地のないありのままの映像的音響的なイメージなのである。すなわち『ロング・グッドバイ』とは、フィリップ・マーロウというキャラクターを小説から映画へとそのままに移し替えているにもかかわらず必然的に生じてしまうような、媒体の差異および語りの差異によるキャラクターの変容そのものを浮き彫りにする映画なのだ。そして、このような小説と映画における語りの異同を露呈させるのが〈疑似ヴォイス・オーヴァー〉の技法なのである。

さらに注目すべきなのは、原作におけるマーロウとレノックスの交流というエピソードが削除され、その代わりに映画版のプロットに組み込まれているのが、他ならぬ〈疑似ヴォイス・オーヴァー〉が用いられる冒頭のシーンだということである。そこでマーロウは、「カリー・ブランド」の餌しか食べないという猫のわがままをしぶしぶ聞き入れ、深夜であるにもかかわらず買い物に行く。〈疑似ヴォイス・オーヴァー〉を通じて不満を漏らしながらも、彼のふるまいはまるで、自分がこの物語世界において都合良く扱われてしまう立場にあることを受け入れてしまっているかのようである。さらに家を出たとき、彼は隣人の頼み事までも聞いてしまう。このような猫や隣人とのやりとりを通じて見えてくるマーロウと彼を取り巻く世界との関係性は、まさにレノックスがマーロウを利用していたことが明るみになる結末を予告しているのだ。原作においては、マーロウとレノックスの交流がはじめに描かれるという物語構造が、友情という作品全体のテーマや結末を導き入れ、さらには懐古的で自己愛的な語りのモードとも通底していると言える。一方で映画版では、猫や隣人とのやりとりや〈疑似ヴォイス・オーヴァー〉の使用という冒頭シーンの改変こそが、原作とはまったく異なる結末や語りが作品のなかで生み出されるということを決定づけているのだ。

原作のマーロウは、すでに物語の結末を知っているために、決してその立場が覆されることはなく、いわば安全な場所から語る。そのようにして自らを義理堅い登場人物として演出する。だが、映画版のマーロウは異なる。彼はすべての事件が解決した後という特権的な場に立つことはできない。それは語り手のみが立つことができる場であり、〈疑似ヴォイス・オーヴァー〉によって彼が語り手になれないことは冒頭で明示される。それゆえ、彼は目の前で起きる出来事の一つ一つと対峙していかねばならず、その結果、彼の姿はときに滑稽に映し出されてしまう。〈疑似ヴォイス・オーヴァー〉は、マーロウが物語言説と物語内容のどちらにおいても力を持たないある種の弱者としての立場にあることを示し、原作の語りが持つ権威をきわめて映画的な仕方でアイロニカルに暴き出してみせるのだ。

おわりに

本章では、〈疑似ヴォイス・オーヴァー〉という冒頭においてわずかなあいだだけ見られる技法が、主人公マーロウが語り手となることの不可能性を前景化する機能を持つことを軸に、それが物語内容とどのような関係にあるかを明らかにした。

あえて製作に関する事情を考慮するならば、〈擬似ヴォイス・オーヴァー〉とは、もしかすると撮影上の種々の問題を回避するために使用されたアフレコの声にすぎないのかもしれない。エリオット・グールドの低くくぐもったつぶやきを明瞭に録音するためには、ブーム・マイクをなるべく彼に近づけなければならないだろう。ただし、マイクの映り込みを防ごうとするならば、カメラのアングルは制限されてしまう。アフレコは、そのような録音および撮影上の困難を解決する手段である。また、ことさらにグールドの口唇を隠そうとする演出は、アフレコにおいてアドリブで台詞を発することを可能とするための工夫であったと考えられる。口元さえ見えなければ、撮影後にどのような台詞を重ねることもできるからだ。しかしながら、映画テクストとしての『ロング・グッドバイ』におけるマーロウの声が有する効果は、決してこのような現実的な事情に還元されえないものである。本章が明らかにしたのは、それがどのような偶然によって生み出されたものであろうとも、〈擬似ヴォイス・オーヴァー〉が映画という媒体における語りの本質的な部分へと迫るような、豊かな可能性を持つという事実であった。

加えてこの技法は、小説と映画という媒体の差異に関する重要な問題を提起する。本章を締めくくるにあたって、ほとんどの小説において一般的に使用される「後置的な語り」を糸口とし、[31]その問題について触れておきたい。

ジュネットによると、発話や筆記によって語ることが可能となるのであれば、必然的にその行為は時間を要する。彼はそれを語りの持続と呼ぶ。しかし、語っている時点での自らの身に何が生じているかを逐一報告するような語り手はほとんどいないため、ジュネットは以下のように指摘する。「文学的語りに含まれる虚構の一つ、言わば看過ごされてしまうがゆえにおそらくはもっとも強力な虚構とはまさに、語る行為は時間の広がりを持たない瞬間的な行為である、ということだ」[32] つまり「後置的な語り」は、「時間的状況（過去の物語内容に対する）が含まれていると同時に、それは固有の持続を持たないのだから非時間的な本質もまたそこには存在する」という逆説によって成立している。[33]

このことを原作『長いお別れ』に当てはめてみると、登場人物マーロウと語り手マーロウは本来同一人物であるのにもかかわらず、前者は時間性のなかを生き、後者は時間という秩序から解放された存在となる。このような逆説的状況は、小説という媒体の特性によって成立する。つまり文字で書かれ、その物語が読まれるという行為のなかに生起するために、実際に語り手や登場人物の声が読者の耳に入ることはなく、その声が帰属すべき身体も見ることができないということである。語り手と登場人物が矛盾した在り方をしているのにもかかわらず、両者が同一人物として結びつけられることを可能とするのは、そのような視聴覚的な空白なのである。

では、映画における物語る声としてのヴォイス・オーヴァーはどうだろうか。我々はその声を実際に聞くことができる。その声は発せられたその瞬間においてすでに具現化されているため、必然的に時間性を持つ。[34] 映画において発話は、時間を要する持続的な行為としてしか表象されえないからである。したがって、ヴォイス・オーヴァーの使用では、小説における主人公＝語り手のような逆説的な在り方で存在する人物をつくり出すことは原理的に不可能である。『ロング・グッドバイ』の〈疑似ヴォイス・オーヴァー〉が指摘するのは、まさにそのようなアダプテーションの限界であり、映画と小説という媒体間に存在する本質的な差異なのである。

アルトマンは、探偵小説の聖典《カノン》として祭り上げられているチャンドラーのテクストを翻案するにあたって、原作の語りを模倣しようとはせず、かといってそのことに無関心であろうともしない。『ロング・グッドバイ』がそのサウンドトラックを通じて行なっていたのは、フィリップ・マーロウというキャラクターを真の意味で映画的に再現＝表象することであり、その不可能性を開示することで、翻って原作が有する語りの権威を指摘することであった。小説における語り手の映画的再現が不可能であることを認めた上で、その不可能性が秘める可能性を探求すること、それが〈疑似ヴォイス・オーヴァー〉という試みなのである。

注

1　ここでマーロウものの映画化作品をリスト・アップしておく（亀甲括弧内は原作）。

①『ファルコン制覇す』（*Falcon Takes Over*, 1942, アーヴィング・レイス監督、日本未公開）〔『さらば愛しき女よ』*Farewell, My Lovely*, 1940〕

②『殺しの時』（*Time to Kill*, 1942, ハーバート・I・リーズ監督、日本未公開）〔『高い窓』*The High Window*, 1942〕

③『ブロンドの殺人者』（*Murder, My Sweet*, 1944, エドワード・ドミトリク監督）〔『さらば愛しき女よ』〕

④『三つ数えろ』（*The Big Sleep*, 1946, ハワード・ホークス監督）〔『大いなる眠り』*The Big Sleep*, 1939〕

⑤『湖中の女』（*Lady in the Lake*, 1947, ロバート・モンゴメリー監督）〔『湖中の女』*The Lady in the Lake*, 1943〕
⑥『高い窓』（*The Brasher Doubloon*, 1947, ジョン・ブラーム監督、日本未公開）〔『高い窓』〕
⑦『かわいい女』（*Marlowe*, 1969, ポール・ボガート監督）〔『かわいい女』*The Little Sister*, 1949〕
⑧『ロング・グッドバイ』（*The Long Goodbye*, 1973, ロバート・アルトマン監督）〔『長いお別れ』*The Long Goodbye*, 1953〕
⑨『さらば愛しき女よ』（*Farewell, My Lovely*, 1975, ディック・リチャーズ監督）〔『さらば愛しき女よ』〕
⑩『大いなる眠り』（*The Big Sleep*, 1978, マイケル・ウィナー監督）〔『大いなる眠り』〕

なお、このリストを作成するにあたっては以下を参照した。William Luhr, *Raymond Chandler and Film*, 2nd ed. (Tallahassee: The Florida State University Press, 1991), 194-197.

2 西村清和『イメージの修辞学——ことばと形象の交叉』（三元社、二〇〇九）、一三四。

3 ヴォイス・オーヴァーは、大きく括れば「ヴォイス・オフ（画面外の声）」の一種だとみなすこともできる。両者を区別するのが一般的ではあるが、実際にフランス語ではどちらも「オフの声（voix off）」と呼ばれている。またブリッタ・ショーグレンは、“over”という語が連想させる「上層」や「覆い」ではなく、“off”という語が含意する他者性に重きを置くことから、意図的に「ヴォイス・オーヴァー」という名称の代わりとして「ヴォイス・オフ」を用いている。Britta Sjogren, *Into the Vortex: Female Voice and Paradox in Film* (Urbana: University of Illinois Press, 2006), 6.

4 原作の邦訳には一九五八年の清水俊二訳『長いお別れ』と二〇〇七年の村上春樹訳『ロング・グッドバイ』の二種類がある。本書では清水訳を用いるため、本文中で『長いお別れ』と表記されている場合は原作を、『ロング・グッドバイ』と表記されている場合は映画版を指す。

5 Sarah Kozloff, *Invisible Storytellers: Voice-Over Narration in American Fiction Film* (Berkeley: University of California Press, 1988), 38.

6 小野智恵「ポスト・ノワールに迷い込む古典的ハリウッド映画——『ロング・グッドバイ』における失われた連続性」『交錯する映画——アニメ・映画・文学』杉野健太郎編（ミネルヴァ書房、二〇一三）、二六七。なお、この論考では『ロング・

グッドバイ』の「フィルム・ノワール」というジャンルからの逸脱が論じられているが、改訂版では古典的ハリウッド映画という枠組みからの逸脱へと焦点が変更されており、そのために引用した箇所は削除されている。小野智恵『ロバート・アルトマン　即興性のパラドクス――ニュー・シネマ時代のスタイル』（勁草書房、二〇一六）、一五七―二〇七。

7　中村秀之『映像／言説の文化社会学――フィルム・ノワールとモダニティ』（岩波書店、二〇〇三）、一五一―一五二。

8　小野「ポスト・ノワールに迷い込む古典的ハリウッド映画」、二六一―二六二、二六八―二六九。

9　ポール・シュレイダー「フィルム・ノワール注解」細川晋訳、『FILM NOIR――フィルム・ノワールの光と影』遠山純生編（エスクァイア　マガジン　ジャパン、一九九七）、一〇―三一。

10　中村『映像／言説の文化社会学』、二〇六―二一〇。

11　ジェラール・ジュネット『物語のディスクール――方法論の試み』花輪光・和泉涼一訳（水声社、一九八五）、二五三。

12　レイモンド・チャンドラー『長いお別れ』清水俊二訳（ハヤカワ文庫、一九七六）、五。原文は以下のとおり。“The first time I[Marlowe] laid eyes on Terry Lennox he was drunk in a Rolls-Royce Silver Wraith outside the terrace of The Dancers.” Raymond Chandler, *The Long Goodbye* (New York: Vintage Crime/Black Lizard, 1992), 3. 傍線は引用者。

13　チャンドラー『長いお別れ』、五二三。原文は以下のとおり。“That was the last I saw of him[Maioranos/Lennox]. / I never saw any of them[all characters in the novel] again――except the cops. No way has yet been invented to say goodbye to them.” Chandler, *The Long Goodbye*, 379. 傍線は引用者。

14　レイモンド・チャンドラー『大いなる眠り』双葉十三郎訳（創元推理文庫、一九八九）、六（Raymond Chandler, *The Big Sleep* [New York: Vintage Crime/Black Lizard, 1992], 3）。

15　チャンドラー『大いなる眠り』、二七二（Chandler, *The Big Sleep*, 231）。邦訳では語っている時点と語られている時点に隔たりを感じさせないようにするためか、“and I never saw her again”という原文が「その彼女にも、もう二度と会わないだろう」と訳されている。しかし、本章の文脈ではまさにそのことが問題となるため、原文に則して過去形で訳した。

16　レイモンド・チャンドラー『さらば愛しき女よ』清水俊二訳（ハヤカワ文庫、一九七六）、五（Raymond Chandler,

Farewell, My Lovely [London: Penguin Books, 2010], 1)。

17　チャンドラー『さらば愛しき女よ』、三五八（Chandler, *Farewell, My Lovely*, 306）。

18　シーモア・チャトマン『小説と映画の修辞学』田中秀人訳（水声社、一九九八）、二三八―二三九。引用内の山括弧は原文。

19　用語として「回顧」を使用しなかったのは、それが想起する時点と想起される出来事とのあいだに横たわる時間的距離の長さに関わらず、単に過去を想起することを指すからである。それゆえ、「懐かしむ」という語が入っていることからもわかるように、ある程度の長さの時間的距離を含意する「懐古」を採用した。

20　チャンドラー『長いお別れ』、三一。原文は以下のとおり。"If I had and he told me, it just possibly might have saved a couple of lives. Just possibly, no more." Chandler, *The Long Goodbye*, 22.

21　西村は、『湖中の女』におけるこうした試み、およびC・E・マニーによる「カメラのレンズ＝小説の語り手」という前提に支えられたこの映画の評価に対する批判を行なっている。西村『イメージの修辞学』、一九〇―一九一。C・E・マニー『アメリカ小説時代』三輪秀彦訳（AL選書、一九六九）、二六―二八。

22　チャトマン『小説と映画の修辞学』、二二〇―二二一。

23　Michel Chion, *Film, a Sound Art*, trans. Claudia Gorbman (New York: Columbia University Press, 2009), 342-343.

24　Jay Beck, *Designing Sound: Audiovisual Aesthetics in 1970s American Cinema* (New Brunswick: Rutgers University Press, 2016), 118. 傍線は引用者。

25　『ロング・グッドバイ』における音楽の使用法も特殊なものであるが、それについては次の論考を参照のこと。山本祐輝「物語世界の内外をさまよう映画音楽――映画『ロング・グッドバイ』におけるその機能の分析」『国際文化研究紀要』二〇号（二〇一三）：一三三―一五七。

26　Michel Chion, *The Voice in Cinema*, trans. Claudia Gorbman (New York: Columbia University Press, 1999), 125.

27　Chion, *The Voice in Cinema*, 126.

28　Kozloff, *Invisible Storytellers*, 19-21. このような偏見に対し、コズロフは映像とナレーションによる情報が相互補完的に機能している例を挙げ、原理的に両者が「重複」することはないと反論している。

29 チャンドラー『長いお別れ』、五八（Chandler, *The Long Goodbye*, 42）。傍線は引用者。

30 チャンドラー『長いお別れ』、二一六（Chandler, *The Long Goodbye*, 162）。

31 ジュネットによれば、「一度でも過去時制を用いてあればそれだけで、その語りがこのタイプに属するものであることがわかる」。ジュネット『物語のディスクール』、二五八。

32 ジュネット『物語のディスクール』、二六〇。

33 ジュネット『物語のディスクール』、二六〇。

34 しかし、どの時間的、空間的位置から語っているのかが不明な場合がしばしば存在する。その場合、ジュネットの言う語りの「持続」は生じておらず、その限りにおいて発話は非時間的であると言える。

第五章　〈潜在的な物語〉を語る音

——『ボウイ&キーチ』（一九七四）におけるラジオ音声

はじめに

一九三〇年代のアメリカ南部に生きる銀行強盗の姿を描いたエドワード・アンダーソンの小説『俺たちと同じ泥棒』（*Thieves Like Us*, 1937）は、これまで二度映画化されている。一度目はニコラス・レイによる一九四八年の『夜の人々』（*They Live by Night*）、二度目はロバート・アルトマンによる一九七四年の『ボウイ&キーチ』（*Thieves Like Us*）である。主人公とその恋人との恋愛を主題としたために大幅な改変が施されているレイの作品とは異なり、アルトマンは物語内の出来事や台詞など、比較的原作に忠実な翻案を行なっていると言える。[1] しかし『ボウイ&キーチ』は、原作とも『夜の人々』とも大きく異なる、ある音響的な特徴を持っている。それはラジオ音声の使用法である。

第二章で論じた『M＊A＊S＊H』の拡声器の音声や、第六章で取り上げる『ナッシュビル』の宣伝カーの音などのように、アルトマン映画の音響的特質の一つに、装置を介した音を作品内で繰り返し使用するという点を挙げることができる。『ボウイ&キーチ』のラジオ音声もまた、この例に該当している。この映画のサウンドトラックは、一九三〇年代のアメリカで実際に放送されたことのあるさまざまなラジオ音声で満たされており、その使用回数は二〇回を超える。それらは当時の時代背景を描写する重要な要素であり、物語世界を構成する一種の「サウンドスケープ（soundscape）」として大きな役割を果たしている。[2] だがそれだけではない。これまで検証してきた〈初期アルトマン映画〉が持つ数々の独特な音と同じく、映画の音響的スタイルへとあらためて注意を向けさせるものとなっている。さらには、〈初期アルトマン映画〉に特有の物語的葛藤をも生み出しているのだ。『ボウイ&キーチ』において繰り返し使用されるラジオ音声は、従来、登場人物たちが聞いている物語世界内の音として位置づけられてきた。たとえばポール・ジャイルズやロバート・T・セルフは、本作について論じるなかで、それがあたかも自明であるかのような記述を行なっている。[3] 確かにこの映画では、ラジオの受信機がはっきりと映り込むショットが幾度も現れるし、登場人物がそれを操作するショットもたびたび見受けられる。そのために、全体的な印象としてラジオ音声が物語世界内で流れ、登場人物たちがそれを聞いていると考えるのは不自然ではない。しかし映像と音響の細部に注意してみると、物語世界内の音声であることが疑わしいケースが存在する。三回行なわれる銀行強盗のシーンである。そこで聞こえるラジオ音声は音源が明示されず、物語世界内の音かどうかが決定困難であるのだ。[4]

本章の目的は、この三度の強盗シーンにおけるラジオ音声の機能を明らかにすることである。これらのラジオ音声が他のシーンとは異質な語りを生み出すことによって、強盗シーンは『ボウイ&キーチ』という物語内の出来事の一部であるだけでなく、そこに別種の〈潜在的な物語〉を露呈させる。その〈物語〉とは何かということを考えるにあたって参照するのは、トマス・エルセサーが提起した「動機を持たぬ主人公（unmotivated hero）」である。エルセサーは、一九七〇年代の多くのアメリカ映画の主人公について、彼らの内面や行動原理が古典的ハリウッド映画の主人公とくらべて不透明であることを指摘し、そのような新たな主人公の特性をこの概念を用いて説明した。[5] エルセサーの議論でも取り上げられているように、『ボウイ&キーチ』の主人公ボウイ（キース・キャラダイン）は、まさにこの「動機を持たぬ主人公」に該当する。しかしこの映画には、明確な動機のもとに行動する人物も登場する。それはボウイの強盗仲間のチカモウ（ジョン・シャック）である。彼はある種の

〈物語〉の主人公になりたいという欲望を抱き、それに従って行動するのだ。この欲望が実現される場が、強盗のシーンなのである。

第一節では、『ボウイ&キーチ』の特異性を脚色という観点から明らかにする。具体的には、原作小説および『夜の人々』について、それぞれの語りのモードやラジオと強盗シーンの描写方法、ボウイとチカモウの人物造形を比較検証する。[6] 第二節では『ボウイ&キーチ』における最初の二つの強盗シーンを分析し、そこでの映像と音響の連関がチカモウの潜在的な自己の〈物語〉を露呈させることを指摘する。第三節では、三番目（最後）の強盗シーンにおいて、第二節で検討した〈物語〉がついに挫折するという事態を解明する。

1　原作小説と『夜の人々』

原作小説と『夜の人々』、『ボウイ&キーチ』は主題こそ異なるものの、大まかには物語の全体的な流れを共有している。一九三〇年代のミシシッピ州を舞台とし、ボウイ、チカモウ、Tダブの三人が脱獄したところから物語は始まる。彼らは、チカモウの兄が住むモブリー家に身を寄せ、ボウイはその家の娘キーチに惹かれる。三人は銀行強盗を幾度か成功させるが、ある日ボウイは交通事故で大怪我を負ってしまい、モブリー家で療養することになる。そこで彼はキーチと再会する。二人は恋仲となり、山奥の家を購入して同棲を始める。キーチはボウイに強盗から足を洗って欲しいと伝えるが、ボウイはチカモウやTダブとの関係が壊れることを恐れ、再度銀行強盗に加担する。

物語の結末に関しては、二本の映画はいずれも原作とは異なる翻案を行なっている。原作では、ボウイが刑務所に送られたチカモウを脱獄させるが、二人は喧嘩別れし、ボウイとキーチが警官に射殺されるというエンディングが用意されている。『夜の人々』においては、ボウイとチカモウの決別自体は描かれるものの、チカモウの逮捕やボウイによる彼の救出など、その前後の過程が削除されており、キーチを残して旅立とうとしたボウイが警官に射殺されて幕が閉じられる。『ボウイ&キーチ』は、ボウイとチカモウの決別とそこに至る経緯は原作を踏襲しているが、最終的にボウイだけが警官隊の一斉射撃に遭い、生き残ったキーチ(シェリー・デュヴァル)の旅立ちのシーンが追加されている。

このように三作品とも大まかな筋は共有しているが、『夜の人々』はボウイとキーチの恋愛を前景化するためになされる、細かい設定や出来事に関する原作からの改変が非常に多い。[7] たとえば原作ではモブリー家へ向かう道中、ボウイを車で迎えに行くのはチカモウの兄で、ボウイは警戒して車を見送るが、『夜の人々』では迎えに来るのはキーチであり、ボウイはその車に乗る。一方で『ボウイ&キーチ』は、キーチが生き残ること以外は、物語内の出来事とその展開という点で原作への忠実度が高いと言える。それでも全体的な語りのモード、ラジオの使用法、強盗シーンの描写といった形式的側面に加え、ボウイとチカモウという二人の登場人物の性格に関して大きな改変が見られる。まずはこれらの観点から原作と『夜の人々』を比較する。

原作は「三人称の語り手」によって語られている。ただし、提示される出来事は基本的にはボウイが経験するものに限られている上に、かなりの頻度で使用される自由間接話法によって、ボウイの内面が彼自身の言葉で詳細に語られる。[8] したがって、焦点人物をボウイとしたきわめて「一人称」に近い語り、すなわちジェラール・ジュネットの分類における「内的固定焦点化」の物語言説であることがわかる。[9] また、新聞の文面が七回引用されることで、登場人物たちが関わる犯罪が外部の視点からも記述される。[10] それらはボウイを強盗団の首謀者として報じるなど多少の偏見を持つものの、出来事の整理や情報の補足といった機能を担う。

一方で『夜の人々』は原作とは異なり、その語りは全知の視点からのものである。このことはプレクレジット・シーンにおいて、ボウイとキーチのショットに「この青年とこの娘は、我々に正しく紹介されたことがない。これが真実の物語である」という字幕が重ねられることから窺い知れる。このような語りのモードは本編においても維持される。たとえば、逃避行を続けるボウイたちのシーンの合間に、彼らを見つけ出そうと奔走する警察官たちの――当然ボウイたちが経験しえない――シーンが挿入されたりもする。

次にラジオの使用法はどうであるか。原作ではしばしばラジオが取り上げられるものの、[11] 登場人物たちがその音声を聞いて反応するのは一度しかない。キーチがつけていたラジオからメキシコ民謡の"La Golondrina"とカントリー・ソングの"Nobody's Darling but Mine"が流れてくるのをボウイが耳にするシーンである。[12] 彼は前者をチカモウとTダブとの連帯感に、後者を仲間との関係性をキーチに理解して欲しいという思いや彼女への愛に結びつける。

『夜の人々』では、ラジオ音声は計四回使用される。ボウイとキーチが初めてまともに会話するシーン、三人による初めての強盗の後に車で逃走するシーン、[13] ボウイとチカモウが車内で口論するシーン、ボウイがキーチの待つ隠れ家へ戻ったときのシーンである。これらに共通するのは、物語世界内の音声であることが明示される点、そして音楽によってシーンの情景を盛り上げたり、ストーリーを構築するための情報を伝えたりと、補助的な機能を担っている点である。

最後に、銀行強盗の描写について見ておく。原作で強盗が行われるのは三回である。一度目は、逃走車の運転係となったボウイを軸として銀行の外部の様子が描かれる。その後逃走の最中に、チカモウとTダブが銀行内での出来事を詳細に話す。二度目は、強いて言えば強盗を働くボウイの視点に近いものではあるが、基本的には犯行の客観的な描写がなされる。最後の強盗については、何時に誰が何をしたかが簡潔に記されているのみである。これらすべてに共通するのは、強盗の描写の後、それに該当する新聞記事が引用されることである。つまり描写方法に変化を持たせつつも、新聞記事の引用によって情報を整理するという形式がとられている。この点から原作の語りが、強盗の場面で何が起きたかということ以上に、それをどのように提示するかということに重きを置いているのがわかる。

『夜の人々』では強盗シーンが映像として描かれるのは一度だけである。しかもそれは原作における最初の強盗の場面と同様、銀行内部での犯行の経過を映さない。強盗の最中に顔見知りの男に話しかけられるというサスペンスなど、あくまで運転係のボウイを軸に展開される。その後強盗について触れられるのは、物語の終盤に車内でボウイとチカモウが聞く、襲撃の失敗とTダブが射殺されたことを伝えるラジオ音声の一度きりで、間接的な提示にとどまっている。以上のことから、この映画はどのように強盗が行なわれているのかということに無関心であることが明白である。それはやはり、ボウイとキーチの恋愛という主題から逸脱しないようにするためであると言える。[14]

本節で見てきたことからわかるように、原作はボウイを物語の中心に据えて展開する。さらに彼は、強盗で奪った金をもとに弁護士を雇い、自らが過去に犯した罪の潔白を証明するという目的を持っている。このことは『夜の人々』でも踏襲されており、映画の序盤において明らかにされている（ただし途中からは、キーチとメキシコへ逃れることへと変化する）。それに対し強盗仲間のチカモウは、この二作においてはあくまで脇役の位置にとどまっている。ボウイと衝突することはあるけれども、その心情の描写は作品全体を通しては希薄である。『ボウイ&キーチ』の最大の特色の一つは、脇役であるはずのチカモウの内面や態度を掘り下げ、丹念に描いていることである。加えて、彼を「主人公」としたもう一つの〈物語〉さえもがこの映画には潜在し、露呈し、そして破綻するのである。

2 〈潜在的な物語〉としての銀行強盗——第一、第二の強盗シーン

『ボウイ&キーチ』には、ヴォイス・オーヴァーやフラッシュバックといった、語り手を構築するために一般的に使用される技法は存在しない。ただしボウイの経験にもとづく「制限される語り」によって構成されており[15]、その点で原作に近い語りのモードだと言える。しかし、彼が経験しえない出来事もわずかながら含まれている。二度目の強盗シーン、強盗の「リハーサル」のシーン、ボウイが銃撃される直前のキーチとマティ(ルイーズ・フレッチャー)とのやりとり、キーチが駅から旅立つシーンの四箇所である。それらはこの映画について考える際の重要なポイントなので、後に触れることになる。

『ボウイ&キーチ』には原作と同様、強盗シーンは三回存在する。しかし、描写は大きく異なっている。その特徴の一つが、三回とも位置が決定困難であるラジオ音声が使用される点である[16]。先に言及したセルフとジャイルズの論考は、強盗シーンにおけるラジオ音声を物語世界内のものとして扱っていた。しかし実際には音声の位置を決定するような根拠は存在しない。物語世界内で生起していることが明示されるその他すべてのラジオ音声とはまったく異なる音が使用されているという意味で、強盗シーンは本作において特異な状況下にあるのだ。まずは、最初の二つの強盗シーンを検討する。これらに共通するのは、犯行現場となる銀行の内部が見えない位置から撮影されているということである。

三人で初めて強盗を行なうシーンでは、チカモウとTダブ(バート・レムゼン)が銀行のなかへ入っていくものの、カメラは銀行の外部にとどまる。その間、近辺を周回するボウイの自動車が捉え続けられるため、銀行内部で起きているであろう犯行は画面上に表れない。一方で、このシーンで流れるラジオ音声は『ギャングバスターズ』(*Gangbustards*)というドラマである。この番組は、銀行へ入っていくチカモウとTダブの足並みに同調

するかのように足音を聞かせる。このときすでにボウイの車は画面外へ消えた後なので、カー・ラジオをつけたかどうかは確認できない。ボウイの車を中心に据えたショットへと切り替わってもラジオ音声は継続するのだが、車が角を曲がり見えなくなった瞬間、一時的に停止する。その間、通りにいる人々の話し声などの日常の音のみが聞こえてくる。再び銀行前のショットに移行し、ボウイの車が現れる。そして銀行からTダブとチカモウが出てくるところで、開始時と同様、二人の足並みに同調しながらラジオ音声が再開される。ここでは、ボウイはハンドルを握ったまま追っ手が来ていないかを確認しており、ラジオのスイッチを入れる仕草は見られない。

第二の強盗シーンでは運転手役がチカモウとなり、銀行を襲撃しているボウイとTダブを車内で待つ。このシーンは、上空を捉えるカメラに飛行機のエンジン音が重ねられ開始される。しかし飛行機は飛んでおらず、すぐにその音が『国際秘密警察員スピード・ギブソン』(*Speed Gibson of the International Secret Police*)というラジオドラマ内のものであることがわかる。ドラマが流れているあいだ、チカモウは車内から銀行を注視する。ここでもまた、カメラが空を映しながら右へパンするとき、再び飛行機のエンジン音が被せられる。そのとき、コカ・コーラの無料配布とそれを追う子どもたちが通りがかり、ラジオ音声はフェード・アウトしてしまう。第一の強盗シーン同様、ここでもカー・ラジオが操作されていることは確認できない。銀行の前で無料配布が始まると、コーラを配る女性と子どもたちの声が中心となるような音響設計へと転換する。そしてチカモウがいる地点とは明らかに異なる距離から、フル・ショットで配布の様子が提示される。その後、ボウイとTダブが人質を連れて銀行から出てくるショットに、消えたはずのラジオ音声がフェード・インする。チカモウの車が仲間と人質を乗せて走り去り、シーンは終了する。

この二つの強盗シーンにおけるラジオドラマの音声は、一体どこから聞こえてくるのだろうか。どちらも自動車が使用されるシーンなので、カー・ラジオという音源が想定できるかもしれない。[17] しかし、いずれの強盗シーンでも運転手がそれを操作する様子は見られない。さらに、ラジオ音声と画面との同調や、一時的な停止と再開という、一般的な物語世界外の音が持つ特徴がここでは確認できる。

だが、それだけの理由でここでのラジオ音声を物語世界外に追いやることはできない。そもそもこの映画では、受信機やそれが操作される様子を頻繁に映すことで、ラジオ音声を物語世界内に位置づけようとする、過剰とも言える演出がなされる。そのため、ラジオ音声が物語世界内の至るところから聞こえてくる可能性が常に潜んでいるのである。特に、二つの強盗シーンが終了した直後の各ショットに着目してみたい。それらは、いずれもラジオ音声とともにその発生源である受信機を提示するのである。このことは、（強盗シーンを含む）本作におけるすべてのラジオ音声が物語世界内から聞こえているという印象を高めると同時に、それとは相反する効果ももたらす。直前に配置された強盗シーンのラジオ音声とは、音源の位置に関して明確な差異があることを示唆しているのである。つまり強盗シーンのラジオ音声の位置が決定困難であることは、物語世界内に存在することが明示されたラジオ音声によって、隠蔽されると同時に前景化されるという、両義的な仕方で示されているのだ。

このように特異な形式が与えられることによって、強盗シーンにはその他のシーンとは区別される語りが生じている。その点について詳細に議論する前に、まずは、銀行強盗という行為が登場人物たちそれぞれにとってどのような意味を持つのかを押さえておく必要がある。[18]その手がかりとなるのは、第二の強盗シーンの後、主人公たちの居候先であるマティ（Tダブの義姉）の家のなかで行なわれる、強盗の「リハーサル」のシーンである。

これは、子ども二人を含めたTダブの親戚三人を銀行職員と見立て、Tダブとチカモウが拳銃を突き出し強盗を演じるというシーンである。真剣に「リハーサル」をするチカモウに対し、Tダブは好意を抱いている姪のルーラ（アン・レイサム）にちょっかいをかけているだけのように見える。ルーラは、あまりの馬鹿馬鹿しさに抵抗する。すると、チカモウが「ゲームをやっているんだぞ、黙れ！（You play the game, shut up!）」と怒鳴りつける。

そもそもこのシーンは、その直前の食事中にTダブが読み上げる新聞記事に関係している。記事は三人に懸賞金がかけられていることを伝えており、彼らは「生死を問わず（dead or alive）」という表現に動揺する。つまりこの「リハーサル」は、そのような現実から目を背けるための自己欺瞞的な「ゲーム」であるのだ。このことは、「ゲーム」を行なうチカモウとTダブに該当するわけだが、二人の態度は異なる。Tダブが明らかに遊戯的であるのに対して、チカモウは「ゲーム」であることを自覚しつつも「本番」との区別が曖昧である。それが「ゲームをやっているんだぞ、黙れ！」という台詞の内容と、そのあまりに激しい口調のうちに露呈しているのである。このような状況は、チカモウの精神的余裕が失われつつあることを意味しており、それを裏づけるかのようにこの後、彼のアルコールへの依存は強まっていく。

こうしたチカモウの心理的状況を引き起こす根本的な要因は、彼がメディアに大きく報じられるのを強く望んでいることにある。ただし、死をも恐れぬ犯罪者＝ヒーローとしてではなく、あくまで自己顕示欲を満たすためにすぎない。だからこそ、世間の注目を浴びつつあるというのに、記事に動揺してしまうのだ。この映画において、そのような人物として明確に設定されているのはチカモウだけである。[19] ボウイは自分たちに関する新聞記事に対して興味を示さないどころか、それを読む際に物憂げな表情さえ見せる。Tダブは、新聞を細かくチェックするものの、それは警察の包囲網を調べるなど、強盗団のリーダーとして現状を正確に把握することが目的である。一方でチカモウは、モブリー家で初めて三人が揃って新聞を読むとき（ただしボウイは輪に加わらないのだが）、自分たちについて報じた記事の大きさを気にする。また、田舎者で未熟なボウイばかりが世間の注目を浴びていることに納得できず、彼に嫉妬し、最終的にはそんなボウイが自分を刑務所から連れ出すという手柄をあげたことで屈辱を味わうことになる。それが原因で二人が決別するという、プロット上の重要な出来事に直接関わるレヴェルで、チカモウはメディアに祭り上げられることを欲望しているのだ。つまり彼は、メディアがつくり出すある種の〈物語〉の主人公という存在への憧憬を強く抱いているのである。

　そんなチカモウに対し、ボウイはなりゆきで行動しているだけのように見える。彼の言動からは強盗を行なう動機や目的が見えてこないからだ。しかし前述したように、この映画の語りが基本的に彼の経験に制限されていることから、本作の主人公は明らかにボウイなのである。彼は、エルセサーが言うところの「動機を持たぬ主人公」という一九七〇年代のアメリカ映画における新たなタイプの主人公として規定される。前節で確認したように、身の潔白を証明するという明確な行動の動機を持つ原作や『夜の人々』における主人公ボウイとは、この点で異なるのである。

　こうした動機の欠如が、自らの過去や家族について積極的に語ろうとしない彼の性格に起因するのは確かである。[20]ただし、この映画のプロットが、彼から行動の動機となるものを剥奪しているとも言える。たとえばキーチの妊娠は、ボウイが登場しない数少ないシーンの一つであるキーチとマティとのやりとりにおいて明かされる。その後、ボウイはキーチと話す間もなく銃撃に遭うので、彼は『夜の人々』の主人公とは異なり、キーチの妊娠を知らずに死ぬことになる。つまり、妊娠した恋人やこれから生まれてくる子どもに対する責任感という、彼の行動の動機となりうる要因をあらかじめ排除するような出来事の配列がなされているのだ。また、彼はキーチとメキシコへ逃れるという夢を抱く。このことは直接言及されないのだが、二人が初めて結ばれた夜、『ロミオとジュリエット』のラジオドラマが聞こえてくるなかで、チカモウに教わったメキシコで使われているという鶏の鳴き声の擬声語をボウイが発する点から読み取ることができる。この夢が、彼が強盗を行なう動機であると言えるかもしれない。しかし、ボウイはあるジレンマに陥る。メキシコへ行くにはチカモウの助けが必要であるにもかかわらず、キーチはボウイが強盗仲間と関わるのを嫌がるのだ。つまり彼の夢は元来達成されるはずのないものであり、むしろ彼の行動の曖昧さを強めてしまうのである。

このようなチカモウとボウイにそれぞれ与えられた性格を踏まえた上で、あらためて第一の強盗シーンを検討してみよう。このシーンは、強盗が行なわれている間、銀行の外で待機するボウイの行動を軸に描かれたものであった。この点は、原作および『夜の人々』と同じである。しかし原作では、犯行後のボウイの問いかけや新聞記事の引用によって、銀行内部の様子が事後的に描かれる。『夜の人々』では、車内で待つボウイに顔見知りの男がしつこく話しかけ、逃走が妨げられるというサスペンスが生み出されており、ボウイを中心としたアクションが展開されていた。一方で、『ボウイ&キーチ』では銀行内の様子について言及されることはない。ボウイの行動を際立たせる演出や編集もなされず、車で待機する彼の姿は、街の日常の風景に溶け込んでいるようにさえ見える。つまりこのシーンでは、ボウイがその内面が不透明な「動機を持たぬ主人公」であるという前提において、それでも彼の外面を提示し続けるという、語りの強制力が発動しているのである。

では、第一の強盗シーンにおいてそのような語りが用いられるなかで、ラジオ音声はどのように機能しているのだろうか。車が画面外に消えるのと同時にラジオ音声も停止するという操作は、まさにボウイの姿を物語の中心に据えようとする語りに関わるものである。しかし、ラジオ音声の始まりと再開はどうだろうか。そこではラジオドラマ内の規則的な足音が、銀行に出入りするチカモウとTダブの足並みに重ねられる。ドラマ内での足音は、聞く者に不安を煽るような音楽とともに提示されることから、主人公である「ギャング・バスターズ」という名の警官たちではなく、彼らの敵である悪漢たちのものと推測できる。また、ここで考慮しなければならないのは、過去の事故の後遺症でTダブが足を引きずっているということである。この点は、映画のなかで繰り返し言及されており、実際にこのシーンで強盗を行なう直前にも、足が不自由であるために運転手役が不可能であるというやりとりがなされている。したがって、この力強い足音はチカモウの足並みと連動する音なのであり、彼の動作を強調し、それを物語化する。すなわち、画面上はボウイの行動を提示している只中において、ラジオ音声はチカモウへの追随を行なうことで、彼についての物語を語るのである。これは、強盗の「リハーサル」シーンで露呈していたような〈物語〉の中心的な人物になりたいという彼の欲望の反映であると言える。

このようなチカモウの欲望は、第二の強盗シーンにおいて達成されたかに見える。なぜなら、銀行の外で待機する彼の行動が軸となっているために、ボウイの経験に制限された語りという規則がこの映画で初めて破られるからだ。ボウイに代わり、チカモウが焦点人物となるのである。しかもそれは、第一の強盗シーンにおけるボウイとは異なって、フロントガラス越しに表情が見て取れる距離から撮影されたショット（そこで彼はバックミラーを見ながら帽子のつばを触り、自分の見た目を気にする）や、視点ショットではないがきわめてチカモウの視点に近い位置から銀行を捉えたショットの組み合わせによって構成されている。しかし、このような彼の欲望の達成は一時的なもので終わってしまう。コーラの無料配布の様子を映し出す映像がチカモウを軸としたショット群に取って代わるからである。

こうした語りの対象となる者の交代は、ラジオ音声によって前景化される。前述したように、ここでのラジオ音声に含まれる飛行機のエンジン音は、物語世界内に位置する音を装うものであった。それは、ラジオドラマ内では悪漢を捕らえるために世界中を飛び回る「国際秘密警察員」である主人公の移動手段として提示されている。つまりこのシーンにおけるエンジン音は、忍び寄る警察を意味しており、こうした危険をかいくぐって強盗を続けるチカモウの姿に悪役らしさを付与するよう機能している。ところが、ラジオ音声はコーラの無料配布を追いかける子どもたちの声という、日常にありふれた音に取って代わられる。銀行を真剣に見つめるチカモウの顔のクロースアップに対し、彼の悪役らしさとはかけ離れた音が重ねられるのである。このようにして語られる人物が交代し、強盗シーン自体が中断される。その後、強盗を終えたボウイたちが銀行から出てチカモウが逃走車の運転を行なうとき、再びラジオドラマのテーマ曲が聞こえてくる。これによって、彼の強盗としての行動に再度物語性が付与され、欲望は達成されたかに見える。しかし前景にはコーラを飲む子どもたちがとどまっており、彼の行動は背景へと追いやられてしまう。また、チカモウがボウイたちを拾いに車を回すショットは、それ以前のチカモウの「視点ショット」の続きのようでありながら、そうではないのであって、この点でも彼は画面の中心から外される。

本節ではまず、二つの強盗シーンのラジオ音声の位置が決定困難であることを議論し、その機能を考えるにあたって、登場人物たちの人物造形を検討した。そこでは、「動機を持たぬ主人公」であるボウイに対して、チカモウがメディアに大きく報じられることを欲望する人物であることを明らかにした。それを踏まえると、強盗シーンにおいてはチカモウが主人公であり悪役でもあるような中心的な存在として語られていることがわかる。というのも、ラジオ音声が物語世界内の音を装うことによって、チカモウの動作を際立たせ、彼に悪役らしさを付与しているからである。つまり二つの強盗シーンは、チカモウの自己顕示欲を反映した、彼を主人公とするような『ボウイ&キーチ』のなかに存在するもう一つの〈潜在的な物語〉なのである。

またTダブについては、銀行を襲撃した回数を重ねていくことを生きがいとし、奪った金の使い道も足の指の治療に当てるつもりであり、義姉にモーテルを買い与えるなど現実的である。その意味で彼は、行動に動機が存在するチカモウに近いタイプの人物である。しかしこの映画には、彼を主人公とした〈物語〉は生じていない。ただし彼は、第一の強盗シーンにおける足音や強盗の「リハーサル」への参加と、チカモウの〈物語〉を生み出す要素にことごとく関わっている。つまり、チカモウの〈物語〉があくまでも潜在的なものとして生起するよう、彼の〈物語〉を隠蔽し、表面化するのを抑制する役割を担っているのだと言える。このことは、彼がボウイとチカモウのあいだを取り持つような存在であり、まさにその死後、それまで何とか保てていたバランスが崩れたかのように、チカモウの嫉妬が露わとなってボウイとの決別が生じるという物語内容とも結びつく。

ここで注意しなければならないのは、第二の強盗シーンでは〈物語〉が中断されるということである。つまり、チカモウの欲望が最終的には達成されないことが、すでにこの時点でほのめかされているのである。次節では、最後の強盗シーンにおいて〈潜在的な物語〉が破綻する過程を検討する。

3 〈潜在的な物語〉の破綻——第三の強盗シーン

最後の強盗シーンの直前において、交通事故による怪我から回復したボウイはTダブの隠れ家を訪れる。二人が近況を報告し合うなどしていると、別の部屋で寝ていたチカモウが飛び起きてくる。目の下にはクマができ、顔色が悪い。Tダブによれば、彼は三日前に酔った状態で現れたと言うが、その後も痛飲していたことは明白である。「やあ、チカモウ」と微笑みかけるボウイとは反対に、彼はボウイを睨むように見やって、激しく扉を閉める。こうして、主人公であるボウイへの敵対心が、嫌悪や拒絶を表す態度として明示された直後、再び強盗のシーンが訪れる。

第三の強盗シーンにおいて、初めて銀行内が画面に映し出される。「ヤズー銀行」の文字が書かれた窓ガラス越しに三人が現れ、しばらくするとカメラがズーム・アウトする。このとき、カメラが銀行の天井近くに位置し、建物内を俯瞰するものであることがわかる（図1）。三人が銀行へ入り、Tダブが強盗であることを職員たちに告げる。画面中央のカウンター周りの金はTダブが奪い、ボウイ

図1

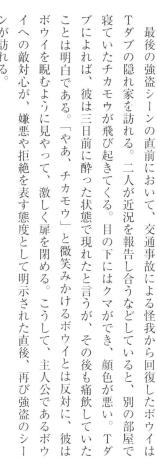

は画面右上の出入り口付近で入ってきた客に指示を与える。チカモウは奥の金庫へと入っていくため、しばらくのあいだフレーム・アウトした状態となる。金の強奪が終わり、三人が銀行を後にしようとすると、職員の一人が慌てて机の下に手を伸ばす。銃を取ろうとしたのだろう。しかし、それに気づいたTダブ、続けてチカモウが男に向けて発砲し、急いで立ち去る。カメラは流血した男の背中へズームしながら、三人の隠れ家を映したショットへとディゾルヴしていく。

これまでの強盗シーンは、最初はボウイ、二度目はチカモウと、銀行の外で待機する一人の人物の経験に特化するかたちで提示されていた。しかしここでは待機する人物はおらず、銀行内を俯瞰するショットによって三人の経験がほとんど平等に提示される。「制限される語り」の原則にもとづくと、このシーンは主人公ボウイの経験に還元されてしまうわけだが、そうしたなかでも、チカモウのフレーム・アウトは特筆すべき点である。三人を平等に捉えようとするカメラに対して、奥の金庫へ入るという強盗としての具体的な役割を果たすがゆえに、画面から外されてしまうのである。したがってこの最後の強盗シーンでは、映像において、チカモウが語りの対象から除かれることが示されている。

そして、これまでの強盗シーンで構築されてきたチカモウの〈物語〉の破綻に際して大きな役割を担うのは、フランクリン・ローズヴェルト大統領の演説、具体的には一九三七年一月二〇日に行なわれた「第二回大統領就任演説」を伝えるラジオ音声である。[21] これまではドラマ形式のラジオ音声が伴っていたが、ここではそういったフィクションではなく、当時の社会的背景を喚起する声明が使用されていることになる。つまり銀行強盗という行為は、ラジオ番組の選択によって、それまでの個人的な〈物語〉という文脈から切り離され、社会的状況へと開かれていく。

さらにこのラジオ音声の位置もまた、それを示す明確な根拠を欠いており、決定困難である。まずこの音声は、物語世界内にあるという印象を強めるような働きをする。ラジオ音声はシーンの開始と同時に聞こえ始め、一時停止や再開などの変化がもたらされることなく、常に一定の状態を維持したまま、シーンが終わるまで絶え間なく聞こえ続ける。そのため、登場人物たちの声や物音と重なってしまい、演説の内容は部分的にしか聞き取ることができない。したがって、登場人物たちがいる銀行内で流れているものであるように鳴り響くのである。

また、この音声は強い残響音が付与されているために空間性を持つ。[22] このシーンを構成する俯瞰的なショットが銀行のガラスの向こう側を部分的に捉えていることと、この残響音を総合させることで、あたかも強盗と同時に付近で演説が行なわれていて、その声が開いたままの扉から流れ込んでいるようにも聞こえてしまうのだ。当然ながら、演説が行なわれたワシントンD．C．とこの映画の舞台であるミシシッピ州との距離を考えると、こういった設定がなされているはずがない。しかしながら、銀行の外で演説が行なわれているように装う操作がなされていることは事実である。それはつまり、演説を伝達する媒体としてのラジオの受信機が消去されていることを表している。

このような音響の在り方は、ミシェル・シオンが提起した「アクースメートル（acousmêtre）」の概念によって説明できるかもしれない。これは、その発生源（話者の口）を見ることができないがゆえに、遍在性や全知全能、パノプティシズム（見られることなく見る）といった力を獲得した声を指す。またシオンはラジオに関して、性質上そこで発話する話者を見ることができないために、それは本質的にアクースマティックな媒体であると述べている。[23] これを本章の議論に適用するならば、ラジオ音声の真の発生源である話者の姿よりも、それを媒介し伝達するラジオの受信機が見えるかどうかが重要となる。なぜならば『ボウイ&キーチ』の三つの強盗シーンは、ラジオ音声が聞こえるのにもかかわらず、受信機の存在が明示されないという点で、その他のシーンとは区別されているからである。最初の二つの強盗シーンにおけるラジオ音声は、受信機が見えないことからすると、アクースメートルであると言える。実際にそれらは、前節で明らかにしたように、チカモウの潜在的な欲望を露わにするという意味で全知と結びつけることができるからだ。ただし、そこではカー・ラジオが想定できるために受信機の存在がほのめかされていた。それに対し最後の強盗シーンは、受信機が見えないどころか、その存在を消去しようとする作用までもが確認できるのである。受信機なしでラジオ音声が生起しているということ、それはラジオ音声が物語世界内に遍在し、その空間内を支配するものであることを意味する。

このような空間内の支配によって、演説の音声は、チカモウの行動が物語的なもの、強盗らしいものにならないよう、彼を拘束する。とりわけそのことは、常に聞こえ続けるラジオ音声がほんの一瞬だけ途切れてしまうとき、すなわちTダブとチカモウが順に職員の男に発砲することで銃声がラジオ音声をかき消す瞬間において露呈する。Tダブにとって強盗は単なるビジネスにすぎないので、銃を撃ったのは事を円滑に進めるためでしかない。一方でチカモウは、自らを主人公とした〈物語〉を構築するために、フィクションにおける銀行強盗の典型的なふるまいの模倣として発砲するのである。この瞬間だけ彼は、ラジオ音声をかき消す銃声によって、物語的な強盗らしさを獲得したかに見える。しかし、すぐさま彼を拘束するラジオ音声が聞こえてくるのと同時に、呆然とした表情で動けなくなるボウイが映される。カメラは撃たれた男へゆっくりとズームする。このように、最後の強盗シーンにおいては、銀行職員への発砲が凄惨な行為として描写されている。それは銀行強盗の典型的なふるまいであり、何ら不自然なものではないはずであるにもかかわらず、このような表現が行なわれているということは、このシーンでは残虐な行為に積極的ではないボウイの理解や感情を優先的に提示するような語りのモードが採用されていることを意味する。したがってここでは、強盗を行なう動機に欠けるボウイが主人公であることが前景化されるために、強盗らしくふるまってもチカモウはもはや主人公になることが不可能なのである。こうして、チカモウを主人公として語る〈潜在的な物語〉は破綻する。

前の二つの強盗シーンがいずれもショットとラジオ音声が断ち切られるかたちで終了するのに対し、最後の強盗シーンは三人の隠れ家の内部を映すショットへのディゾルヴによって結ばれる。それに伴ってラジオ音声もフェード・アウトする。このディゾルヴとフェード・アウトは、〈潜在的な物語〉を枠づけていた枠そのものの消失を意味する。そのようにして強盗シーン＝〈物語〉は、本来それとは区別されるべきその他のシーンへと溶け出していくのである。

おわりに

以上、『ボウイ&キーチ』の三つの強盗シーンとそれぞれにおけるラジオ音声を分析してきた。最初の二度の強盗シーンでは、ラジオ音声はチカモウへと追随し、彼を主人公としたもう一つの〈潜在的な物語〉を構築する。しかし最後の強盗シーンは、それまでと同じようにラジオという媒体を伴っていながら、それに異なる機能を持たせることで〈物語〉を破綻へと導く。一方で物語内容のレヴェルでは、チカモウは強盗を働くことで世間からの注目を集めたい、すなわちメディアがつくり上げる〈物語〉の主人公になることを欲望し、挫折する。強盗シーンとそこでのラジオ音声は、この映画の真の主人公であるボウイの物語のなかに、脇役であるチカモウの〈潜在的な物語〉を割り込ませる。つまりこの状況は、ボウイとチカモウとのあいだで繰り広げられる、外的焦点化をめぐるせめぎ合いなのである。このようにして『ボウイ&キーチ』では、〈初期アルトマン映画〉の物語的葛藤が、まさに登場人物間に存在する対立的関係と連動することで、最も明確に、洗練されたかたちで表出しているのだ。

また、本章で明らかにしたチカモウという人物の特質は、彼自身の性格やふるまい、あるいは見た目が完全にヒーローのそれとはかけ離れたものであるにもかかわらず、古典的ハリウッド映画の主人公を特徴づける要素と共通している。デイヴィッド・ボードウェルとクリスティン・トンプソンによれば、「古典的ハリウッド映画の物語を進行させる機能を果たす登場人物の重要な特徴の一つは、欲望であ」り、作品にはそれを阻もうとする「対抗勢力、すなわち葛藤を生む敵対者が存在する」。[24] ここでの対抗勢力および敵対者とは、これまでの議論を通じて明らかにしたように、ボウイである（ただし彼は、自分がチカモウの欲望の達成を阻んでいるとは必ずしも理解していないのだが）。つまり一九七〇年代における新たなアメリカ映画としての『ボウイ&キーチ』は、ボウイという新たなタイプの主人公の物語を基盤としながら、実は古典的ハリウッド映画の基本的な物語構造を取り込みつつ、それを強盗シーンというもう一つの〈潜在的な物語〉において成立および破綻させていることになる。

このような異なるスタイルの混在は何を意味するのか。それは、アルトマンが古典的な映画の作り手ではなく、また完全にニュー・ハリウッド的な作家でもないという事実であり、その両者に対する批評的態度の同時的な表明なのである。[25]『ボウイ&キーチ』のラジオ音声は、アルトマンの作品がそのようなあわいを生きるものであるということを、まさに物語世界の内外という境界を漂う音として、その響きのなかで示している。そしてそのことが、作品にまったく独自のテクスチャーを与えているのだ。

注

1　アルトマンはインタヴューで、原作に惹かれ、それを映画化したいと強く望んでいたことを明かしている。ただし『夜の人々』については、『ボウイ&キーチ』の製作に入るまで見たことがなかったという。ロバート・アルトマン『ロバート・アルトマン――わが映画、わが人生』デヴィッド・トンプソン編、川口敦子訳（キネマ旬報社、二〇〇七）、一一二―一一三。

2　「サウンドスケープ」はカナダの作曲家R・マリー・シェーファーによって提起された音の環境を意味する概念であり、聴覚的に感知されるようなある種の風景を指す。シェーファーはサウンドスケープを次の三つに区分している。第一に「基調音(keynote sound)」は、「特定の社会において絶えずきこえている」けれども意識的には知覚されないような、いわば背景となるような音を指す。第二に「信号音（sound signal)」とは、「人が特に注意を向けるすべての音」を意味し、基調音に対し前景となる音である。第三に「標識音（soundmark)」は、「その共同体の人々によって特に尊重され、注意されるような特質を持った共同体の音」を指し、視覚における「陸標（landmark)」からつくられた語である。『ボウイ&キーチ』のラジオ音声は、物語世界において意識的に聞かれることもあれば、生活のなかで聞き流されてしまうような音として提示されてもいるし、一九三〇年代のアメリカの家庭という一種の共同体の生活に根づいた音でもある。つまり上記の三つの区分すべてに該当しながら、サウンドスケープを構築していると言える。また、シェーファーはラジオについても議論を展開しているが、これら三つの音との関係については言及していない。R・マリー・シェーファー『世界の調律――サウンドスケープとはなにか』鳥越けい子・小川博司・庄野泰子・田中直子・若尾裕訳（平凡社ライブラリー、二〇〇六)、三六―三八、二〇九―二一八、五五八、五五九、五六一。

3　ジャイルズは、『ギャングバスターズ』や『国際秘密警察員』といった番組を登場人物たちがラジオで聞いていることを前提に議論を進める。しかし本章の第二節で指摘するように、この二つこそが、登場人物たちが聞いているかどうかが曖昧な音なのである。またセルフは、この映画のラジオ音声を一括して、「さまざまなかたちでストーリーの展開に注釈をつけるような物語世界内の存在［an internal diegetic narrative presence］」とみなす。その最初の例として「『ギャングバスターズ』という警察もののラジオ番組が、最初の銀行強盗シーンのあいだに放送される」と述べている。Paul Giles, *American Catholic Arts and Fictions: Culture, Ideology, Aesthetics* (Cambridge: Cambridge University Press, 1992), 320. Robert T. Self, *Robert Altman's Subliminal Reality* (Minneapolis: University of Minnesota Press, 2002), 183.

4　この三つに加えて、ボウイが交通事故を起こす直前、彼とチカモウがそれぞれ自動車を運転する際に聞こえるブルース調の音楽も位置を決定することができない。また冒頭、タイトルが表示される際に流れるアメリカ合衆国国歌の前奏が唯一、本作において物語世界外の音であることが明白な例である。しかし両者ともに音楽という形式をとっているがゆえに、そもそもラジオ音声であるかどうかが判別不可能であるため、ここでは議論の対象から外すことにする。

5 Thomas Elsaesser, "The Pathos of Failure: American Films in the 1970s: Notes on the Unmotivated Hero," in *The Last Great American Picture Show: New Hollywood Cinema in the 1970s*, eds. Thomas Elsaesser, Alexander Horwath and Noel King (Amsterdam: Amsterdam University Press, 2004), 280-281.

6 アンダーソンによる原作は、一九三〇年代前半にアメリカ中西部で銀行強盗や殺人を繰り返し、最終的に警官隊に射殺されたボニー・パーカーとクライド・バロウの実話に着想を得たものである。二人の逃避行をモデルとした映画作品は、フリッツ・ラングの『暗黒街の弾痕』（*You Only Live Once*, 1937）を起源として、ジョセフ・H・ルイスの『拳銃魔』（*Gun Crazy*, 1950）やアーサー・ペンの『俺たちに明日はない』（*Bonnie and Clyde*, 1967）などへとつながっていくが、本書が関心を寄せるのはアンダーソンによる原作の映画化であり、アウトロー・カップルの逃避行ものという系譜における『夜の人々』や『ボウイ&キーチ』の位置づけについては議論の対象としない。映画史におけるボニーとクライドの物語の系譜については、以下を参照のこと。蓮實重彦、山田宏一『傷だらけの映画史——ウーファからハリウッドまで』（中公文庫、二〇〇一）、五五—五八。

7 レイは、『夜の人々』を恋愛の物語として構想していた。そのことは一九四六年八月六日に書かれたシナリオ草稿の冒頭、次のような但し書きがあることから明らかである（以下は、ベルナール・エイゼンシッツによるレイの評伝からの引用）。「これは暗黒街の映画ではない［……］。やさしさに満ちており、冷笑的なものではない。悲劇的なのであって、残忍なのではない。〝ラブ・ストーリー〟であり、また〝教訓物語〟——ただしわれわれの時代のテンポを持った——でもあるのだ」。ベルナール・エイゼンシッツ『ニコラス・レイ——ある反逆者の肖像』吉村和明訳（キネマ旬報社、一九九八）、一四八。傍点は原文。

8 例としては、三人で初めて強盗を行う前夜、なかなか寝つけないボウイの心情が彼自身の言葉を交えながら語られる箇所などが挙げられる。Edward Anderson, *Thieves Like Us* (n. p.: Black Mask, 2008), 46.

9　ジェラール・ジュネット『物語のディスクール——方法論の試み』花輪光・和泉涼一訳、水声社、一九八五、一二二。

10　Anderson, *Thieves Like Us*, 27-28, 63-64, 88-89, 117-119, 143-144, 164, 169-170.

11　たとえば、車にラジオの受信機をつけておくようTダブがチカモウに指示を与えることや、ボウイとキーチが受信機を買いに行くことが挙げられる。Anderson, *Thieves Like Us*, 51, 101-102.

12　Anderson, *Thieves Like Us*, 103. ただし、"La Golondrina"は物語の中盤に一度ラジオ音声として現れる（Anderson, *Thieves Like Us*, 64）。だが、語り手はそれに対する登場人物の反応には触れない。

13　この逃走シーンで使用される音楽は、物語世界外から聞こえる映画音楽のようでもある。しかし、車内／車外のショットに応じて音量が異なる上、車を燃やす際に発振音を伴って消えることから、物語世界内で流れるラジオ音声として設定されているのがわかる。

14　加えて、映画製作倫理規定の影響も大きいと考えられる。「違法行為」の項目を参照のこと。「補遺　映画製作倫理規定」加藤幹郎『映画　視線のポリティクス——古典的ハリウッド映画の戦い』（筑摩書房、一九九六）、一六一、一七二。

15　デイヴィッド・ボードウェル、クリスティン・トンプソン『フィルム・アート——映画芸術入門』藤木秀朗監訳、飯岡詩朗・板倉史明・北野圭介・北村洋・笹川慶子訳（名古屋大学出版会、二〇〇七）、八〇—八二。

16　本作では、音声の位置の決定を撹乱する操作がいくつか見られる。たとえば、第一の強盗が行なわれる直前において、三人の会話がどこから聞こえてくるのかがなかなか明らかにされず、銀行前に座り込む黒人たち、次いで左からフレーム・インしてくる車といった「おとり」が利用される。また、キーチが旅立つ駅のシーンにおけるラジオ音声と赤ん坊の泣き声は、受信機と赤ん坊の姿があらかじめ提示されているのにもかかわらず、階段を上っていく人々のスローモーションに被さって、物語世界から乖離していくかのように響き始める。こういった作品全体における音響設計は、強盗シーンにおける特異なラジオ音声と密接に結びついていると言える。

17　水越伸の調査によれば、カー・ラジオの年間販売台数は一九三四年に一〇〇万台を超え、その後も増加傾向にあった。したがって『ボウイ&キーチ』は、カー・ラジオがすでに普及し、「大衆化」した社会を想定している可能性は高い。実際に登場人物が車のなかでラジオ番組（Tダブが警官に射殺されたことを伝える報道）を聞く箇所も存在する。水越伸『メディアの生成――アメリカ・ラジオの動態史』（同文舘出版、一九九三）、九三―九四。

18 主人公たちが銀行強盗を行なう理由として、当然ながら、それが不況下において生き延びるための唯一の術であったことが考えられるだろう。ただし、レオナルド・クォートや彼の論考を引用するジャイルズが指摘するように、この映画では大恐慌が彼らの犯罪の直接的な原因として強調されていないのである。なぜであるか。それは、まさに本章が明らかにするように、銀行強盗という行為が持つ意味合いが各登場人物たちによって異なることを示すためである。Leonard Quart, “On Altman: Image as Essence,” *Marxist Perspectives* 1, no. 1 (Spring 1978), 121-122. Giles, *American Catholic Arts and Fictions*, 319-320.

19 この点に関して従来、登場人物ごとに差異があるということは必ずしも指摘されておらず、むしろ三人は一括りにされて論じられる傾向にあった。たとえばジャイルズは、「アルトマンの映画版における泥棒たちは、［……］社会に自身の名を知らしめることを欲望している」と述べているし、エルセサーも「『ボウイ&キーチ』において、主人公たちは［……］自身について書かれた新聞記事を読みたがる」としている。Giles, *American Catholic Arts and Fictions*, 320. Elsaesser, “The Pathos of Failure,” 285. 傍線は引用者。

20 たとえば、共に脱獄し、ボウイが連帯感を抱いているはずのチカモウやTダブですら、彼が殺人で逮捕されたという過去を新聞記事で初めて知ることになる。

21 ここでの演説の全文および音声は、ヴァージニア大学のウェブサイトにおいて確認することができる。ここでローズヴェルトは、アメリカが直面している経済状況や国民生活に関する諸問題を解決するためには、何よりも政府の権限を拡大していく必要性があると説く。University of Virginia, “January 20, 1937: Second Inaugural Address,” Miller Center, http://millercenter.org/president/fdroosevelt/speeches/speech-3308 (accessed December 2, 2020).

22 前掲のウェブサイトの音源では、ローズヴェルトの声にそれほど強い残響音は付与されておらず、現段階では、映画で使用されるにあたってこの残響音が付け加えられたものであるのかどうかを判断することはできない。また、声に残響音を付与する／しないことで生み出される効果については以下の論考を参照のこと。Rick Altman, "Sound Space," in *Sound Theory/Sound Practice*, ed. Rick Altman (New York: Routledge, 1992), 61-62. Michel Chion, *The Voice in Cinema*, trans. Claudia Gorbman (New York: Columbia University Press, 1999), 51.

23 Chion, *The Voice in Cinema*, 18-21, 24-25. ただしシオンが指摘するようなアクースメートルが有するいくつかの力能は、話者の口元が見えそうで見えないという宙吊りの状況において、とりわけ強く作用するものであるように思われる。

24 ボードウェル、トンプソン『フィルム・アート』、八六―八七。傍点は原文。

25 ジャンルとしてのギャング映画という観点でも、ヒロイックな死を遂げるボウイの物語を基盤としつつも、死ぬことを許されないチカモウの〈物語〉が潜在するという点に批評性を見出すことができるだろう。ギャング映画の変遷については、以下のトマス・シャッツの著書において体系的に整理されている。Thomas Schatz, *Hollywood Genres: Formulas, Filmmaking, and the Studio System* (New York: McGraw-Hill, 1981), 81-110. また、シャッツに対する批判として、スティーヴ・ニールの議論も参照のこと。Steve Neale, *Genre and Hollywood*, (London: Routledge, 2000), 76-82.

第六章　ステレオのパラドクス
──『ナッシュビル』（一九七五）における宣伝カーの音声

はじめに

ここまで本書では、『雨にぬれた舗道』以降のアルトマン作品において独特な音響が使用されていることを指摘し、それが特異な物語を生み出していることを検証してきた。そうすることで、〈初期アルトマン映画〉という独自の時期区分の有効性を示してきた。最終章となる本章で論じるのは、モノラル方式からステレオ方式へと移行した後に発表された『ナッシュビル』（*Nashville*, 1975）である。この映画を分析することによって、〈初期アルトマン映画〉を特徴づけていた諸要素がその音響フォーマットの変更によってどのように変容するのかを解明する。

『ナッシュビル』は、テネシー州ナッシュヴィルを舞台として、政権交代を目指す大統領候補ハル・フィリップ・ウォーカーの選挙キャンペーンにまつわるさまざまな出来事を描いた作品である。キャンペーンの目玉として、地元で人気のカントリー音楽の歌手たちによる後援コンサートが開催されるまでの五日間に焦点が当てられる。本作を特徴づけるのは、総勢二四人に及ぶ主要な登場人物たちによって展開される、きわめて複雑な物語形式である。たとえばデイヴィッド・ボードウェルは本作を「ネットワーク・ナラティヴ（network narratives）」という特殊な物語形式の一つとみなしている。それは、「AはBの友人でCの兄弟であり、Dの家主でEの恋人でもある。一方で、EはDの姉妹でBの雇い主である」というような「細分化されたつながり」から構築される物語である。[1]『ナッシュビル』では二四人が複雑に関わり合いながら、数多くのエピソードが紡がれていき、最終的にコンサートのシーンで集合することになる。

このような『ナッシュビル』の入り組んだ物語形式は、本作で使用される「重なり合う会話」の技法と関連づけて論じられてきた。序章でも言及したが、リック・アルトマンは論文「二四トラックの物語？――ロバート・アルトマンの『ナッシュビル』」のなかで、本作における複数の台詞の重なり方を議論している。古典的ハリウッド映画では、中心となる一つの物語を直線的に提示することが求められる。それゆえ、物語を最も効率よく伝達するような台詞が、最終的なミックスの段階において優先され、前景化されることになる。リック・アルトマンは、これを階層化された音響と呼ぶ。一方で『ナッシュビル』のサウンドトラックでは、音は非階層的に重なり合っており、多層的な音響が構築されている。このようなミックスによって、観客は自らの関心に応じて聴く音を自由に選択することができるようになるというのだ。『ナッシュビル』は、このような「音の民主化（democratization of sound）」を具現化する可能性をそなえた作品であることが論じられる。[2]

観客による能動的な聴取に関して、リック・アルトマンの議論が問題を抱えていたのは序章で指摘したとおりである。本章において検討するのはそのことではない。結末のシークエンスにおいて「音の民主化」が挫折するのに伴い、この映画が一元的な物語として統合されることを作品の瑕疵とみなして批判している点である。それまで多層的に重なり合っていた『ナッシュビル』の音は、最後のパルテノン神殿のシークエンスに入った途端、古典的ハリウッド映画と同様の階層的な録音へと変化する。会話する複数のグループが映っているのにもかかわらず物語上重要な登場人物たちの会話が優先され、コンサート中も聴衆の声が聞こえてくることはなく、ステージ上の演奏だけが提示される。つまりこのシークエンスのサウンドトラックは、ここでのメインとなる出来事、すなわちケニー（デヴィッド・ヘイワード）による歌手バーバラ・ジーン（ロニー・ブレイクリー）への銃撃という単一の出来事を物語ることに奉仕しているのだ。『ナッシュビル』は革新的な音響を有していながら、最終的には古典的な録音および語りから抜け出すことができなかった、リック・アルトマンはその点を批判的に論じているのである。[3]

パルテノン神殿のシークエンスへと移行した後から作品の音響的スタイルが変化し、映画が単一の物語へと還元されるという指摘自体に間違いはなく、そこで行なわれている分析に対して異論はない。問題は、結末においてそのような録音ないし語りが採用されていることをどのように解釈するかという点にある。『ナッシュビル』は、果たして本当に「音の民主化」をその極致にまで到達させることを企てており、それに失敗したのだと言えるのだろうか。ジェイ・ベックは、リック・アルトマンに反論するかたちで、次のように述べている。この映画は、「トラウマが生じたその瞬間において回復されるような、国民の統一性という虚偽の感覚をつくり上げようとする最終的な試みによって締めくくられている」。[4] 筆者は、このベックの見解と立場を同じくする。つまり、「音の民主化」が最終的に退けられるのは「失敗」なのではなく、『ナッシュビル』はそのようなアイロニカルな作品として成立しているのではないか。本章の目的は、そのアイロニーがどのようなものであり、いかにして映画的に表象されているかを明らかにすることにある。

作品を分析するにあたって着目するのは、全体を通じて繰り返し聞こえてくる大統領候補ウォーカーの演説を流す宣伝カーの音声である。これは〈初期アルトマン映画〉を特徴づけていた装置を介した音声の一種なのだが、『ナッシュビル』はステレオ音響を採用することによって、この音声に〈初期アルトマン映画〉とは異なる機能を付与している。そしてこの音は、とりわけ二四人の登場人物のうちのある一人と関連づけられる――すなわち「追随」を行なう。その人物とは最後のシーンでバーバラを撃つケニーである。本章では、宣伝カーの音声とケニーの両者がいずれも、この映画の物語世界におけるある種の「外部」であることを指摘し、ひいては両者の結合が〈初期アルトマン映画〉とは別種の物語の複数性を生み出していることを論じる。

第一節では、映画テクストに即して宣伝カーの音声を詳細に分析し、その空間的位置について考察する。第二節では、まず、この音声がケニーに対しどのようにして追随を行なっているかを検討する。そのようにして語られるのが、「暗殺者」としてのケニーの物語である。この節では、彼が政治的対象を標的としていたという根拠を、映像と音響のなかに見出していく。このような手順を通じて、結末において生じる物語の一元的な統合というアイロニーがいかなるものであるかを明らかにすると同時に、その根本的な要因がステレオ音響にあることを指摘する。


議論の前に『ナッシュビル』のあらすじを説明しておく。だがすでに述べたように、本作には二四人もの主要登場人物が存在し、彼らのエピソードが複雑に絡み合っていることから、筋の通った要約を提示するのはほとんど不可能である。そのため、ここでは『ナッシュビル』の中核をなしているように思われる三つのエピソードに限定して、作品の物語内容を確認する。

第一は、歌手バーバラをめぐる物語である。ここで背景となるのは、ナッシュヴィルで絶大な人気を誇るバーバラを政治利用しようと考える選挙キャンペーンの首謀者トリプレット（マイケル・マーフィー）らウォーカー側の人間たちと、それを頑なに拒否するバーバラの夫でありマネージャーでもあるバーネット（アレン・ガーフィールド）との対立である。そのなかにあって、当事者として立たされたバーバラは精神的に衰弱していく。最終的に彼女は後援コンサートのステージに立つものの、客席からケニーに撃たれることとなる。

第二は、トム（キース・キャラダイン）とリネア（リリー・トムリン）の不倫関係にまつわるエピソードである。人気フォーク・トリオのメンバーであるトムは、グループのメンバーで既婚者のマリー（クリスティナ・レインズ）や、自称ＢＢＣのリポーターであるオパール（ジェラルディン・チャップリン）と関係を持ち、ミュージシャンの追っかけに夢中のマーサ（シェリー・デュヴァル）からも誘惑されている。しかし彼は、ゴスペル歌手であり障がいを抱えた二児の母であるリネアに幾度も電話をかけ、懸命に口説き続ける。結果的に二人はモーテルで関係を持つことになる。だが、リネアが帰宅する間際、彼女はトムにとって都合の良い女の一人でしかなかったことが判明する。

第三はスーリーン・ゲイ（グウェン・ウェルズ）の挫折を描いたエピソードである。歌手を夢見てはいるもののまったく歌唱力のないスーリーンであったが、トリプレットらが主催するウォーカーの資金集めのイヴェントへの出演が決定する。だが、観客は誰も彼女の歌を聞いていないばかりか、ブーイングが起こる始末である。場を鎮めるためには服を脱ぐしかないと言われた彼女は、コンサートでバーバラと共演できることを条件に、即興のストリップ・ショーを行なう。最後のコンサートのシーンで、彼女はバーバラが歌うステージの端に無言で立ち続ける。そしてバーバラが撃たれた後、偶然マイクを手渡された無名の歌手アルバカーキ（バーバラ・ハリス）が、聴衆の大合唱を巻き起こす瞬間を目の当たりにするのであった。

1　非ステレオ的音声としてのウォーカーの声

コマーシャル風につくられた映像において、ナレーターが二四人の俳優たちを次々と紹介していく。そしてナレーターが読み上げる次の文言によって『ナッシュビル』は幕を開ける。「華麗なるスターたちの競演を、目の前に広がる魔法のようなステレオ音響［the magic of stereophonic sound］と鮮やかな映像で、コマーシャルに邪魔されることなくお楽しみください」。この時点ですでに、『ナッシュビル』という作品は「ステレオ音響」という直接的な言葉によって、そのサウンドトラックへと注意を促す。

そもそも映画史において、ステレオ音響はどのような変遷をたどってきたのか。映画館で初めてステレオ音響が流れたのは、一九四〇年公開のディズニー映画『ファンタジア』（*Fantasia*）であった。[5] その後一九五〇年代半ば、シネラマやシネマスコープといったワイドスクリーンによる作品、およびアンドレ・ド・トスの『肉の蝋人形』（*House of Wax*, 1953）などの3D映画が数多く製作される。そこでは映像的側面における新技術だけでなく、それに付随して従来の光学式によるモノラル音響から磁気式のステレオ音響へのフォーマットの転換が行なわれることになる。だが小規模の映画館にとっては、ステレオ音響を再生するための設備の変更は大きな負担であり、必ずしもこの時期以降、磁気式のステレオが定着したというわけではなかった。それゆえ一般的には、五〇年代半ばのワイドスクリーンの登場に伴うステレオへの転換の試みは失敗とみなされている。ただしジョン・ベルトンによれば、五〇年代後半までに、全米の映画館の総数の約四分の一にあたる一万軒以上もの劇場がステレオ音響を再生できる設備へと転換しており、そのほとんどが大規模な一番館であったという。つまり実際には多くの人々が、この時期に磁気式サウンドトラックの迫力ある音響を体験していたということになる。[6]

だが当時の観客たちに対して、ステレオは期待されていたある効果を充分に発揮することができなかった。それは、「強力なリアリズム」である。すべての音が一箇所から聞こえてくるモノラルにくらべ、左右の次元を持つステレオの方が作品のリアリズムを高めると考えるのはごく自然なことであるだろう。しかしベルトンは、白黒からカラーへの技術的転換を参照しつつ、新たな技術がリアリティではなく過剰あるいはスペクタクルとして受容されてしまう可能性を指摘する。つまり当時の観客たちの注意は、ステレオ音響を再生できる装置それ自体の新規性へと向けられてしまっていたがゆえに、彼らにとってそれは非現実的に――反対に、慣れ親しんだモノラルの音は現実的に――鳴り響いていたのだった。その後、ワイドスクリーンは、ステレオではなくモノラルと組み合わせられる。このように作品にリアリティを与えるモノラルの音に補助されることを通じて、当時の観客たちは、ワイドスクリーンという新技術を徐々に受け入れることができたのである。[7]

それ以後ステレオ音響は、「非現実性」の提供を目的とするような大作映画でしばしば用いられることになる。ただし一般的な普及は、ドルビー・ラボラトリーズによって開発された光学式のステレオ音響システムが導入される一九七五年――すなわち『ナッシュビル』の公開年――まで待たなければならなかった。ワイドスクリーンと磁気式のステレオが導入されてからおよそ二〇年が経過したこの時代、ステレオ音響はドルビーによって、高性能なノイズ除去機能を通じてもたらされるクリアな音質や、幅広い周波数をカバーできるダイナミックな音響を獲得する。一九七八年に発表されたチャールズ・シュレーガーの文章には次のように記されている。「それは現実的に鳴り響くことだろう。そしてあなたとともにあることだろう。ドルビーが違うのはそこなのである」。[8]こうして、ステレオ音響はようやくリアリスティックなものとして聞こえるようになるのである。

作品に戻ろう。前述のコマーシャル風の映像が終わった直後、画面に初めて物語世界が映し出される。その瞬間に現れるのもまた、きわめて音響的な事物である。車庫のシャッターが開き、大統領候補ウォーカーの演説を大音量で流す宣伝カーが出てきて、街中を通り抜けていく様子が提示されるのである。

『ナッシュビル』では、この宣伝カーが計八回登場し、そのうち七回はウォーカーの演説を伴っている。以下、宣伝カーが現れる箇所と演説内容とを簡潔にまとめておく。

①映画の冒頭、車庫から出てくるシーン。政治に対する無関心を批判する内容。
②バーバラの到着に沸く空港のシーン。政治参加を呼びかける内容。
③バーバラの失神後、人々が空港を後にしようと車に乗り込むシーン。議会の構成人数の多くを弁護士が占め

ていることを批判する内容。
④事故による大渋滞のシークエンス。新たな国歌の必要性を説く内容。
⑤車のなかで寝ていたアルバカーキが外へ出て行くシーン、およびケニーがミスター・グリーン（キーナン・ウィン）の営む下宿に到着するシーン。経済的な観点から現行政府を批判する内容。
⑥宣伝カーが病院の横を通り過ぎる一瞬のシーン。現行政府の勢いがなくなってきているという内容。
⑦宣伝カーが車庫に戻るシーン。教会が非課税であることを批判する内容。
⑧パルテノン神殿でのコンサート開始前のシーン。唯一、ここでは演説が流されていない。

このように宣伝カーは街の至るところを走り抜け、時折そのなかから広告をばら撒くキャンペーン・ガールたちが降りて来るなどする。だが、スピーチを行なう当のウォーカー自身は一度も画面上に姿を見せない。この映画において彼は、あらかじめ録音された、スピーカーから再生される声としてのみ存在しているのである。[9] そして、どこからともなく聞こえてくるその声は、独特な響きを持っている。では、この音声は本作のサウンドトラックにおいてどのように位置づけられ、いかなる機能を持つのだろうか。

リック・アルトマンの論文「二四トラックの物語?」は、本章の冒頭でも触れたように、重なり合う会話の技法を主題的に扱った論文である。しかし、わずかではあるものの、宣伝カーの音声にも言及している。そこでは、この音声には「空間的署名［spatial signature］」が欠如しているということが指摘されている。[10]「空間的署名」とは何か、リック・アルトマンは別の論考において次のように定義している。「それが生み出される空間的環境に応じ、あらゆる音によって与えられたしるし［testimony］」。すなわち、どこから聞こえてくる音なのかを明確に示すような、たとえば残響や周波数、音量といった音が有する物質的なしるしであると言い換えられるだろ

図1

図2

う。[11] リック・アルトマンの『ナッシュビル』論で指摘されているのはつまり、たびたび聞こえてくる宣伝カーの音声には、このような特定の空間から発せられていることを示すようなしるしが付与されていないということである。そしてその要因が、同時録音ではなく、ポストプロダクションの段階においてダビングされた音だという点にあることが述べられているのだ。[12] しかしその一方で、この音声が持つ機能については、一見すると「空間的署名」の欠如とは矛盾しているようにも思われる、次のような文言によってまとめられている。「宣伝カーのアトランダムな出現は、［……］作品に聴覚的なリアリズムのオーラ［an aura of aural realism］を与える」[13] 音の発生源が不分明となるような音響の処理が施されているにもかかわらず、同時に、そのような物語世界を曖昧に漂う音をリアリズムに還元することが可能だという主張が展開されているのである。ここでは、この見解を単なる誤りとして排除することはしない。むしろ、宣伝カーの音声が占める位置の両義性を、ある意味では正確に記述したものであると考える。そしてその両義性とは、モノラルからステレオへの移行によってもたらされたものなのである。どういうことか、実際に『ナッシュビル』の冒頭のシーンを例に検討してみよう。

カメラはまず、車庫から出てくる宣伝カーをほぼ正面から捉える（図1）。この時点ですでに、ウォーカーは政権交代の必要性を訴える演説を開始している。宣伝カーはすぐに右折し、画面左奥へと遠ざかっていく（図

2）。それに伴い、カメラの位置から離れていくにつれて、宣伝カーのエンジン音の音量も小さくなっていく。次のショットでは画面左から宣伝カーがフレーム・インする（図3）。カメラの前を通り過ぎた後、左折し、画面の奥へと直進していく（図4）。カメラがそれをズームでゆっくりと追っている最中、ウォーカーの声やエンジン音、クラクションに加え、サウンドトラック上にはスネア・ドラムとベースによって刻まれたリズムがフェード・インしてくる。一方で演説は続いている。「我々国民は誰しもが、知ると知らざるとにかかわらず、好むと好まざるとにかかわらず、政治に深く関係しています」。音楽にバンジョーの音色が加わった後、画面はヘヴン・ハミルトン（ヘンリー・ギブソン）が「二〇〇年」（"200 Years"）という曲のレコーディングを行なっている録音スタジオの風景へと切り替わる。ウォーカーの声は一旦途絶える。

図3

図4

ジェイ・ベックは宣伝カーの音声の特徴について、「たとえヴァンがロング・ショットにおいてカメラから遠ざかっているように見えたとしても、その声は残響や音量を一切変化させることなく、直接的に聞こえてくる」と述べている。[14] 冒頭のシーンにおいて見出すことのできる宣伝カーの音声の特質とは、ベックの指摘にあるとおり、その音量と位置がカットをまたいだ場合であってもまったく変化しないということだ。これは、本書で取り上げてきた〈初期アルトマン映画〉に登場する装置を介した音声に共通している点である。『M

＊A＊S＊H』の拡声器や『ボウイ&キーチ』のラジオと同様、この音響的性質によって宣伝カーの音声の位置は曖昧なものとなるのである。

　だが、映画が開始してすぐにナレーターが表明していたように、本作の音響はステレオ方式であり、サウンドトラックが左右の広がりを持つ点において『M＊A＊S＊H』や『ボウイ&キーチ』といった〈初期アルトマン映画〉とは明らかに異なっている。その点に関心を寄せる本書にとっては、ベックが指摘していた画面の奥行きに関わる移動ではなく、左右の移動こそが重要となる。宣伝カーは画面上をまず左へ、そして右へと走り抜ける。にもかかわらず、その移動に伴ってウォーカーの声が左右にパンすることはない。つまり、ウォーカーの声はステレオ性を有していない。このことは、フェード・インしてくる「二〇〇年」がステレオで録音されていること——とりわけ、バンジョーの音が右チャンネルからのみ聞こえてくるという事実——との対比によって前景化されることとなる。このように宣伝カーの音声は、映像のなかにはっきりとその音源が映されている一方で、位置の同定を回避するような音響的性質をそなえているのである。

　だが、かつてミシェル・シオンがドルビー・ステレオへの批判のなかで指摘したように、ステレオ方式を採用している映画の音は、左右へ音が広がることが前提となるがゆえに、常にどこかへと位置づけられなければならなくなってしまう。そのため、ヴォイス・オーヴァー・ナレーションやオフの声は「画面全体を包み込む力」を持たなくなり、物語のなかでうまく機能しなくなるのだという。[15] この見解に従うならば、そのステレオ性をことさらに強調する『ナッシュビル』という作品において、宣伝カーの音声は、どこか特定の場所に位置づけられてしまうというステレオ音響の宿命に対してあたかも抵抗するかのように、位置の不動性および音量や音質の不変性という性質を有しているということになる。だが、そのような齟齬を通じて却って、宣伝カーの音声が「画面全体を包み込む力」を持っていないということが露呈してしまっているのだ。このような特異な響きによって、ウォーカーの声はどこでもない中空を漂う音として鳴り響いているのである。

宣伝カーの音声の位置の曖昧さは、交通事故による大渋滞のシークエンスから、バーバラが運び込まれた病院のシーンへの転換にも見出すことができる。映画の序盤、バーバラを歓迎するセレモニーが空港で開かれるが、彼女は体調不良で気絶してしまう。そのため、本作の主要登場人物たちを含めた来場者は一斉に空港を後にし、登場人物たちが乗る自動車、そして宣伝カーが駐車場から出て行くのが映される。そこからは新たな国歌の必要性を説くウォーカーの演説が流れている。そしてハイウェイにおいて、ある自動車の積荷が落ちてしまったことを契機に、多くの車が絡んだ追突事故が起きる。宣伝カーや空港に来ていた登場人物たちの乗る自動車が事故に巻き込まれ、足止めを食らう様子が画面に映される。そこから大渋滞のシークエンスが始まる。さまざまなグループの会話が次々とつながれていくことで展開していくこのシークエンスでは、ほとんど常に、ウォーカーの声が鳴り響いている。[16] それははじめ、屋外の様子を映し出すカメラと連動して明瞭に聞こえているのだが、リネアがオパールからインタヴューを受けるときからやや音量が下がるように、常に一定の音量や音質で聞こえてくるのではない。

図5

最終的にこの渋滞のシークエンスは、三輪バイクに乗り込む男（ジェフ・ゴールドブラム）を映したショットで閉じられる（図5）。もちろんそのとき、ウォーカーの演説は聞こえている。ウォーカーの声が、"Today in America, with its unmatched resources, it is exceedingly ridiculous, a total absurdity. . . " と言い終えたところで次のショットへと移り、カメラは渋滞の現場とは明らかに異なる、屋内から撮られた風景を映す（図6）。ところが演説は途切れることなく、シームレスに先ほどの続きが始まるので

図6

図7

図8

ある。"...that any citizen with any ailment, mental or physical, should go medically unattended." そしてカメラは、まず通り過ぎていく宣伝カーを窓ガラス越しに捉え（図7）、次にズーム・アウトしてベッドに横たわるバーバラとそれを取り囲む人々を映し出す（図8）。つまりここにおいて宣伝カーの音声は、渋滞の現場とバーバラが運ばれた病院とのあいだにある空間的距離を越えてしまうのである。このようにショットをまたいで聞こえるウォーカーの声は、時間の経過を超えるサウンド・ブリッジであるとみなすことも可能であるかもしれない。だが問題であるのは、病院の室内から宣伝カーが見えてしまうということなのである。そのようにしてウォーカーの声の音源を視覚的に同定可能としてしまうような演出が行なわれているのだ。この点が重要なのは、本作には宣伝カーが二台以上同時に映り込むショットがなく、それゆえ宣伝カーは一台しか存在しないのにもかかわらず、一瞬にして渋滞の現場から病院へと移動してしまうことがこの転換において示されているからである。しかも病室内から見える宣伝カーは、窓ガラスを介することで、微かにぼやけ、歪められた不鮮明なイメージとして現れている。このように宣伝カーは、聴覚的にも視覚的にも、まるで亡霊のごとくナッシュヴィルを漂っているのだ。[17]

議論を整理すると次のようになる。まず、宣伝カーの音声は両義的な位置を占めている。抽象的などこでもない場所から音を発していると同時に、ステレオ音響の特性によってナッシュヴィルの街という物語世界に押しとどめられてもいるからだ。「空間的署名」が欠如していながらにして、作品のリアリズムに貢献していると述べていたリック・アルトマンの見解は、（それが意図されたものであったかどうかは不明だが）まさにこの点を示唆していたのであった。このような位置の両義性が意味するのは、ウォーカーの声から政治的な力が剥奪されているということである。そもそも彼の演説の内容は総じてポピュリズム的であり、ピーター・レヴが述べるように、「そこに具体的な哲学やプログラムがあるわけではない」。[18] 彼の声はどこでもない場所を漂い、さらには演説の内容の軽薄さも相まって、もはや誰の耳にも届いてはいない（実際に、この音声に反応を示す登場人物もいない）。しかも、最後のコンサートが開かれる前のパルテノン神殿では、宣伝カーが現れるのにもかかわらず、ウォーカーの声が流れないという事態が起きる。その代わりに聞こえてくるのは、テレビの音声（ニュース・キャスターの声）である。この音声が聞こえているあいだ、音源であるテレビの映像を伴ったショットでは残響音がなく、音源が映されていないショットにおいては短い残響音が与えられている。つまり、テレビの音声はウォーカーの声とは違って「空間的署名」を有している。さらには、宣伝カーを映すショットにまで被せられている。宣伝カーの音声はこのようにして、物語世界において安定して鳴り響くテレビの音声に最終的には取って代わられてしまうのである。以上の点からわかるように、その音響的な特質によって権威を剥奪された宣伝カーの音声／ウォーカーの声は、物語世界において疎外された異質な「外部」として存在しているのだ。

そして、この音声は本作におけるもう一つの「外部」と密接に関係する。それは最後のコンサートのシーンで客席から舞台上のバーバラを銃撃するケニーである。次節ではまず、宣伝カーの音声が二四人の登場人物たちのなかでもとりわけケニーと関連づけられ、そのようにして「追随」が行なわれていることを明らかにする。

2 物語の統合と二つの「外部」

2-1 ケニーへの追随

『ナッシュビル』には、政治とも音楽とも直接的な関わりを持たない人物であるケニーを中心に据えたシーンはほとんど存在せず、あくまでも彼は時折姿を現す程度にすぎない。彼は人気歌手の銃撃というクライマックスをもたらすために、本作において最も重要な人物の一人であるはずなのだが、そのエピソードは他の登場人物の物語の片隅に断片的に存在しているだけであり、不自然なほどに存在感は希薄であると言っても良い。管見では、この映画の全体的なあらすじを物語るのに絶対に必要なこの人物に焦点を当て、充分に掘り下げた先行研究は存在していない。しかしケニーは、単に結末となる出来事の当事者であるというだけでなく、本作の音響と物語において重要な役割を果たしている。宣伝カーから流される音声と密接に関連づけられているからだ。

前節で整理したように、宣伝カーから流されるウォーカーの演説は、全体を通じて七箇所で聞こえてくる。ケニーはそのうちの三箇所に関わっている。

ケニーは、事故による大渋滞のシークエンスにおいて初めて画面上に登場する。トリプレットと話すデルバート・リーズ（ネッド・ビーティ。彼はヘヴン・ハミルトンの弁護士でありリネアの夫である）が、停車中の自動車に乗っているケニーのもとへ行き、車を移動させるよう伝えるショットである。そこでケニーは、疲労と苛立ちが入り混じったような表情で、自動車がエンストしていると話す。このショットにおけるサウンドトラックでは、登場人物たちの台詞が何よりも明瞭に聞き取れるよう前景化されている。ただし、その背後では小さな音量ではあるが確かにウォーカーの声が鳴り響いている。そして別の登場人物たちが会話するショットがいくつか続いた後、カメラは再びケニーのもとへと戻る。自動車のボンネット内部から勢いよく水が噴き出し、ケニーは修理を諦める。このときからウォーカーの演説の音量が上がり、それまでよりもはっきりと聞こえるようになる。ケニーが自動車の運転席に近づき、窓ガラス越しに車内の後部座席を映したショットが挿入される（図9）。不鮮明だがそこには、確認できるだけでも五枚以上のウォーカーの広告が散らばっている。ケニーは、広告の上に置かれた楽器ケースと上着を手に取ってその場を立ち去る。人だかりのなかを進んでいく彼の後ろ姿を追いかける映像に、ウォーカーの声がはっきりと被さっている。

図9

図10

　次にウォーカーの演説とケニーを映した画面とが同時に現れるのは、ケニーがミスター・グリーンの営む下宿に到着するシーンである。実際には、宣伝カーの音声はそれに先立つシーン——自動車のなかで寝ていたアルバカーキが外へ出た後に、二台の自動車が衝突する——においてすでに聞こえ始めている。そこから同じ時間であるのか、近い場所であるのかが不明であるケニーのシーンへとシームレスにつながっていく。すなわち、長門洋平が再定義した意味での「サウンド・ブリッジ」のような音として、[19]ここでもその位置の不確定性を露呈させる。ケニーのシーンへと移行した最初のショットにおいて、まず画面左から宣伝カーが現れ、右方向へと進んでいく。すると画面右から、楽器ケースと新聞を両手に持っ

図 11

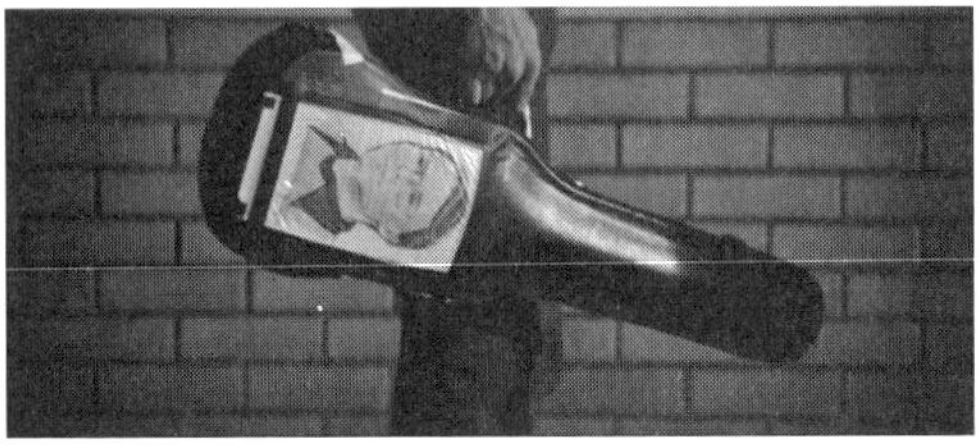

図 12

て歩くケニーがフレーム・インしてくる（図10）。このとき、宣伝カーの助手席からキャンペーン・ガールがケニーのいる方向へと手を振る。またケニーも、宣伝カーの方へ一瞬顔を向けているように見える。だが、歩道沿いに植えられた小さな樹木が彼の顔に重なってしまうために、それは判然としない。ただしこの一瞬において、両者は同一ショットに収められ、接近する。その後すぐにケニーは下宿を見つけ、玄関の前で眠っているミスター・グリーンのもとへ近づく。ここまでは、ウォーカーの声は明瞭に聞き取れる音量で継続したままだ。だが、ケニーがミスター・グリーンに話しかけた瞬間から、突如としてフェード・アウトする。

　ケニーの姿とウォーカーの声とが最後に同時に現れるのは、宣伝カーが車庫へと戻るシーンである。映画の中盤、その他のシーンと同様に、宣伝カーが演説を伴って唐突に右からフレーム・インしてくる。車は即座に右折して、車庫のなかへと入っていく。シャッターが降ろされ、ショットが切り替わる。だが、それでもウォーカーの演説は継続している。すると画面左から右に向かって、楽器ケースを抱えて歩いてくるケニーの姿が捉えられる。未だ変わらぬ音量で演説が流されているなか、ケニーは立ち止まり、事務所前に掲げられたウォーカーの看板をじっと見上げる（図11）。そして彼が立ち去ろうとするとき、楽器ケースがクローズアップになる（図12）。

　このように、宣伝カーの音声は三回にわたって画面内のケニーに被さる。そのような仕方で両者は結びつけられており、宣伝カーの音声はケニーへの追随を行なっているのだ。ただしこのような追随の仕方は、これまで本書で検討してきた〈初期アルトマン映画〉におけるそれとは大きく異なっている。〈初期アルトマン映画〉では、映像と音響とがそれぞれ別の人物へと同時に追随し、それによって生み出される二つの物語の葛藤が生み出されていた。それに対し『ナッシュビル』の宣伝カーの音声は、それ自体はまったく別の事柄を意味している政治的な演説であるけれども、映像のなかで示されるケニーという一人の登場人物と結合することによって、彼の物語を語る一要素として機能しているのである。宣伝カーの音声と〈初期アルトマン映画〉におけるダビング音はいずれも位置決定困難な音である。しかし前節で論じたように、宣伝カーの音声はステレオ方式であることによって、権威を剥奪された音として漂っていた。そのために、〈初期アルトマン映画〉におけるダビング音とは異なり、それ単体では特定の事象を物語ることができないのである。

2―2 「暗殺者」としてのケニー

リック・アルトマンによれば、最後のコンサートにやって来る人々は全員動機づけられた存在であり、なぜそこへ集まったのか、その理由や目的などがそれぞれ明確であるのに対し、ケニーだけが動機づけを持たない人物なのだという。[20]より正確に言えば、ケニーがバーバラを撃った理由は明示されないのだが、彼がパルテノン神殿へやって来た理由がバーバラに対する執着であったことは、それまでの二つの演奏シーンにおいて視覚的に示されている。バーバラが出演予定であったグランド・オール・オープリーのシーンでは、客席にいる彼の姿が計四回映される。そのうち三回は、コニー・ホワイト（カレン・ブラック）というバーバラの代役の歌手が歌っているときである。また、バーバラがオープリーで歌うシーンでは、最前列で彼女を見つめるケニーの顔がミディアム・クロースアップで二回提示され、そこにおいて、結末でも反復されることになるケニーとバーバラのショット／切り返しショットが生じている。このように彼がバーバラに執着していることは映像を通じて示されているのだが、必ずしもその内実が明かされることはない。

ケニーは、動機が問題となる特別な行為をする人物であるにもかかわらず、動機づけを持たないという意味において特異な人物である。これから論じるのは、まさにその動機についてである。議論を先取りすれば、ケニーは国家権力を標的とした「暗殺者」であるがゆえに、政治的な対象としてのバーバラを狙ったのだ。ここではまず、ケニーがウォーカーを狙っていた可能性を指摘し、次に、ケニーにとってバーバラが政治的な対象であったことを明らかにする。そのようにして、宣伝カーの音声と画面内のケニーとの結合によって語られる物語が、「暗殺者」としてのケニーを映し出すものであることを論じる。

前述のとおり、ウォーカーの声とケニーを映した画面とが同時に提示される箇所は大きく分けて三つあった。ここであらためて注目すべきは、そのうち二つのシーンにおいて楽器のケースが強調されるという点である。というのも結末において明かされるように、そこには楽器ではなく、バーバラを撃つことになるピストルが入っているからだ。大渋滞のシークエンスでは、ケニーがエンストした自動車を諦めて立ち去る際に、それまでよりも大きな音量でウォーカーの演説が鳴り響き始めていた。そこではウォーカーの広告と楽器のケースとが同一ショット内で捉えられていた。つまり映像と音響との連関において、ウォーカーとピストルが結びつけられるのである。また、宣伝カーが車庫へと戻るシーンにおいては、楽器のケースがクロースアップで映され、強調される。ここにおいてもウォーカーの声とケースを映した画面とが関連づけられている。それだけではない。そもそもケニーはピストルが入っているかもしれないケースを抱えて事務所の前で立ち止まっているのであり、より直接的に、彼がウォーカーを狙っていた可能性が示唆されているのだ。

しかしながら、パルテノン神殿においてウォーカーが舞台に上がることはなく、ケニーは別の政治的対象として、バーバラを撃つことになる。ただし、必ずしもバーバラ自身が選挙についての意見を述べることはないし、マネージャーである夫は、トリプレットらによって彼女がキャンペーンに利用されるのを防ごうとさえしている。そのため、物語世界において彼女は決して政治的なイメージを引き受けているわけではない。あくまでも問題は、ケニーという個人にとって彼女がどう映っているかである。鍵となるのは、ヴェトナム帰還兵ケリー（スコット・グレン）の存在と、バーバラが撃たれる直前の彼女とケニーとのショット／切り返しショットである。

まずバーバラに執着しているのは、ケニーだけでなく、ケリーもである。むしろ映画内では、ケリーが彼女に付きまとっていることが作品の序盤において明示されている。たとえば彼は、バーバラが病院に運び込まれた夜、病室に忍び込んで一晩中彼女の寝顔を見ている。さらには、グランド・オール・オープリーのシーンにおいて、バーバラが出演しないということがステージ上のヘヴンによって告げられたとき、彼は即座に席を立って劇場を後にするのである。

ところがオープリーでのバーバラの復帰コンサートで、彼女に執着する主体はケリーからケニーへと移り変わる。そのことが映像によって示されるのである。バーバラが歌っているとき、ケニーとケリーは最前列に並んで歌を聴く。前述のとおり、そこではケニーのミディアム・クロースアップが二度挿入される。一度目は最初、（画面右から順に）ステージを見つめるオパール、ケリー、ケニーの三人を映したショットとして現れる（図13）。オパールがすぐに顔を伏せると、カメラは画面中央のケリーへとズームしていくように見える。だがケリーの顔は即座にフレームから外れる。実際にはカメラはケニーの顔へとズームしており、彼の顔がミディアム・クロースアップで捉えられる（図14）。このようにバーバラを見つめる主体が、ケリーからケニーへと移行することがカメラのズームの動きによって表現されているのだ。そして客席のケニーがミディアム・クロースアップで映される二度目のショットにおいて、彼はまず、顔を自分の左側（画面右側）へと向ける（図15）。オパールから

図13

図14

図15

ヴェトナムについて質問されているケリーの方を見るためである。それからステージ上のバーバラの方へと視線を戻す。そのようにして彼は、自身の視線のなかでヴェトナム帰還兵とバーバラとを結びつけるのである。

　そして終盤のパルテノン神殿でのコンサートのシーンにおいて、ケニーの視線は彼女と星条旗とを関連づける。そこでは、ステージ上で歌うバーバラと客席から彼女を見るケニーとがショット／切り返しショットによってつなげられる（図16、17）。それが反復されるなかで、ステージを見つめるケニーのショットに続くかたちで、ステージの上部ではためく巨大な星条旗を画面いっぱいに映し出したショットが挿まれる（図18）。彼が星条旗を見ているのか、それともその下で歌うバーバラを見ているのかは決定できない。[21] だが少なくとも編集という点では、ケニーの視線が星条旗へと向けられているかのような操作が行なわれているのだ。このように彼は、バーバラの姿をヴェトナム帰還兵、そして星条旗のイメージと結びつける。彼が国家権力を標的とし、さらにはバーバラを政治的対象として認識していることが、その視線を通じて表されているのである。

その後、彼はバーバラを撃ち、会場は混乱に陥る。だがそれは即座に収められる。マイクを手渡されたアルバカーキが「イット・ドント・ウォーリー・ミー」（"It Don't Worry Me"）を歌い始め、観客たちも合唱するのだ。しかし観客たちの歌声は奇妙な響きをまとっている。同時録音ではなく、明らかにスタジオで録音された声なのである。観客たちを次々と映し出す画面を見てもリップ・シンクしておらず、[22]その歌声はまるで物語世界を曖昧にさまようしかなかった宣伝カーの音声のようである。そのようないかがわしい音響に包まれながら、再び星条旗が画面に現れ、『ナッシュビル』は幕を閉じる。

図16

図17

図18

こうして『ナッシュビル』における宣伝カーの音声は、「暗殺者」としてのケニーの物語を語ることに与する。それまでナッシュヴィルに生きるさまざまな人々の物語を独自の音響的技法を駆使しながら紡いできた本作が、結局はケニーによる「暗殺」の物語として結ばれるということを、リック・アルトマンはデモクラシーの失敗と呼んでいた。しかし、本作が最終的に一元的に統合されるということ――ケニーに関する単一の物語によって締めくくられるということと、アルバカーキの歌唱によってコンサート会場に一体感がもたらされるということ――は、明らかなアイロニーである。なぜなら、そのような一元性が、物語世界において疎外された二つの「外部」といういかがわしきものの結合に起因しているということが、作品中の音響的な実践を通じて示されてきたからだ。すなわち『ナッシュビル』の結末における統一性は、物語世界を亡霊のように漂うしかない宣伝カーの音声と、他の登場人物たちとは異なって動機づけが示されない社会的逸脱者との結合から生み出されたものであり、そのようにして、最終的な統一がかりそめのものでしかないという事実を表象しているのである。

おわりに

これまで本書で繰り返し論じてきたように、〈初期アルトマン映画〉は、映像と音響とがそれぞれに異なる登場人物へと追随することによってまったく同時に複数の物語を提示していた。そのようにして〈初期アルトマン映画〉は、特定の主人公を基軸として構築されている作品のなかに、それ以外の登場人物についての物語を織り込むことで物語的葛藤を生み出していたのだった。一方で『ナッシュビル』においては事情が異なっている。そもそもこの映画は群像劇という物語形式を採用することによって、独特な映像的音響的な技法を用いずとも、すでに複数的な物語を語る作品として成立している。その意味で本章での分析が、宣伝カーの音声がケニーという「暗殺者」の物語を生み出しそれを前景化させるということを指摘したとしても、それはあらかじめ存在していた複数の物語のうちの一つを取り出したにすぎないように思われるかもしれない。しかし重要なのは、このケニーの物語によって、本作が最終的に一つに取り繕われるという事実である。つまり本章が明らかにしたのは、『ナッシュビル』という作品が、物語の一元的な統合という〈初期アルトマン映画〉とは異なる固有の逆説的な方法を通じて、複数的な物語を語っているということである。そのようなパラドクスを生み出す根本的な要因が、モノラルからステレオへの移行であったのだ。

本章では、『ナッシュビル』におけるアイロニーがどのようにして生み出されているのか、とりわけ結末のシークエンスに焦点を当てて議論してきたが、それに限らず、その他多くのシーンもまた辛辣な皮肉で満たされている。しかし、この映画ではただ一つだけであるが、希望も描かれている。それは、聴覚障がいを抱えたリネアの二人の子どもたちである。ライアン・ギルビーが指摘するように、彼らは、映画において「障がいを持った登場人物が感傷や恩着せがましさなしで高貴な存在として描かれる」珍しい事例である。[23] 彼らは手話を交えつつ、自らの口から懸命に言葉を絞り出そうとする。その話を聞こうとはしない夫とは異なり、リネアは時折微笑みながら、息子をまっすぐに見つめている。この二人の子どもが生きているのは、音のない世界である。そこでは、「暗殺者」と結合する宣伝カーの音声も、政治的な欲望に侵されたカントリー音楽も鳴り響いてはいない。二人の存在によって、ナッシュヴィルのなかにはそのような別種の世界が存在するということが示されているのだ。さまざまな音で満たされ、いくつもの物語を生み出してきた〈初期アルトマン映画〉のサウンドトラックは、こうして『ナッシュビル』において無音の肯定へとたどり着くこととなる。

注

1 David Bordwell, *The Way Hollywood Tells It: Story and Style in Modern Movies* (Berkeley: University of California Press, 2006), 99-100.

2 Rick Altman, "24-Track Narrative? Robert Altman's *Nashville*," *CiNéMAS: revue d'études cinématographiques* 1, no. 3 (1991),

104-118.

3 Altman, "24-Track Narrative?" 121-125.

4 Jay Beck, "The Democratic Voice: Altman's Sound Aesthetics in the 1970s," in *A Companion to Robert Altman*, ed. Adrian Danks (Malden: Wiley Blackwell, 2015), 206.

5 Stephen Handzo, "Appendix: A Narrative Glossary of Film Sound Technology," in *Film Sound: Theory and Practice*, eds. Elisabeth Weis and John Belton (New York: Columbia University Press, 1985), 418-419. Charles Schreger, "Altman, Dolby, and the Second Sound Revolution," in Weis and Belton, 353.

6 John Belton, "1950s Magnetic Sound: The Frozen Revolution," in *Sound Theory/Sound Practice*, ed. Rick Altman (New York: Routledge, 1992), 156.

7 Belton, "1950s Magnetic Sound," 160, 166-167.

8 Schreger, "Altman, Dolby, and the Second Sound Revolution," 351. 巻末の情報によればこの文章の初出は次のとおり。"The Second Coming of Sound," *Film Comment* 14, no. 5, (September-October 1978).

9 『ナッシュビル』では声としてのみ存在していたウォーカーだが、このキャラクターは一〇年後、『突撃！O・Cとスティッグス／お笑い黙示録』（*O.C. and Stiggs*, 一九八七）において再び登場し、ついにその姿が画面内に映し出されることになる。筆者はこの作品を「傑作？珍作？大珍作‼コメディ映画文化祭」（座・高円寺2、二〇一八年一二月一五日）で閲覧した。

10 Altman, "24-Track Narrative?" 118.

11 Rick Altman, "Afterword: A Baker's Dozen of New Terms for Sound Analysis," in Altman, 252.「空間的署名」については、同じく『音響理論／音響実践』に収められた「録音された音の物質的異質性」という論考のなかでも触れられている。Rick Altman, "The Material Heterogeneity of Recorded Sound," in Altman, 24.

12 『ナッシュビル』の製作過程についてジャーナリスティックな立場から著したジャン・スチュワートもまた、ウォーカーの演説はあらかじめスタジオで録音され、その後、編集されたりシーンに追加されたりしていると述べている。Jan Stuart, *The Nashville Chronicles: The Making of Robert Altman's Masterpiece* (New York: Limelight, 2003), 144.

13　Altman, "24-Track Narrative?" 118.

14　Beck, "The Democratic Voice," 203.

15　ミシェル・シオン『映画にとって音とはなにか』川竹英克・J・ピノン訳（勁草書房、一九九三）、八四―八五。

16　例外的に、オパールがキャンピングカーのなかでアフリカ系のカントリー歌手トミー（ティモシー・ブラウン）にインタヴューを行なうショットのあいだのみ、ウォーカーの声が消え、代わりに「イット・ドント・ウォーリー・ミー」――これは本作のエンディングを飾る楽曲である――が聞こえてくる。状況から判断するに、キャンピングカーのなかは他の自動車よりも密閉された空間であり、聞こえてくる音楽はカー・ラジオの音であると想定することができる。そして次のショットでカメラは屋外に移動し、三輪バイクの男を映す。その瞬間、「イット・ドント・ウォーリー・ミー」の音量が上がり、物語世界外の音楽として、あるいは長門洋平の定義した「サウンド・ブリッジ」（本書の第三章第二節第一項を参照）として鳴り響き始める。このようにここでは、音楽の使用法によってもまた、物語世界内外の区別の揺らぎが露呈している。

17　粉川哲夫もまた、ウォーカーの声を亡霊的なものとして捉え、次のように述べている。「この映画で極度に強調されて描かれるスピーカーによる演説は、［一九七〇年代半ばにおいて］生身の人格としての政治家がいかに電子的に合成された亡霊のような存在になり、しかもそれがヴァーチャルな実体をなしていくことを皮肉に示唆している」。粉川哲夫『映画のウトピア』（芸術新聞社、二〇一三）、二七二。

18　Peter Lev, *American Films of the 70s: Conflicting Visions* (Austin: University of Texas Press, 2000), 62.

19　長門の「サウンド・ブリッジ」については本書の第三章第二節第一項を参照のこと。

20　Rick Altman, *The American Film Musical* (Bloomington: Indiana University Press, 1987), 324.

21　リック・アルトマンはこの星条旗のクロースアップについて、「明らかにケニーの視点から」のものであると論じている。星条旗のショットへと移る直前、一瞬ではあるが確かにケニーは顔と視線をわずかに上に向けているようにも見えるのだが、断定はできないように思われる。Altman, "24-Track Narrative?" 120.

22 「イット・ドント・ウォーリー・ミー」を合唱する観客の歌声がアフレコである点については、リック・アルトマンが指摘しているとおりである。本書ではこの声をかりそめの統一性を表象する音響として論じているが、リック・アルトマンの議論では、この映画のサウンドトラックが単一の物語を語ることに従属してしまった結果として現れる音響だとみなされている。つまり、デモクラティックな音響を追求する『ナッシュビル』という作品は、本来であれば大観衆の騒々しさをまさにそのようなものとして提示しなければならないはずであるのに、ここにおいてアフレコの歌声という物語世界内のざわめきとは分離し、整えられた音響が用いられていることが批判されている。Altman, "24-Track Narrative?" 121.

23 Ryan Gilbey, *It Don't Worry Me: Nashville, Jaws, Star Wars and Beyond* (London: Faber and Faber, 2004), 132-133.

終章　〈再生すること〉——フィクションの新たな叙述に向けて

ここまで本書では、『雨にぬれた舗道』から『ボウイ&キーチ』に至る〈初期アルトマン映画〉の範疇に含まれる五本の作品、およびステレオへと移行した後の『ナッシュビル』という合計六本のアルトマン作品を時系列順に検討していき、それらに共通して用いられている独特な音響の持つ意味を、物語学の観点から探求した。そこでは、明確な一人の主人公を中心とした世界が構築されつつも、同時に、音響による他の登場人物への追随という方法によって、主人公のものとは別種の世界が立ち現れてくるプロセスを分析した。また、語りの権限をめぐって、主人公（たち）が映画的語り手と競合する過程についても議論を行なった。このように本書では、語りのレヴェルにおける複数の事象のせめぎ合いを考察し、そのような事態を物語的葛藤という独自の概念によって規定した。

『雨にぬれた舗道』（第一章）と『M＊A＊S＊H』（第二章）では、物語的葛藤の生成を論じた。『雨にぬれた舗道』では、複数の登場人物への同時的な追随こそ行なわれないものの、対立項のせめぎ合いが主人公の心的葛藤として表象されていた。『M＊A＊S＊H』では、主人公たちと映画的語り手との〈混成的な語り〉が生み出されていること、すなわち両者の共存の関係を示した。この二本において、物語的葛藤は完全なかたちでは生じていない。だがそれが確かに生まれつつあることを確認した。

そして次に論じた三作品において、物語的葛藤は結実することになる。『ギャンブラー』は、ヒーローとしてはあからさまに脆弱な主人公を擁しており、彼が消滅していくプロセスが描かれている。この映画を扱った第三章で着目したのは、主人公のそのような存在の仕方のみならず、そこに覆い被さってくる町の人々の声であり、そのような複数の世界の交錯を示した。『ロング・グッドバイ』（第四章）では、〈擬似ヴォイス・オーヴァー〉という音響的技法を介して、映画的語り手と主人公との語りの権限をめぐる葛藤状態が顕在化していることを論じた。第五章で扱った『ボウイ&キーチ』は、内面を露わにすることのない現代映画的な主人公の経験に制限された語りが採用されている一方で、それに抗うかのようにして、ラジオ音声が脇役への追随を行なっていた。

最後に『ナッシュビル』（第六章）では、宣伝カーの音声という〈初期アルトマン映画〉を特徴づけていたものと近似した音の使用が認められながらも、そこでは必ずしも物語的葛藤は生み出されていなかった。むしろこの映画では、宣伝カーの音声が生み出す物語が最終的には群像劇である本作を一元的に統合してしまう。このように、それまでとは異なる逆説的な仕方で、物語の複数性が作品に存在していることを明らかにした。以上六本の作品の分析を通じて、本書は〈初期アルトマン映画〉における物語的葛藤の生成と発展、そして終結の過程をたどってきた。

こうして本書では、従来ほとんど注目されることのなかったアルトマン映画の音響的細部の重要性を示すと同時に、それを用いることによって、アルトマンが映画という媒体でしか成立しえない、きわめて独創的な物語を紡ぎ出していたことを解明した。しかし、ここで取り上げたのは、ごく限られた期間の作品群だけである。アルトマンは、一九五七年の『非行少年たち』から二〇〇六年の『今宵、フィッツジェラルド劇場で』に至るまでの長きにわたり、長編劇映画だけでも三六本もの作品を撮っている。数多くの作品を生み出し、時代によって作風を変化させていったアルトマンという作家を論じるにあたって、特定の期間に固有のスタイルを見出すということは〈初期アルトマン映画〉以外においても充分に可能であるように思われる。とりわけ本書と深く関係するのは、一九七〇年代とは異なる仕方で数多くの群像劇を撮っていた一九九〇年代から二〇〇〇年代の作品群である。この時代の作品については、とりわけ『ショート・カッツ』を中心に、一定の研究の蓄積がある。だが、音響と物語の複数性という観点から再考し、〈初期アルトマン映画〉との異同や関連性を明らかにすることで、従来のアルトマン作品に対する認識を刷新することもできるのではないかと考えている。

　これまで作品の具体的な検証を通じて、映画音響の在り方それ自体が物語を語ることの可能性を論証してきた。それについては一定の成果を示すことができたのではないかと思われる。だが、重要な問題が残されている。本書では、音を介した物語行為について、便宜的に、語る、あるいは提示すると言い表してきた。しかし、それらの表現は必ずしも事態を正確に伝えてはいないのではないか。そのような懸念が残されているのである。

　自ずとここで想起されるのは、ウェイン・ブースの「語ること（telling）」と「示すこと（showing）」という対立軸だろう。ブースは、一九六〇年代当時のアメリカの文芸批評における「示すこと」の優位、およびそのような安易な区別それ自体を批判し、さまざまな小説において、この二つの語りのモードが複雑に混在していることを明らかにした。[1] ブースはこれらを明確に規定しているわけではないので、ここではジェラルド・プリンスによる定義を引いておく。「語ること」と「示すこと」は、ともに「物語の情報を制御する距離（distance）の基本的な二つの種類」であり、前者は「語り手の介在の度合いが相対的に大きく、状況・事象の詳細な提示の度合いが相対的に小さいモード」[2]を、後者は「状況・事象の詳細を極めた場面喚起的な提示や、語り手の介在の希薄さを特徴とするモード」[3]を指す。両者を区別する基準となるのは、それが媒介された表現であるか否かという点である。言い換えるならば、語り手の介在の度合いが大きいか、それとも小さいかということになる。

　視覚芸術である映画は、しばしば、「示すこと」によって情報伝達を行なう媒体であるとみなされてきた。たとえば、シーモア・チャトマンは一貫して映画を「示すこと」に分類している。チャトマンのねらいは、「語ること」なしでも――つまりは「示すこと」のモードにおいて――ストーリーの伝達は可能であるということを立証する点にある。[4] 確かに映画は物事を示す。そうすることで何かを語る。しかし、たとえその映像的側面のみを考慮したとしても、映画は「示すこと」に終始しているわけではない。[5] ショットとショットとの間隙や画面外の空間など、映画は本来的に視覚的でない領域をいくつも抱え込んだ媒体である。しかもそのような不可視の領域の効果的な活用——クレショフ効果やモンタージュのように複数のショット間の関係性それ自体に特別な意味を与えたり、そこに存在するはずの人物や事物をあえて見せずにおいてサスペンスを生み出したりすることなど——によって、まったく独自の芸術的表現へと到達する。

小説や演劇とは本質的に多くの点で異なるけれども、映画もまたそれらと同様に、その叙述のモードは「語ること」と「示すこと」のどちらか一方に収斂させることができない。だが映画の場合に問題となるのは、その二つのどちらとも異なる叙述のモードを有している可能性があるということであり、それをどのように説明し、名づけるかということなのである。複数のショットのつなぎや画面外を活用した演出などが特異な物語を生み出しているとして、それはどのような叙述だと言えるのか。少なくともそれは何も示してはいないし、かといって何かを語っているのでもないように思われる。それは現時点では答えを出すことのできない、本書に残された大きな課題の一つである。

では、これまで仔細に検討してきた音による物語叙述はどのように説明できるだろうか。それは物語を〈再生すること(playing)〉と呼べるかもしれない。特定の登場人物にまつわる事象を、音やその響き方から成る聴覚的なイメージによって再現すること。それが物語を〈再生すること〉である。〈初期アルトマン映画〉の音は追随によって物語を再生する。そしてそれが映像を通じて提示される物語とせめぎ合うとき、作品は複数の生へと開かれた特異な次元へと達する。このようにして〈初期アルトマン映画〉は、これまで切り拓かれていなかった、フィクションにおける物語叙述の新たな可能性を実現していたのである。

注

1　ウェイン・ブース『フィクションの修辞学』米本弘一・服部典之・渡辺克昭訳、書肆風の薔薇、一九九一、二一―九四。「語ること」は「教えること」や「解説」、「示すこと」は「見せること」や「提示」と訳される場合もあることを付け加えておく。

2　ジェラルド・プリンス『改訂　物語論辞典』遠藤健一訳（松柏社、二〇一五）、一九六―一九七。

3　プリンス『改訂　物語論辞典』、一七九―一八〇。

4　シーモア・チャトマン『小説と映画の修辞学』田中秀人訳（水声社、一九九八）、一八七―一八九。

5　パトリック・オニールは、舞台での上演という形態であるために、文学にくらべるとより視覚的であるとみなされてもおかしくはない演劇の叙述についても、「語ること」と「示すこと」との関係は入り組んでいると指摘している。オニールは、演劇は物語ではないとする考え方に対して、次のように反論する。「なぜなら、舞台上の諸事象は単に「生起する」のではなく、一定の連鎖、一定のパースペクティヴ、一定の効果を狙って、生起しているとして「提示されている」からである。それと知覚できる語りの声の欠如にもかかわらず、そうした提示には、必ずや提示の動機、選択と整序の意識、語りの審級が前提されているのである。実際、この語りの審級が「語ること」の代わりに「示すこと」を、もっと精確に言えば、物語内容が自ら展開するよう「示す」ことで物語内容を「語る」のを選らんだということなのである」。このようにオニールは、舞台上で出来事が立ち現れてくるのを示す／見せるという行為を、「語ること」の一つの方法として捉える可能性を示唆することで、演劇における両者の不可分な関係を論じている。パトリック・オニール『言説のフィクション――ポスト・モダンのナラトロジー』遠藤健一監訳、小野寺進・高橋了治訳（松柏社、二〇〇一）、二七―二八。

初出一覧

本書は、二〇一八年に立教大学大学院現代心理学研究科映像身体学専攻に提出され、翌年審査に合格した博士論文「〈初期ロバート・アルトマン映画〉における音響のナラトロジー的研究」にもとづく。なお、出版にあたり全面的に改稿した。各章の初出は以下のとおり。

はじめに／序章

山本祐輝「初期アルトマン映画とは何か——音声と物語の観点から」、日本映像学会第四二回大会、日本映画大学、二〇一六年五月二九日。

＊この研究は、二〇一八年度の第二回立教大学映像身体学科学生研究会スカラシップ助成を受けている（課題名「〈初期ロバート・アルトマン映画〉における音声のナラトロジー的研究」）。

第一章

山本祐輝「『雨にぬれた舗道』（一九六九）における女性主人公の声——アルトマン的音声の再考に向けて」、日本映像学会第四三回大会、神戸大学、二〇一七年六月四日。

第二章

山本祐輝「『M★A★S★H』（一九七〇）の拡声器——ロバート・アルトマン映画における装置を介した音声と語り」、日本映

像学会第四一回大会、京都造形芸術大学、二〇一五年五月三一日。
山本祐輝「映画の〈混成的な語り〉と音声――『M＊A＊S＊H――マッシュ』（一九七〇）における拡声器」『映像学』九五号、日本映像学会（二〇一五）：二四―四一。
＊本章の研究は、二〇一五年度の立教大学学術推進特別重点資金（立教SFR）の助成を受けている（課題名「初期ロバート・アルトマン映画における音声のナラトロジー的研究」）。

第三章

山本祐輝「複数の世界の交差／並行――ロバート・アルトマンの映画『ギャンブラー』（一九七一）における〈サウンド・ブリッジ〉と語り」、日本アメリカ文学会東京支部一月例会分科会（演劇・表象）、慶應義塾大学、二〇一六年一月三〇日。

第四章

山本祐輝「映画『ロング・グッドバイ』の疑似ヴォイス・オーヴァー――原作に対する批評的機能について」、日本映像学会第三九回大会、東京造形大学、二〇一三年六月二日。
山本祐輝「映画『ロング・グッドバイ』の疑似ヴォイス・オーヴァー――原作に対する批評的機能について」『立教映像身体学研究』二号（二〇一四）：二六―四五。

第五章

山本祐輝「『ボウイ&キーチ』（一九七四）のラジオ音声――「物語世界」概念の再検討に向けて」、日本映像学会第四〇回大会、沖縄県立芸術大学、二〇一四年六月八日。

山本祐輝「『ボウイ&キーチ』（一九七四）におけるラジオ音声――潜在的な物語を語る音」『映像学』九三号、日本映像学会（二〇一四）：四一―五九。

第六章

書き下ろし。

＊本章の研究は、二〇一八年度の第二回立教大学映像身体学科学生研究会スカラシップ助成を受けている（課題名「〈初期ロバート・アルトマン映画〉における音声のナラトロジー的研究」）。

終章

書き下ろし。

ロバート・アルトマン　フィルモグラフィ

　ここでは、ロバート・アルトマン監督による劇場長編映画全三六本とドキュメンタリー作品一本を、年代順にすべてリスト・アップする。リストの作成にあたっては、ロバート・アルトマン著『ロバート・アルトマン――わが映画、わが人生』（デヴィッド・トンプソン編、川口敦子訳、キネマ旬報社、二〇〇七）巻末のフィルモグラフィ（一九―五八）を軸としつつ、日本での公開については『ロバート・アルトマン――ハリウッドに最も嫌われ、そして愛された男』劇場公開時のパンフレットに収録されているフィルモグラフィ（高崎俊夫編「フィルモグラフィ」『ロバート・アルトマン――ハリウッドに最も嫌われ、そして愛された男』パンフレット、ビターズ・エンド、二〇一五、頁数記載なし）を参照した。なお、製作会社および配給会社については、文献によって記述が異なるため、正確な情報を記載することが困難であると判断し割愛した。

①『非行少年たち』*The Delinquents*, 1957（日本未公開）
②『ジェームス・ディーン物語』*The James Dean Story*, 1957（ドキュメンタリー作品）
③『ナイトメア・イン・シカゴ』*Nightmare in Chicago*, 1964（日本未公開、テレビ用映画 *Once Upon a Savage Night* の劇場用再編集版）
④『宇宙大征服』*Countdown*, 1968
⑤『雨にぬれた舗道』*That Cold Day in the Park*, 1969
⑥『Ｍ＊Ａ＊Ｓ＊Ｈ――マッシュ』*M*A*S*H*, 1970
⑦『ＢＩＲＤ★ＳＨＴ――バード★シット』*Brewster McCloud*, 1970
⑧『ギャンブラー』*McCabe & Mrs. Miller*, 1971

⑨『イメージズ』*Images*, 1972（日本未公開、後にＤＶＤ化）
⑩『ロング・グッドバイ』*The Long Goodbye*, 1973
⑪『ボウイ&キーチ』*Thieves Like Us*, 1974
⑫『ジャックポット』*California Split*, 1974（日本未公開、後にＤＶＤ化）
⑬『ナッシュビル』*Nashville*, 1975
⑭『ビッグ・アメリカン』*Buffalo Bill and the Indians, or Sitting Bull's History Lesson*, 1976
⑮『三人の女』*3 Women*, 1977
⑯『ウエディング』*A Wedding*, 1978
⑰『クインテット』*Quintet*, 1979（日本未公開、後にＤＶＤ化）
⑱『パーフェクト・カップル』*A Perfect Couple*, 1979（日本未公開）
⑲『H.E.A.L.T.H.』*Health*, 1980（日本未公開）
⑳『ポパイ』*Popeye*, 1980
㉑『わが心のジミー・ディーン』*Come Back to the Five and Dime, Jimmy Dean, Jimmy Dean*, 1982
㉒『ストリーマーズ——若き兵士たちの物語』*Streamers*, 1983
㉓『名誉ある撤退——ニクソンの夜』*Secret Honor*, 1984
㉔『フール・フォア・ラブ』*Fool for Love*, 1985
㉕『突撃！O・Cとスティッグス／お笑い黙示録』*O.C. and Stiggs*, 1987
㉖『ニューヨーカーの青い鳥』*Beyond Therapy*, 1987
㉗『ゴッホ』*Vincent & Theo*, 1990
㉘『ザ・プレイヤー』*The Player*, 1992

㉙『ショート・カッツ』*Short Cuts*, 1993
㉚『プレタポルテ』*Prêt-à-Porter*, 1994
㉛『カンザス・シティ』*Kansas City*, 1996
㉜『相続人』*The Gingerbread Man*, 1998
㉝『クッキー・フォーチュン』*Cookie's Fortune*, 1999
㉞『Dr.T と女たち』*Dr. T and the Women*, 2000
㉟『ゴスフォード・パーク』*Gosford Park*, 2001
㊱『バレエ・カンパニー』*The Company*, 2003
㊲『今宵、フィッツジェラルド劇場で』*A Prairie Home Companion*, 2006

引用文献・映像資料一覧

引用文献

Altman, Rick. "24-Track Narrative? Robert Altman's *Nashville*." *CiNéMAS: revue d'études cinématographiques* 1, no. 3(1991): 102-125.

———. "Afterword: A Baker's Dozen of New Terms for Sound Analysis." In *Sound Theory/Sound Practice*, edited by Rick Altman, 249-253. New York: Routledge, 1992.

———. *The American Film Musical*. Bloomington: Indiana University Press, 1987.

———. "The Material Heterogeneity of Recorded Sound." In *Sound Theory/Sound Practice*, edited by Rick Altman, 15-31 . New York: Routledge, 1992.

———. *Silent Film Sound*. New York: Columbia University Press, 2004.

———. "Sound Space." In *Sound Theory/Sound Practice*, edited by Rick Altman, 46-64. New York: Routledge, 1992.

———, ed. *Sound Theory/Sound Practice*. New York: Routledge, 1992.

———. *A Theory of Narrative*. New York: Columbia University Press, 2008.

Anderson, Edward. *Thieves Like Us*. n. p. : Black Mask, 2008.

Andrew, Dudley. "The Unauthorized Auteur Today." In *Film Theory Goes to the Movies*, edited by Jim Collins, Hilary Radner and Ava Preacher Collins, 77-85. New York: Routledge, 1993.

Bal, Mieke. *Narratology: Introduction to the Theory of Narrative*. 3rd ed. Translated by Christine Van Boheemen. Toronto: University of Toronto Press, 2009.

Beck, Jay. "The Democratic Voice: Altman's Sound Aesthetics in the 1970s." In *A Companion to Robert Altman*, edited by Adrian Danks, 184-209. Malden: Wiley Blackwell, 2015.

———. *Designing Sound: Audiovisual Aesthetics in 1970s American Cinema*. New Brunswick: Rutgers University Press, 2016.

Belton, John. "1950s Magnetic Sound: The Frozen Revolution." In Altman, 154-167.

Bordwell, David. "The Art Cinema as a Mode of Film Practice." In *Film Theory and Criticism: Introductory Readings*, 5th ed., edited by Leo Braudry and Marshall Cohen, 716-724. New York: Oxford University Press, 1999.

———. *Narration in the Fiction Film*. Madison: The University of Wisconsin Press, 1985.

———. *The Way Hollywood Tells It: Story and Style in Modern Movies*. Berkeley: University of California Press, 2006.

Branigan, Edward. *Narrative Comprehension and Film*. London: Routledge, 1992.

———. *Point of View in the Cinema: A Theory of Narration and Subjectivity in Classical Film*. Berlin: Mouton, 1984.

Branigan, Edward and Warren Buckland, eds. *The Routledge Encyclopedia of Film Theory*. London: Routledge, 2014.

Braudry, Leo and Marshall Cohen, eds. *Film Theory and Criticism: Introductory Readings*. 5th ed. New York: Oxford University Press, 1999.

Chatman, Seymour. *Story and Discourse: Narrative Structure in Fiction and Film*. Ithaca: Cornell University Press, 1980.

Chion, Michel. *Film, a Sound Art*. Translated by Claudia Gorbman. New York: Columbia University Press, 2009.

———. *The Voice in Cinema*. Translated by Claudia Gorbman. New York: Columbia University Press, 1999.

Collins, Jim, Hilary Radner and Ava Preacher Collins, eds. *Film Theory Goes to the Movies*. New York: Routledge, 1993.

Corrigan, Timothy. *A Cinema Without Walls: Movies and Culture After Vietnam*. New Brunswick: Rutgers University Press, 1991.

Danks, Adrian, ed. *A Companion to Robert Altman*. Malden: Wiley Blackwell, 2015.

Elsaesser, Thomas. "The Pathos of Failure: American Films in the 1970s: Notes on the Unmotivated Hero." In *The Last Great American Picture Show: New Hollywood Cinema in the 1970s*, edited by Thomas Elsaesser, Alexander Horwath and Noel King, 279-292. Amsterdam: Amsterdam University Press, 2004.

Elsaesser, Thomas with Adam Barker, eds. *Early Cinema: Space, Frame, Narrative*. London: BFI, 1992.

Elsaesser, Thomas, Alexander Horwath and Noel King, eds. *The Last Great American Picture Show: New Hollywood Cinema in the 1970s*. Amsterdam: Amsterdam University Press, 2004.

Ford, Hamish. "On Slippery Ground: Robert Altman, Beyond Hollywood or Modernism." *Screening the Past* 39(August 11, 2015). http://www.screeningthepast.com/2015/06/on-slippery-ground-robert-altman-beyond-hollywood-or-modernism/ (accessed December 2, 2020).

Gaudreault, André. "Film, Narrative, Narration: The Cinema of the Lumière Brothers." Translated by Rosamund Howe. In Elsaesser with Barker, 68-75.

Gilbey, Ryan. *It Don't Worry Me: Nashville, Jaws, Star Wars and Beyond*. London: Faber and Faber, 2004.

Giles, Paul. *American Catholic Arts and Fictions: Culture, Ideology, Aesthetics*. Cambridge: Cambridge University Press, 1992.

Goldmark, Daniel, Lawrence Kramer and Richard Leppert, eds. *Beyond the Soundtrack: Representing Music in Cinema*. Berkeley: University of California Press, 2007.

Gorbman Claudia. *Unheard Melodies: Narrative Film Music*. Bloomington: Indiana University Press, 1987.

Gunning, Tom. *D. W. Griffith and the Origins of American Narrative Film: The Early Years at Biograph*. Urbana: University of Illinois Press, 1994.

———. *The Films of Fritz Lang: Allegories of Vision and Modernity*. London: BFI, 2000.

Handzo, Stephen. "Appendix: A Narrative Glossary of Film Sound Technology." In *Film Sound: Theory and Practice*, edited by Elisabeth Weis and John Belton, 383-426. New York: Columbia University Press, 1985.

Kawin, Bruce F. *Mindscreen: Bergman, Godard, and First-Person Film*. Princeton: Princeton University Press, 1978.

Keyssar, Helen. *Robert Altman's America*. New York: Oxford University Press, 1991.

Kolker, Robert. *A Cinema of Loneliness*. 4th ed. Oxford: Oxford University Press, 2011.

Kozloff, Sarah. *Invisible Storytellers: Voice-Over Narration in American Fiction Film*. Berkeley: University of California Press, 1988.

Lastra, James. *Sound Technology and the American Cinema: Perception, Representation,Modernity*. New York: Columbia University Press, 2000.

Lev, Peter. *American Films of the 70s: Conflicting Visions*. Austin: University of Texas Press, 2000.

Luhr, William. *Raymond Chandler and Film*. 2nd ed. Tallahassee: The Florida State University Press, 1991.

Lucia, Cynthia, Roy Grundmann and Art Simon, eds. *The Wiley-Blackwell History of AmericanFilm*. 1st ed. Malden: Blackwell, 2012.

Magee, Gayle Sherwood. *Robert Altman's Soundtracks: Film, Music, and Sound from M*A*S*H to A Prairie Home Companion*. Oxford: Oxford University Press, 2014.

McGilligan, Patrick. *Robert Altman: Jumping Off the Cliff: A Biography of the Great American Director*. New York: St. Martin's Press, 1989.

Mellen, Joan. *Big Bad Wolves: Masculinity in the American Film*. New York: Pantheon Books, 1977.

Melville, David. "'One is both the same': Fantasy and Female Psychosis in *Images* and *That Cold Day in the Park*." In Danks, 349-368.

Monaco, James. *American Film Now*. Rev. and updated ed. New York: New American Library, 1984.

Naughton, Edmund. *McCabe*. New York: Leisure Books, 1991.

Neale, Steve. *Genre and Hollywood*. London: Routledge, 2000.

Niemi, Robert. *The Cinema of Robert Altman: Hollywood Maverick*. London: Wallflower Press, 2016.

Nystrom, Derek. "The New Hoolywood." In Lucia, Grundmann and Simon, 409-434.

Pier, John. "Diegesis." In *Encyclopedic Dictionary of Semiotics: Tome 1 A-M*, general edited by Thomas A. Sebeok, 209-211. Berlin: Mouton de Gruyter, 1986.

Quart, Leonard. "On Altman: Image as Essence." *Marxist Perspectives* 1, no. 1(Spring 1978): 118-125.

Rimmon-Kenan, Shlomith. *Narrative Fiction: Contemporary Poetics*. 2nd ed. London: Routledge, 2002.

Salt, Barry. *Film Style and Technology: History and Analysis*. 2nd ed. London: Starword, 1992.

Schatz, Thomas. *Hollywood Genres: Formulas, Filmmaking, and the Studio System*. New York: McGraw-Hill, 1981.

———. "The New Hollywood." In Collins, Radner and Collins, 8-36.

Schreger, Charles. "Altman, Dolby, and the Second Sound Revolution." In *Film Sound: Theory and Practice*, edited by Elisabeth Weis and John Belton, 348-355. New York: Columbia University Press, 1985.

Sebeok, Thomas A., general ed. *Encyclopedic Dictionary of Semiotics: Tome 1 A-M*, Berlin: Mouton de Gruyter, 1986.

Self, Robert T. *Robert Altman's* McCabe & Mrs. Miller*: Reframing the American West*. Lawrence: University Press of Kansas, 2007.

———. *Robert Altman's Subliminal Reality*. Minneapolis: University of Minnesota Press, 2002.

Silverman, Kaja. *The Acoustic Mirror: The Female Voice in Psychoanalysis and Cinema*. Bloomington: Indiana University Press, 1988.

Sjogren, Britta. *Into the Vortex: Female Voice and Paradox in Film*. Urbana: University of Illinois Press, 2006.

Slowik, Michael. "Diegetic Withdrawal and Other Worlds: Film Music Strategies before *King Kong*, 1927-1933." *Cinema Journal* 53, no. 1(Fall 2013): 1-25.

Spadoni, Robert. *Uncanny Bodies: The Coming of Sound Films and the Origins of the HorrorGenre*. Berkeley: University of California

Press, 2007.
Sterritt, David. "Breaking the Rules: Altman, Innovation and the Critics." In Danks, 92-116.
Stilwell, Robynn J. "The Fantastical Gap between Diegetic and Nondiegetic." In Goldmark, Kramer and Leppert, 184-202.
Stuart, Jan. *The Nashville Chronicles: The Making of Robert Altman's Masterpiece*. New York: Limelight, 2003.
Thanouli, Eleftheria. "Diegesis." In Branigan and Buckland, 133-137.
Thompson, Kristin. *Storytelling in the New Hollywood: Understanding Classical Narrative Technique*. Cambridge: Harvard University Press, 1999.
Todorov, Tzvetan. "The Two Principles of Narrative." *Diacritics* 1, no. 1(1971): 37-44.
Verstraten, Peter. *Film Narratology*. Translated by Stefan van der Lecq. Toronto: University of Toronto Press, 2009.
Weis, Elisabeth and John Belton, eds. *Film Sound: Theory and Practice*, New York: Columbia University Press, 1985.
Wexman, Virginia Wright and Gretchen Bisplinghoff. *Robert Altman: A Guide to References and Resources*. Boston: G. K. Hall, 1984.
Wyatt, Justin. *High Concept: Movies and Marketing in Hollywood*. Austin: University of Texas Press, 1994.

アリストテレース、ホラーティウス『詩学・詩論』松本仁助・岡道男訳、岩波文庫、一九九七。

アルトマン、ロバート『ロバート・アルトマン――わが映画、わが人生』デヴィッド・トンプソン編、川口敦子訳、キネマ旬報社、二〇〇七。

エイゼンシッツ、ベルナール『ニコラス・レイ――ある反逆者の肖像』吉村和明訳、キネマ旬報社、一九九八。

遠藤健一「オニールの焦点化の可能性」パトリック・オニール『言説のフィクション――ポスト・モダンのナラトロジー』遠藤健一監訳、小野寺進・高橋了治訳、二五三―二六一、松柏社、二〇〇一。

オニール、パトリック『言説のフィクション――ポスト・モダンのナラトロジー』遠藤健一監訳、小野寺進・高橋了治訳、松柏社、二〇〇一。

大﨑智史「『イメージズ』における幻覚の描写」『立命館映像学』七号（二〇一四）：三七―五五。

――「重なり合う会話――『ナッシュビル』における音声編集」『美学芸術学論集』一〇号（二〇一四）：九二―一〇六。

小野智恵「ポスト・ノワールに迷い込む古典的ハリウッド映画――『ロング・グッドイ』における失われた連続性」『交錯する映画――アニメ・映画・文学』杉野健太郎編、二五九―二九七、ミネルヴァ書房、二〇一三。

――『ロバート・アルトマン　即興性のパラドクス――ニュー・シネマ時代のスタイル』勁草書房、二〇一六。

加藤幹郎『鏡の迷路――映画分類学序説』みすず書房、一九九三。

木下耕介「劇映画における「語り手」の修辞について」『映像学』六七号（二〇〇一）：七三―九〇。

――「パズル・フィルム、焦点化の限界、そしてもう一つの系譜――クリストファー・ノーラン『メメント』を例に」『群馬県立女子大学紀要』三八号（二〇一七）：六五―九二。

粉川哲夫『映画のウトピア』芸術新聞社、二〇一三。

シェーファー、R・マリー『世界の調律――サウンドスケープとはなにか』鳥越けい子・小川博司・庄野泰子・田中直子・若尾裕訳、平凡社ライブラリー、二〇〇六。

シオン、ミシェル『映画にとって音とはなにか』川竹英克・J・ピノン訳、勁草書房、一九九三。

――『映画の音楽』小沼純一・北村真澄監訳、伊藤制子・二本木かおり訳、みすず書房、二〇〇二。

ジュネット、ジェラール『パランプセスト――第二次の文学』和泉涼一訳、水声社、一九九五。

――『物語のディスクール――方法論の試み』花輪光・和泉涼一訳、水声社、一九八五。

シュレイダー、ポール「フィルム・ノワール注解」細川晋訳『FILM NOIR――フィルム・ノワールの光と影』遠山純生編、一〇―一三〇、エスクァイア　マガジン　ジャパン、一九九七。

鈴木透『性と暴力のアメリカ――理念先行国家の矛盾と苦悶』中公新書、二〇〇六。

武田潔『映画そして鏡への誘惑』フィルムアート社、一九八七。

チャトマン、シーモア『小説と映画の修辞学』田中秀人訳、水声社、一九九八（Chatman, Seymour. *Coming to Terms: The Rhetoric of Narrative in Fiction and Film.* Ithaca : Cornell University Press, 1990）。

チャンドラー、レイモンド『大いなる眠り』双葉十三郎訳、創元推理文庫、一九八九（Chandler, Raymond. *The Big Sleep.* New York : Vintage Crime/Black Lizard, 1992）。

――『さらば愛しき女よ』清水俊二訳、ハヤカワ文庫、一九七六（Chandler, Raymond. *Farewell, My Lovely.* London: Penguin Books, 2010）。

――『長いお別れ』清水俊二訳、ハヤカワ文庫、一九七六（Chandler, Raymond. *The Long Goodbye.* New York : Vintage Crime/Black Lizard, 1992）。

塚田幸光『シネマとジェンダー――アメリカ映画の性と戦争』臨川書店、二〇一〇。

ドーン、メアリ・アン「映画における声――身体と空間の分節」松田英男訳『「新」映画理論集成――②知覚／表象／読解』岩本憲児・武田潔・斉藤綾子編、三一二―三二七、フィルムアート社、一九九九（Doane, Mary Ann. "The Voice in the Cinema : The Articulation of Body and Space." In Weis and Belton, 162-176）。

――『欲望への欲望――１９４０年代の女性映画』松田英男監訳、勁草書房、一九九四。

遠山純生「〝アメリカン・ニューシネマ〟及び〝ニューシネマ〟という言葉について」『American Film 1967-72「アメリカン・ニューシネマ」の神話』ブラックアンドブルー編、六―一五、ネコ・パブリッシング、一九八八。

長門洋平『映画音響論――溝口健二映画を聴く』みすず書房、二〇一四。

中村秀之『映像／言説の文化社会学――フィルム・ノワールとモダニティ』岩波書店、二〇〇三。

西村清和『イメージの修辞学――ことばと形象の交叉』三元社、二〇〇九。

蓮實重彥「ロバート・アルトマンまたは大胆な繊細さ――『ウエディング』の自然と不自然」『映画　誘惑のエクリチュール』、一二四―一三七、ちくま文庫、一九九〇。

蓮實重彥、山田宏一『傷だらけの映画史――ウーファからハリウッドまで』中公文庫、二〇〇一。

バフチン、ミハイル『小説の言葉』伊東一郎訳、平凡社ライブラリー、一九九六。

――『ドストエフスキーの創作の問題』桑野隆訳、平凡社ライブラリー、二〇一三。

バルト、ロラン「声のきめ」『第三の意味――映像と演劇と音楽と』沢崎浩平訳、一八五―一九九、みすず書房、一九八四。

――「物語の構造分析序説」『物語の構造分析』花輪光訳、一―五四、みすず書房、一九七九。

ヒース、スティーヴン「物語の空間」夏目康子訳『「新」映画理論集成――②知覚／表象／読解』岩本憲児・武田潔・斉藤綾子編、一三六―一七四、フィルムアート社、一九九九。

フーコー、ミシェル「作者とは何か」清水徹・根本美作子訳『フーコー・コレクション2――文学・侵犯』小林康夫・石田英敬・松浦寿輝編、三七一―四三七、ちくま学芸文庫、二〇〇六。

ブース、ウェイン『フィクションの修辞学』米本弘一・服部典之・渡辺克昭訳、書肆風の薔薇、一九九一。

藤田秀樹「西部劇の黄昏――ジェンダー視座からロバート・アルトマンの『ギャンブラー』を見る」『富山大学人文学部紀要』五二号（二〇一〇）：一六一―一七五。

フッカー、リチャード『マッシュ』村社伸訳、角川文庫、一九七〇。

フリン、カリル『フェミニズムと映画音楽――ジェンダー・ノスタルジア・ユートピア』鈴木圭介訳、平凡社、一九九四。

プリンス、ジェラルド『改訂　物語論辞典』遠藤健一訳、松柏社、二〇一五。

フレンチ、フィリップ『西部劇・夢の伝説』波多野哲朗訳、フィルムアート社、一九七七。

フロイト「性理論のための三篇」渡邉俊之訳『フロイト全集6』渡邉俊之・越智和弘・草野シュワルツ美穂子・道籏泰三訳、一六三―三一〇、岩波書店、二〇〇九。

「補遺　映画製作倫理規定」加藤幹郎『映画　視線のポリティクス――古典的ハリウッド映画の戦い』、一五五―一七四、筑摩書房、一九九六。

ボードウェル、デイヴィッド、クリスティン・トンプソン『フィルム・アート――映画芸術入門』藤木秀朗監訳、飯岡詩朗・板倉史明・北野圭介・北村洋・笹川慶子訳、名古屋大学出版会、二〇〇七。

細川周平『レコードの美学』勁草書房、一九九〇。

マイルス、リチャード『雨にぬれた舗道』井上正実訳、角川文庫、一九七〇。

マニー、C・E『アメリカ小説時代』三輪秀彦訳、AL選書、一九六九。

水越伸『メディアの生成――アメリカ・ラジオの動態史』同文舘出版、一九九三。

村上東「跳ぶ前に観ろ――ロバート・オルトマンの『バード★シット』と対抗文化（？）」『アメリカ映画のイデオロギー――視覚と娯楽の政治学』細谷等・中尾信一・村上東編、七九―一〇五、論創社、二〇一六。

山本祐輝「古典的ハリウッド映画の継承／異化――小野智恵『ロバート・アルトマン　即興性のパラドクス――ニュー・シネマ時代のスタイル』書評」『表象』11（二〇一七）：二六四―二六七。

――「物語世界の内外をさまよう映画音楽――映画『ロング・グッドバイ』におけるその機能の分析」『国際文化研究紀要』二〇号（二〇一三）：一三三―一五七。

四方田犬彦「ロバート・アルトマンを悼む」『俺は死ぬまで映画を観るぞ』、二八一―二八五、現代思潮新社、二〇一〇。

映像資料

Combat!: Season 1, Campaign 1, DVD, Image Entertainment, 2004.

The Glory Brigade, DVD, Twentieth Century Fox Home Entertainment LLC, 2014.

Popeye, DVD, Paramount Pictures, 2010.

That Cold Day in the Park, DVD, Paramount Pictures, 2013.

When Willie Comes Marching Home, DVD, Twentieth Century Fox Home Entertainment LLC, 2007.

『暗黒街の弾痕』、ＤＶＤ、ＩＶＣ、二〇〇〇。

『イメージズ』、ＤＶＤ、紀伊国屋書店、二〇〇六。

『ウエディング』、ＤＶＤ、コムストック　オーガニゼーション、二〇〇五。

『宇宙大征服』、ＤＶＤ、ワーナー・ホーム・ビデオ、二〇一一。

『俺たちに明日はない』、ＤＶＤ、ワーナー・ホーム・ビデオ、一九九七。

『カンバセーション…盗聴…』、ＤＶＤ、ＫＡＤＯＫＡＷＡ、二〇一七。

『ギャンブラー』、ＤＶＤ、ワーナー・ホーム・ビデオ、二〇〇三。

『キング・コング』、ＤＶＤ、ＩＶＣ、二〇〇二。

『グランド・ホテル』、ＤＶＤ、ファーストトレーディング、二〇一一。

『ゲームの規則』、ＤＶＤ、ファーストトレーディング、二〇一一。

『拳銃魔』、ＤＶＤ、ジュネス企画、二〇〇四。

『湖中の女』、ＤＶＤ、ジュネス企画、二〇一一。

『ゴッドファーザー　デジタル・リストア版』、DVD、パラマウント　ジャパン、二〇〇八。

『今宵、フィッツジェラルド劇場で』、DVD、東宝、二〇〇七。

『三人の女』、DVD、キングレコード、二〇一二。

『地獄の戦場』、DVD、20世紀フォックス・ホーム・エンターテイメント・ジャパン、二〇〇五。

『ジャックポット』、DVD、ソニー・ピクチャーズ・エンタテインメント、二〇一〇。

『ショート・カッツ』、DVD、パラマウント・ジャパン、二〇〇八。

『ナッシュビル』、DVD、パラマウント・ジャパン、二〇一二。

『肉の蝋人形　コレクターズ・エディション』、DVD、ワーナー・ホーム・ビデオ、二〇〇三。

『バード★シット』、DVD、ワーナー・ホーム・ビデオ、二〇一二。

『ブロンドの殺人者』、DVD、ブロードウェイ、二〇一三。

『ボウイ&キーチ』、DVD、紀伊国屋書店、二〇〇六。

『マッシュ　スペシャルエディション』、DVD、20世紀フォックス・ホーム・エンターテイメント・ジャパン、二〇〇五。

『三つ数えろ　特別版』、DVD、ワーナー・ホーム・ビデオ、二〇〇〇。

『恐喝《ゆすり》』、DVD、IVC、一九九九。

『夜の人々』、DVD、ジュネス企画、二〇一〇。

『レベッカ』、DVD、ファーストトレーディング、二〇一一。

『ロバート・アルトマン　ハリウッドに最も嫌われ、そして愛された男』、DVD、紀伊国屋書店、二〇一六。

『ロング・グッドバイ』、DVD、20世紀フォックス・ホーム・エンターテイメント・ジャパン、二〇〇八。

あとがき

本書は、ロバート・アルトマンという一人の映画作家を対象とした学術的研究書である。しかしながら、実在したその人物についてはほとんど論じられていない。さらに作り手がいないのと同時に、受け手である観客も議論においては不在である。映画作家と観客をあえて考慮しないというやり方は、もしかすると今日の映画学においては反動的なものに見えるかもしれない。しかし、そのような研究方法を採用したのには理由がある。それについては「はじめに」と「序章」で詳しく説明したつもりであるが、一言で言うならば、そうすることがアルトマン作品の特異性を正確に捉えるための最善の方法であると判断したからだ。アルトマンのトリッキーな演出の数々をまともに受け止めるには、そうするしかないように思われたのである。しかし最後に少しだけ、分析を行なう人間であると同時に一人の観客でもありうる（かもしれない）私自身について語ることをお許しいただきたい。

もともと私の関心は必ずしも映画に集中してはいなかった。卒業論文で設定した研究テーマは小説から映画へのアダプテーションの問題であった。小説における描写が映像へと変換されるとき、なぜ同じものとなりえないのかという素朴な疑問から出発した。はじめはどのような先行研究を読めば良いのかさえわかっていなかったのだが、ジェラール・ジュネットやシーモア・チャトマンといった物語学の研究者たちの論考を偶然手に取って読んでみたところ、これこそが自分の知りたかったことだという感覚を覚えた。映画や小説の「物語」そのものを分解しているかのような彼らの論述に触れたことで、自分の関心が物語の内容ではなく形式にあるのだということに、そこで初めて気づくことができた。

アダプテーションの問題には修士課程でも継続して取り組むことになり、具体的な分析対象を探していたときに偶然見たのが、レイモンド・チャンドラーの小説を映画化したアルトマンの『ロング・グッドバイ』だった。まずは、まだ駆け出しだった頃のジョン・ウィリアムズが手がけたあの印象的なテーマ曲にどうしようもなく魅了された。映画のタイトルをそのまま歌詞として歌い始めることに可笑しさを感じつつも、(アレンジはたびたび変わるが)脱力したモダン・ジャズのサウンドに思わず聞き入ってしまった。音楽の使用法も不自然であったが、ほどなくして作品のサウンドトラック全体がこれまでに聞いたことのない質感と様式をそなえていることに気づいた。ざらざらとした生々しい感触があるのにつかみどころがないという、七〇年代のアルトマンに特有のあのサウンドである。もともと音楽が好きで、楽器の「鳴り」や録音法、ミキシングなどにも興味があった当時の私にとって、『ロング・グッドバイ』の音響はこれまでにない独特で刺激的な体験だった。

当初掲げていた研究テーマからはだいぶ逸れてしまったが、そのような映画の聴覚的要素を物語学的な観点から分析してみたら面白いのではないか、というアイデアが本書第四章の原型となった修士論文の出発点である。この論点を引き継いで六〇年代末から七〇年代半ばにかけてのアルトマン映画に適用し、考察を重ねたのが二〇一八年度に立教大学大学院に提出した博士論文である。本書はこの博士論文にもとづいている。

一つだけ心残りであることを挙げておくならば、アルトマン映画の多彩な音楽について詳しく論じられなかったということである。私の考えでは、映画音響を論じることと映画音楽を論じることは、同じ「音」を扱っていながらまったく異なる。映像と聞こえてくる音楽との関係性を考える以前に、それ単体でも成立してしまう音楽について、それがいかなるものであるのかを仔細に検討する必要があるように思われるからである。楽理を知らず、楽譜すらまったく読めない私は、音楽を理論的に語る術を今のところ持ってはいない。しかしそれでも、いつか挑戦する機会があればアルトマン映画の音楽について論じてみたいと考えている。

本書を書き上げるにあたっては、多くの方々にお世話になった。まず、博士課程での指導教官である中村秀之先生（立教大学）に心より感謝を申し上げたい。先生は映画学のディシプリンを学んでいない部外者であった私を快く受け入れてくださっただけでなく、幾度も同じような問題に躓く私を決して諦めることなく指導してくださった。また最終試験において、私の博士論文を「映画研究者は観客ではない」という（いささか過激であるかもしれない）フレーズを用いて評していただいたことが強く印象に残っている。その一言がどれだけ自信となったか、言葉に表すことはできない。

博士論文審査会で審査委員を務めてくださった大山載吉先生（立教大学）と藤井仁子先生（早稲田大学）にも厚く御礼申し上げたい。最終試験において先生方からは、数々の有益なご意見やご批判を賜った。本書の出版にあたり、ご指摘いただいた問題点については詳細に検討し、可能な限り修正を施したつもりである。それによって、わずかでも本書の議論がより良いものとなっているのであれば幸いである。

学部から修士課程まで指導教官であった中谷崇先生（横浜市立大学）にも大変お世話になった。研究者としての私の基礎は、間違いなく先生のご指導によって築かれたものである。先述したように、本書第四章の原型は二〇一二年度に横浜市立大学に提出した修士論文の一部である。先生が私の未熟なアイデアの可能性を広げてくださらなければ、本書は存在しなかっただろう。

博士論文の執筆中には、学会発表の場などで多くの先生方や研究者の方々からご意見を賜り、その一つ一つに刺激を受けてきた。皆さまに深く感謝申し上げる。また、大学院でともに学んだ皆さんにも感謝の意を表したい。とりわけ、河野真理江氏と早川由真氏には博士論文の執筆に行き詰まっているときなど、たびたび酒の席で有益なアドヴァイスをいただいた。本書には、そのときのいくつかのアイデアが反映されている。

そして、本書の編集を担当してくださったせりか書房の船橋純一郎さんにも心からの感謝の念を捧げたい。快く出版をお引き受けいただいた直後から世界の情勢が一変してしまい、直接ご挨拶することすらできない状態が続いていたが、そのような状況にもかかわらず本書のためにご尽力いただいた。お忙しいなか装幀を手がけてくださった工藤強勝さんと大竹優風さんにも謹んでお礼申し上げる。

また本書は、二〇二〇年度立教大学出版助成を受けている。

最後に私事ではあるが、研究の道に進むことを決して否定することなく支えてくれた両親と、執筆中、日々私を激励し続けてくれた楽美に、この場を借りて感謝したい。

二〇二〇年一二月

山本祐輝

索引

固有名詞

あ行

『雨にぬれた舗道』…4, 31, 32, 33, 36, 43, 49, 53, 54, 55, 61, 63, 70, 71, 80, 82, 83, 89, 108, 190, 217, 222, 225, 237
アリストテレス…22
アルトマン、リック…12, 22, 23, 24, 26, 27, 28, 35, 46, 47, 60, 99, 191, 192, 197, 198, 203, 207, 211, 215, 216
アルドリッチ、ロバート…42
アレン、ウディ…42
アンダーソン、エドワード…165
『イメージズ』…49, 52, 54, 84, 149, 226, 234, 238
『ウエディング』…25, 113, 226, 236, 238
『宇宙大征服』…32, 33, 41, 50, 53, 225, 238
エイゼンシュテイン、セルゲイ…12, 121
エルセサー、トマス…166
『大いなる眠り』…136, 143, 144, 160, 161, 162, 235
オニール、パトリック…26, 47, 58, 85, 221, 233

か行

カサヴェテス、ジョン…42
ガニング、トム…14, 17, 48
キーサー、ヘレン…111, 115
『ギャンブラー』…5, 31, 32, 36, 44, 114, 115, 116, 117, 120, 121, 122, 123, 130, 131, 132, 133, 134, 135, 148, 217, 223, 225, 236, 238
『キング・コング』… 91, 109, 238
『グランド・ホテル』…25, 238
グリフィス、D・W…14, 121
『ゲームの規則』…25, 238
コーエン、レナード…129, 135
ゴーブマン、クローディア…18, 92
コズロフ、セアラ…14, 92, 137
『湖中の女』…136, 138, 145, 161, 163, 238
コッポラ、フランシス・フォード…42, 88
『今宵、フィッツジェラルド劇場で』…138, 218, 227, 239
『コンバット！』…33, 42

さ行

『さらば愛しき女よ』…143, 144, 160, 161, 162, 163, 235
シーゲル、ドン…42
シェーファー、R・マリー…98, 112, 185, 234
シオン、ミシェル…18, 19, 36, 37, 70, 87, 98, 148, 151, 181, 200, 215
『ジャックポット』…28, 31, 32, 48, 49, 226, 239
ジュネット、ジェラール…13, 54, 55, 84, 109, 134, 135, 142, 162, 168, 187, 241
ショーグレン、ブリッタ…12, 18, 161
『ショート・カッツ』…11, 25, 218, 227, 239
シルヴァーマン、カジャ…12, 18, 60
スコセッシ、マーティン…42
スピルバーグ、スティーヴン…42
セルフ、ロバート・T…38, 89, 96, 129, 166

た行

チャトマン、シーモア…14, 19, 84, 92, 109, 143, 163, 219, 221, 241
チャンドラー、レイモンド…44, 136, 137, 138, 139, 141, 144, 145, 154, 160, 162, 163, 164, 235, 242
ドーン、メアリ・アン…13, 18, 19, 37, 89
トドロフ、ツヴェタン…22
トンプソン、クリスティン…40, 134, 184, 187, 237

な行

『長いお別れ』…6, 137, 139, 140, 142, 143, 144, 145, 155, 159, 161, 162, 163, 164, 235
長門洋平…18, 36, 121, 134, 205, 215, 235
『ナッシュビル』…7, 11, 25, 26, 28, 29, 32, 41, 45, 47, 52, 98, 99, 100, 165, 190, 191, 192, 193, 194, 196, 198, 200, 204, 207, 211, 212, 213, 214, 216, 217, 218, 226, 234, 239
『肉の蝋人形』…195, 239
ノートン、エドマンド…119

は行

『BIRD ★ SHT――バード★シット』(『BIRD ★ SHT』)…41, 52, 148, 225
バフチン、ミハイル…30, 48, 104, 113, 117, 133
バルト、ロラン…15, 19, 21, 45
『非行少年たち』…32, 218, 225
ヒッチコック、アルフレッド…70
フーコー、ミシェル…17, 19
ブース、ウェイン…17, 19, 219, 221, 236

フッカー、リチャード…90, 108
フライシャー、リチャード…42
ブラニガン、エドワード…22, 60, 92
プリンス、ジェラルド…21, 45, 219, 221
フロイト、ジークムント…75, 88, 237
『ブロンドの殺人者』…136, 138, 145, 160, 239
ペキンパー、サム…42
ベック、ジェイ…29, 34, 40, 48, 98, 135, 148, 192, 199
ベルトン、ジョン…195
ボードウェル、デイヴィッド…36, 40, 48, 92, 134, 184, 187, 190
『ボウイ＆キーチ』…6, 31, 32, 36, 44, 165, 166, 167, 168, 170, 171, 176, 178, 181, 183, 184, 185, 186, 187, 188, 200, 217, 218, 223, 224, 226, 239,
『ポパイ』…25, 26, 226
ポランスキー、ロマン…54

ま行

『M*A*S*H——マッシュ』（『M*A*S*H』）…5, 32, 36, 38, 41, 43, 48, 50, 52, 90, 91, 94, 95, 96, 97, 99, 100, 103, 104, 105, 106, 107, 108, 112, 139, 165, 199, 200, 217, 223, 225
『三つ数えろ』…136, 138, 160, 239
メッツ、クリスチャン…12
モナコ、ジェイムズ…25, 43

や行

『恐喝（ゆすり）』…70, 87, 239
『夜の人々』…6, 165, 167, 168, 169, 170, 175, 176, 184, 186, 239

ら行

レイ、ニコラス…165, 186, 233
『レベッカ』…80, 239
ローズヴェルト、フランクリン…180
『ロバート・アルトマン　ハリウッドに最も嫌われ、そして愛された男』…10, 225, 239
『ロング・グッドバイ』…6, 31, 32, 36, 44, 50, 108, 136, 137, 138, 139, 142, 145, 148, 149, 151, 153, 154, 155, 156, 158, 160, 161, 163, 218, 223, 226, 237, 239, 242

事項

あ行

アート・シネマ…38, 39, 96, 97, 110, 111
アクースメートル…181, 189
アフレコ…34, 35, 36, 50, 146, 148, 149, 150, 158, 216
ヴォイス・オーヴァー・ナレーション（ヴォイス・オーヴァー）…6, 12, 13, 14, 44, 136, 137, 138, 139, 145, 146, 148, 149, 150, 151, 152, 153, 154, 155, 157, 158, 159, 160, 161, 171, 200, 218, 223
映画的語り手…5, 44, 91, 92, 93, 94, 95, 99, 100, 103, 104, 106, 107, 108, 110, 111
音楽…12, 15, 18, 19, 91, 98, 99, 101, 109, 112, 129, 131, 163, 169, 176, 185, 186, 187, 190, 199, 204, 213, 215, 234, 236, 237, 242, 243
音質…28, 37, 44, 128, 146, 147, 148, 150, 151, 152, 196, 200, 201
音量…28, 71, 73, 74, 98, 99, 101, 102, 125, 126, 128, 129, 130, 187, 196, 197, 199, 200, 201, 204, 205, 206, 208, 215

か行

重なり合う会話…27, 28, 29, 32, 47, 48, 70, 87, 90, 191, 197, 234
語り手…5, 13, 21, 23, 44, 56, 57, 91, 92, 93, 94, 95, 99, 100, 103, 104, 106, 107, 108, 109, 110, 111, 112, 113, 135, 136, 142, 143, 144, 145, 153, 154, 155, 156, 157, 158, 159, 160, 163, 168, 171, 187, 217, 218, 219, 234
きめ…15, 16, 19, 236
クロスカッティング…5, 44, 116, 120, 121, 124, 129, 131, 154
群像劇…11, 25, 26, 28, 37, 45, 48, 212, 218
古典的ハリウッド映画…38, 39, 40, 41, 43, 51, 86, 96, 97, 110, 161, 162, 166, 184, 187, 191, 234, 237,

さ行

サウンドスケープ…112, 165, 185, 234
サウンドトラック…4, 11, 14, 15, 16, 25, 29, 31, 32, 33, 35, 50, 69, 72, 73, 75, 76, 77, 90, 91, 96, 99, 101, 127, 128, 129, 130, 139, 150, 151, 160, 165, 191, 195, 197, 199, 200, 204, 213, 216, 242
サウンド・ブリッジ…5, 36, 44, 114, 116, 120, 121, 122, 123, 125, 126, 127, 128, 130, 131, 132, 134, 202, 205, 215, 223
残響音（残響）…37, 77, 98, 102, 146, 147, 148, 149, 150, 181, 188, 197, 199, 203
視点…4, 23, 38, 55, 56, 57, 58, 59, 60, 61, 62, 63, 64, 65, 66, 67, 68, 69, 75, 79, 82, 86, 87, 116, 117, 123, 126, 130, 136, 139, 145, 168, 169, 177, 178, 215
視点ショット…55, 59, 61, 62, 63, 64, 65, 66, 67, 68, 69, 75, 79, 82, 86, 87, 116, 123, 126, 130, 136, 145, 177, 178
主観性…4, 27, 53, 54, 59, 75, 77, 82, 88, 144, 153, 155

焦点化…4, 26, 27, 54, 55, 56, 57, 58, 59, 60, 61, 66, 67, 68, 72, 75, 82, 84, 85, 127, 134, 135, 168, 183, 233, 234
〈初期アルトマン映画〉…4, 21, 31, 32, 33, 35, 36, 37, 39, 43, 45, 49, 52, 54, 55, 68, 69, 70, 83, 108, 132, 139, 166, 183, 190, 192, 193, 199, 200, 207, 212, 213, 217, 218, 219, 220, 222
ショット／切り返しショット…208, 209, 210
信頼できない語り手…95
ズーム…65, 77, 78, 129, 179, 180, 182, 199, 202, 209
ステレオ…7, 32, 45, 48, 49, 190, 192, 193, 194, 195, 196, 198, 200, 203, 207, 213, 217
スペクタクル…40, 113, 195
制限される語り…171, 180

た行

ダビング音（ダビング）…33, 35, 37, 38, 50, 207
聴覚…34, 37, 43, 45, 54, 55, 57, 58, 70, 71, 75, 79, 82, 87, 88, 124, 159, 185, 198, 203, 213, 220, 242
聴取点…70, 75, 88
追随…7, 22, 23, 24, 26, 31, 37, 44, 45, 46, 60, 61, 68, 108, 127, 128, 132, 177, 183, 192, 193, 204, 207, 212, 217, 218, 220
動機を持たぬ主人公…166, 175, 176, 178
同時録音…34, 35, 37, 146, 150, 198, 211
ドルビー…48, 196, 200

な行

内包された作者…17, 20, 23, 92, 94, 95, 104, 110, 111
ニュー・ハリウッド…38, 40, 41, 43, 50, 51, 53, 91, 107, 111, 131, 132, 184

は行

フィルム・ノワール…137, 138, 139, 162, 234, 236
フラッシュバック…4, 55, 76, 77, 78, 79, 82, 136, 137, 171
プロット…28, 31, 80, 83, 114, 115, 122, 157, 174, 175
変調…59, 68, 127, 135
ポスト古典的ハリウッド映画…40
ポストプロダクション…33, 35, 108, 128, 198

ま行

マイク…24, 28, 35, 37, 60, 101, 151, 158, 194, 211
ムーヴィー・ブラッツ（映画小僧）…41, 42

ま行

物語言説…6, 21, 56, 84, 93, 116, 120, 122, 139, 140, 142, 145, 154, 155, 158, 168
物語的葛藤…31, 33, 37, 43, 44, 54, 55, 68, 70, 76, 83, 108, 132, 139, 166, 183, 212, 217, 218
物語内容…6, 28, 56, 68, 84, 93, 98, 105, 107, 109, 119, 120, 121, 123, 139, 140, 143, 145, 155, 158, 159, 178, 183, 193, 221
物語の複数性…4, 11, 24, 27, 30, 31, 33, 37, 193, 218, 219
モノラル…32, 33, 37, 45, 48, 49, 190, 195, 196, 198, 213
モンタージュ…12, 73, 121, 220

ら行

リアリズム…14, 34, 96, 195, 198, 203
リップ・シンク…37, 150, 211

わ行

ワイドスクリーン…195, 196

著者紹介
山本祐輝（やまもと　ゆうき）

1988年宮崎県生まれ。立教大学大学院現代心理学研究科映像身体学専攻、博士課程後期課程修了。博士（映像身体学）。現在、立教大学現代心理学部兼任講師。映画研究。論文に「映画の〈混成的な語り〉と音声——『M*A*S*H——マッシュ』（1970）における拡声器」（『映像学』95号）、「『ボウイ＆キーチ』（1974）におけるラジオ音声——潜在的な物語を語る音」（『映像学』93号）、「映画『ロング・グッドバイ』の疑似ヴォイス・オーヴァー——原作に対する批評的機能について」（『立教映像身体学研究』2号）など。

ロバート・アルトマンを聴く——　映画音響の物語学

2021年　2月26日　第1刷発行

著　者　山本祐輝
発行者　船橋純一郎
発行所　株式会社 せりか書房
〒112-0011　東京都文京区千石1-29-12　深沢ビル二階
電話 03-5940-4700　http://www.serica.co.jp
印　刷　モリモト印刷株式会社
装　幀　工藤強勝＋大竹優風

ISBN 978-4-7967-0389-5